外星人選中的科學家 2

外星女跨界神奇指導

Selected by Extraterrestrials: My life in the top-secret world of UFOs, Think Tanks, and Nordic secretaries

我在極機密的幽浮世界、智庫和北歐秘書的生活

威廉・米爾斯・湯普金斯（William Mills Tompkins）◎著
傅鶴齡◎譯

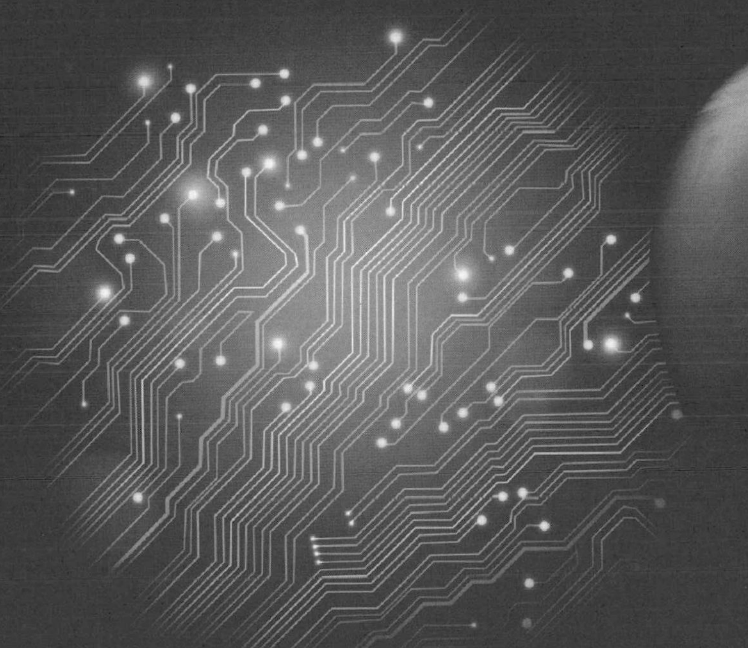

我設計了一個在火星上的工作站，
以及大量的NOVA載具和赤道發射設施。

目次

第十四章　阿波羅 S-IVB 節，防禦外來威脅的概念計劃　102

阿波羅的概念計劃有兩種不同等級的海軍太空飛行器，將用來防禦外來威脅的現有火箭推進器。第一類是海軍探險導彈型，可載三至六人；第二類包括前 NOVA 卡車運輸系統，主要用來在月球和太陽系幾個行星上建立基地。

第十五章　重新設計三十九號複合射場的提案　114

為了解我們在阿波羅 S-IVB 節上的問題，我設想了一個垂直的 L 形模組化建築，作為垂直火箭諸節檢測之用，再結合我的劇院式下降台控制中心的概念。在薩克拉門托太空發動機測試中心，該系統配置整合已完成標準化。

第二十章 分贓月球與火星領土計劃 179

我們正嘗試不同的方法出售月球和火星的領土，以解決 NASA 擁有月球主權的問題。地球上所有的國家應共同擁有月球，但「邪惡帝國」做不到這點。我們希望 NASA 透過外交解決方案，主要與蘇聯合作，並指示其他國家遵循使用相同的概念，使我們能和平進行礦產分工。

外星人把你加入到他們要執行的任務中是因為你知道我們地球人所不知道的事情，你也持續看到海軍太空戰鬥群中不同文明之間的衝突，海軍情報部門認為你是首選的人類溝通者。這些外星種族與你接觸，透過你溝通聯繫為我們提供先進的反威脅概念，將名副其實地針對所有先進的太空衝突提供建議。

我們的四項提案必須透過 NASA 實施：(1)垂直裝配和檢測大樓概念，(2)劇院式發射控制建築概念，(3)系統工程標準化管理與開發計劃，以及(4)設施標準化和管理計劃。我們準備向 NASA 作簡報，這必須讓阿波羅的危機停止，該計畫和所有承包商必須圍繞在這些任務進行重組。我們向 NASA 解釋，我們已經建立了 S-IVB 阿波羅發射系統垂直裝配反劇院系統檢測中心的比例模型概念，並將其安裝在6 × 6未標記的箱子中，其中還包括我們的所有提案文檔。該案和所有簡報文件都運到了洛杉磯國際機場，我們將秘密地將箱子存放在聯航 DC-8 中，目的地是阿拉巴馬州亨茨維爾……

第二十六章 如果我們進入深空就要用核推進 261

先進核推進的負責人傑佛瑞斯科爾德（Jeffery Scolders）博士正在他的實驗室嘗試那超大型液體火箭燃燒室的操作理論，使用了包含 0.1％鈾二三五的稀釋燃料，溶解在過氧化氫溶劑中。現在，使用相當數據的橫截面，每個初始中子的鍊長有二萬個裂變，這產生出的正是所需要的能量。

第二十九章　職務及隸屬關係　315

索引　322

前言／羅伯.M. 伍德博士（Robert M. Wood, Ph.D.）

比爾．湯普金斯（Bill Tompkins）多年來他一直在腦海裡寫自己的自傳，這本書是第一本他生命中早期幾個時代，從童年時期到一九六〇年代末，他受聘於湯普森．拉莫．伍爾德里奇公司（Thompson Ramo Wooldridge, TRW）的故事。

我於二〇〇九年十一月二十四日第一次見到比爾，當時他用幾個小時濃縮了生活故事。令我興奮的事情之一是，他曾在一九五〇年至一九六三年在道格拉斯飛機公司（Douglas Aircraft Company）工作，而我也曾於一九四九年、一九五〇年和一九五三年夏天在道格拉斯飛機公司工作，又從一九五六年一月起直到一九九三年退休。他和我有六年的重疊時間，但彼此沒有相遇，因為最初他是一名在地面支援電子公司（Ground Support Electronics）工作的製圖員，而我自從進公司以來很少接觸過空氣動力學和熱力學以外的問題及人員。儘管如此，我們有同樣的副總裁及彼此都認識的朋友，特別是曾在「智庫（think tank）」中與他一齊工作過的關鍵人物，如埃爾默．惠頓（Elmer Wheaton）和他的德國科學顧問沃爾夫岡．克倫佩勒（Wolfgang B. Klemperer）。

他工作的故事與我記得的完全一致，儘管我並不知道當時在那個地方還有一個智庫。例如，我們都在為空軍研究雷神導彈（Thor missile），為陸軍研究耐克宙斯防空導彈（Nike Zeus）及為美國國家航空暨太空總署（NASA，爾後文中即作NASA稱）作土星計劃。

他向我展示了這本自傳的一些草稿，我很清楚比爾雖然在他的思想和言語中表達得非常清楚，但卻從未出過書。他問我是否願意幫助他完成他的第一本自傳出版，當然也提供一部分報酬。更多的是我想了解他的故事而不是錢，我們成了朋友，因為他告訴我越來越多有關不明飛行物、外星人技術、性感的北歐秘書、海軍宇宙飛船的載體、阿姆斯壯看到了月球和其他秘密的東西，以及他在工作中做了什麼令人難以置信的事情。

對於那些試圖精確遵循本書時間表的人，你可能會發現一些時間錯誤。例如，在阿波羅計劃正式開始之前，就有一些相關的資料。有可能是作者記成了後來用於發射阿波羅土星的合同時間。比爾書中的大多數人來自他的記憶，我們很少有人能記住大約四十年前的事情，除了再參考其他資料。我們正在閱讀一位男人回顧六十多年前的想法／回憶，誰在這裡和那裡提供見解和回憶，但有時候也會時空錯亂。

現在，你可以閱讀有關其職業生涯的驚人細節，並穿插其中他個人與相關人員的互動。

我被指責為陷入「我自己不喜歡，也從來沒有遇過的陰謀。」比爾的生活故事處於可信與不可信的邊緣，但在本書中，我完全相信他誠實地講述的故事。幸運的是，比爾保留了一些支持這個故事的照片和文件，都在相關的章節中。它們確實提升了本書作者神奇生活的可信度。

羅伯 .M. 伍德博士 於康乃爾大學
Robert M. Wood, PhD Cornell University

（以上為二〇一五年版前言）

三版（或二〇二〇版）補充

外星人選中的科學家：我在不明飛行物絕密世界、智庫和北歐秘書間的生活 的讀者：

新版改變主要如下：

附圖清晰／尺寸變小但增加清晰度

插圖下字體改黑粗體

增加英文速找目錄

改進文法及標點錯誤

調整相關字體大小以更易讀

原作者比爾・湯普金斯（Bill Tompkins）於二〇一七年八月二十一日已去世，之後由我來完成上敘之修訂

編輯　羅伯.M.伍德博士

二〇二〇年九月三日

致謝

對我美麗的妻子瑪麗（Mary）：我從未停止過感謝上帝把你賜於我。每一個眼神，每一次觸碰，和我們分享的每一個吻，你是我生命的奇蹟，讓我的生活比我想像的更快樂。你是我的閃亮之星。我永遠的愛。

我還要感謝鮑勃·伍德（Bob Wood），他決定幫我的第一本書做見證，讓讀者對本書有可讀性，再來是對林·斯坦利（Rim Stanley）深深感激，他的人氣允許這個手稿出版；還有我的家人：我們的兒子鮑比（Bobby），雖然他已不在，但永遠和我們同在；特里（Terry），我們的女兒、她的丈夫，哈普（Hap），孫子，托尼（Tony）和孫媳史婍（Ski）；我們的曾孫，約瑟（Josh），偉大的孫女，陶爾（Tore），我們的另一個兒子，迪恩（Dean），他的妻子，米雪（Michelle），我們的孫子，丹尼爾（Denial），孫女，泰勒（Taylor）和我的兄弟湯姆（Tom）。我希望有一天，他們都能更近地看星星。我也對林（Rim）的妻子艾莉森（Alison）和他們令人難以置信的兒子羅伯特（Robert）深表感激，希望我們另一個家也能更近地看星星。

推薦序／那就是我寫的！

有外星人嗎？

在美國，這議題被政府壓制，遭媒體嘲笑、被學院排擠至少有七十年歷史。此狀況，在今年六月廿五日開始改變。

美國「國家情報首長辦公室」公布與外星人有關的幽浮報告「初步評估——未明空中現象（UAP即幽浮的別名）」。這報告分析四〇年至今年三月共一一四起多為海軍觀察到的「不明空中現象」。報告文字雖未提外星人，但美國政府已向正式承認外星人存在邁前一步，因為報告不排除幽浮科技來自外星。

美國政府公開這份對幽浮「初步評估」側面的反射一項重要的事實。那就是美府數十年來對人民大規模的蒙蔽了相關的訊息。

其實在二〇〇八年七月廿二日，阿波羅十四登陸月球的艾德格．米契爾博士（Edgar Mitchell）接受電台訪問表示，外星人已好幾次接觸人類，但美國政府隱瞞此事已達六十年。當時七十七歲的他說幽浮多次造訪地球，但事後都被美國航太總署（NASA）所掩蓋。對於米契爾的爆料，航太總署立刻澄清說從未跟蹤幽浮，並稱米契爾是位了不起的人，但在此事上我們有不同看法。

「難以相信！」

這是讀者看到此書《外星人選中的科學家：外星秘密工作計畫》難免的反應。雖然大多數人對於外星人的存在已不排斥，但此書內容太震撼了。

例如，珍珠港事變後三個月，一九四二年二月廿五日夜，美國西岸洛杉磯天空七千英尺高度出現多達十二座大型飛船，美國發射高射砲 1,430 發，無濟於事！這是當時廿歲作者親身目睹的景象，和他日後參與美國軍方所獲得的資料。

又如一九六九年美國太空人阿姆斯壯登陸月球，電視機差點就照到閃在一旁的六座太空船！這是作者參與美國極機密的太空計畫獲得的資訊。

此書原文上冊在二〇一五年出版，下冊二〇二〇年出版。作者威廉．米爾斯．湯普金斯（William Mills Tompkins），二〇一七年以九十四歲高齡過世。

他面貌祥和睿智，晚年曾數次接受艾美獎獲獎的調查記者 Linda Moulton Howe 女士電視訪問。他出書前對一般美國而言，並不陌生。而對航太圈的專家而言，他是名人。此書內容雖然具有爆炸性，網路上航太圈對此書事實的呈述和資料的引用居然未見質疑。倒是此書所描繪不同類別太空人與美國政府以及二戰時納粹德國的合作、太空人之間的較勁等等，引發讀者許多的迷惑和不解。

此書翻譯者空軍少將博士傅鶴齡留學美國專攻航太，也是極力促成此書出版的原動力。他涉獵太空人研究數十年，雖然幽浮及太空人議題在正式科學界長久以來並非顯學，甚至還遭排擠批判。

一九九六／九七年冬天，剛回國的中斌有幸首度與素昧平生的傅將軍博士會面。他聊到青海托速湖東岸半島的砂岩石洞有上億年前與砂粒一起沉積的金屬管。意涵是人類出現在地球久遠之前，已有某種文明在此活動。中斌倍感興奮的說一九八〇年代初期在美國曾經剪報一篇世界日報的長文，所說正是此事。傅將軍博士的回答，至今難忘：「那就是我寫的！」

此書對於研究美國安全外交的中斌提供了全新的資料和角度。成立於一九四八的非營利智庫蘭德公司（Rand Cooperation）如今是美國對中國戰略政策重要的機構。一般了解是它的來源和美國空軍有關。沒想到此書點出蘭德最早叫蘭德計劃（Project RAND）成立於一九四五年十二月，是美國研究對付幽浮外星人威脅而成立的極機密機構，許多要角來自美國海軍。此外，美國加州眾多飛機公司如 Lockheed 、Douglas Aircraft、TRW 等在二次大戰後都機密的開始研究外星人和人類向太空的發展，甚至規劃未來人類向外太空星球的移民！我相信不同的讀者從此書會獲得不同的心得。

這是值得推薦的奇書。

《大災變》作者，前國防部副部長，曾任華府喬治城大學講座教授

林中斌　二〇二一年八月十八日

推薦序／用探索的心情享受這本精彩的奇幻科技歷史！

因為有共同的航太研發與產業背景，加上我與傅鶴齡博士對於較為先驅科技相關主題的興趣，我們在兩年多前就已經幾乎同時知道與購買了這本與外星文明相關的航太產業獨特傳記型的著作。所以當今年稍早被傅博士告知他願意花時間將此書翻譯為中文，讓華人讀者了解到這兩年因為美國軍方於二〇一八年起放棄將所有外星主題相關消息「機密化」或「否認化」的新聞與趨勢背景，我當然是非常支持，並且很高興為同行朋友作推薦序。

這本二〇一五年出版的英文原著，因為它有作者於二戰時親自參與德國飛碟等科技情報分析，隨後他在美國道格拉斯航太公司從事海軍星際艦隊系統與基地初始設計，以及隨後在另一家航太系統公司觀看現場直播未經刪節的美國一九六九年首次登月影像（看到一般觀眾無法看到的外星艦隊！），已經是留下非常獨特的「航太圈內人」的科技歷史珍貴記錄。作者並且在二〇一七年逝世之前兩年內，以93／94歲高齡接受了很多次電視與網路訪問，更進一步的提供了他個人第一手的對於外星文明與人類互動關係的宏觀與人性觀點，讓我們不必從零開始學習，節省了大家很多自行整合需要的時間。由於他的公開揭露，可能也促成了美國軍方在二〇一七年底開始，經由紐約時報（NYT）與紐約人（New Yorker）雜誌……等媒體，透露美海軍在21世紀遭遇的三起航艦戰機飛行員用攝影機紀錄下來的幽浮事件報導與影片?!

作者製作模型的熱情、純淨的初心與直觀的能力，讓他自然的成為能夠跳脫一般直線思考與專業習性的系統創新人員，讓他在沒有大學文憑的身分下，卻能夠平等的表現甚至超越很多有博士學位同儕的能力，被長官與產業領袖人物所氣重。這也顯示出美國這個國家在部份關鍵科技與管理領域，容許獨特思維與突破創新者生存的強大生命力。同時作者也在很多與國家安全與軍事機密相關的領域尊重了法規要求，讓讀者只能知道大致的系統發展內容（對大部份人已經足夠），但卻無法真正獲得任何技術性內容。如果我們能夠自行去鍛鍊禪修與內觀的心靈技巧，說不定還更能參破作者對於心電感應、遠距遙視與北歐美女等等書中情節的心境與秘密?!

由於外星人種與文明存在這主題是人類必須面對的事實，在未來一段時間內會發生由美國軍方退休人員與美國情治單位試圖經由好萊塢電影與經過篩選的消息來導引大眾情緒產生「對於未知的恐懼」（不是英國科學家霍金死前已經警告大家別接觸嗎?!）與試圖增加所謂「國家安全預算」（甚至把所有外星勢力當作人類文明的敵人?!）撥款的熱鬧自肥行動後。大家仍然要根據事實真相與人文價值來判斷我們人類應該如何來面對這樣的嶄新情勢，而且這與我們東方文明老早就知道的「修心與道德」與「三千大千世界，一切唯心所造」相關!本書中有關「白帽與黑帽」對立的兩種外星文明種類的說法，固然不能說是錯誤解釋，但是它更可能反應的是西方習慣於二元對立思維習慣的價值觀，是人類過去300年來主流西方價值的對人類意識型態看世界影響的結果。要不然為什麼書中有多次提到：當20世紀初期北歐有一千多個人嚮往星際旅行的白帽團體，卻無視於納粹勢力的興起，變成了為黑帽勢力服務的力量？！

希望你能夠用探索的心情與我們一起享受這本精彩的奇幻科技歷史！

如果讀者讀完本書之後仍然對書中的說法好奇，並且想要由其他觀點了解這重要的未來主題，這裡有一系列相關的參考資料可以考慮：

中文書籍：

Don Elkins：UFO 解密 1975 英文 2017 中文

Leslie Kean：飛碟 2010 英文 2011 中文

英文書籍：

Edgar Mitchell/Rudy Schild 等：Beyond UFO 2018

Stanley Fuldham: The Challenges of Changes 2010

Nick Cook: The Hunt for Zero Point 2002

美國麻省理工學院博士　樓宇偉

推薦序／讓證據說話，讓科學佐證，透過真實的故事讓 UFO 這個話題免於怪談的命運！

很多人聽到「關鍵時刻」，馬上就聯想到外星人，「哦，這是一個專門講外星人的節目」。很多來賓接受專訪時，還會特別問一下，「會問外星人嗎？」，但這樣深刻的印象並非節目開設之初的目的，二〇〇七年四月開始這個節目的時候，完全沒有想到會跟外星人有任何關聯，最後走上 UFO 之路，跟傅鶴齡老師有著極密切的關係。

外星人的討論在台灣從來不是大眾媒體的主軸，談 UFO，談神秘事物向來只是人們茶餘飯後的閒談，是鄉野節目吸引特定觀眾的話題。二〇〇七年關鍵時刻開播時，只是有一個原則，跳脫既有政論節目非藍即綠的架構，不要再侷限政治討論的框框，任何有趣的話題都可以嘗試。

二〇〇七年七月四日剛好是《羅斯威爾事件》六十周年，製作單位提出這個題目，當時我連什麼是羅斯威爾事件都搞不清楚，但看了資料覺得有趣就大膽嘗試，沒有想到收視異常的漂亮，就義無反顧的投入鑽研，此時很感謝傅鶴齡老師的加入，才讓 UFO 外星人成為關鍵時刻的招牌。

既然外星人的話題如此引人入勝，既然這個話題有這麼多的愛好者，連 CNN 之前最叫座的談話節目《賴瑞金現場》收視最好的一集就是請軍方的退休人員談論神秘的外星事物。為什麼在台灣永遠只在邊陲的角落討論，其中最關鍵的因素就是是否具備充足的科學人證、事證與物證。

台灣主流媒體不碰，因為覺得那不科學，虛假成份太高，不值得一談，但問題是，這些年來已經有很多的人證、事證、物證，一一浮現，傅鶴齡老師在這個議題上之所以重要，就是他用資料、照片、官方文件串起一個個 UFO 的現象，剛提到的羅斯威爾事件，傅老師不但看了資料，還親自去了羅斯威爾的現場，連當地的棺材店的老闆，傅老師都有訪談，這種第一手的資料充滿吸引力與說服力。才讓關鍵時刻的外星人題目受到觀眾的支持。

最讓我驚訝的是，傅老師有一張與美國前總統卡特的合照，還有卡特看到外星 UFO 的報告書，那是他在一趟旅程在飛機上看到卡特，興奮的與他合照，但傅老師最好奇的還是卡特的 UFO 經驗，由此可以看出他對神秘事物，對 UFO 現象有多麼痴迷。

傅老師翻譯的新書《外星人選中的科學家—外星秘密工作計畫》就是一本討論外星人非常重要的書籍，維持他的一貫風格，讓證據說話，讓科學佐證，透過真實的故事，具體的調查與查證，這才能讓 UFO 這個話題免於怪談的命運，這可以看出傅老師的執著與熱忱。

東森關鍵時刻主持人　劉寶傑

推薦序／外星人在地球活動的事實已瞞不住了！

還差一點點，外星人在地球活動這事實便瞞不住、全球各政府不得不承認了。但願湯普金斯——這位以特異天賦被外星人青睞的政府科學家——他的著作，是這「翻艇」的最後一根或幾根稻草！

縱觀多年來，以各種形式爆炸性揭露的新聞事件，管他是接觸事主或前秘密部門高層，他們的公開講話、著書揭祕、臨終訪問……皆指向同一個「國家級的隻手遮天」近一個世紀。美國以整個政府之力，早期趕盡杜絕、「沒收」證物證人、後期玩煙幕贗品——A貨個案影片滿天飛。

對於 UFO 研究者來說，外星人活動對人類的影響，已達無孔不入、無遠弗屆的地步了。外星族勢力已在操控政府、能量大到無形影響人類族腦思維……及至造成今日眼見的世界，已非三言兩語能道盡。

若是入門的你，還是可以湯普金斯近似科幻般的工作際遇，讓自己想像：先以小說框架吸收這令人咋舌但真實、恍如平行宇宙般的情節，再慢慢推敲你的外星人結論！

香港飛碟學會 創會／現任會長　方仲滿

推薦序／外星文明和人類公開見面的日子近了

第一手親身的揭秘，爆料了可靠詳實的官方（美國政府）接觸及研究外星UFO科技的歷史資訊，也證實了之前一些模糊的傳聞~例如：人類政府和外星文明早有接觸和簽訂協議等。看來外星文明和人類大眾公開見面的日子很近了，我們都將目睹參與這一切。

光中心創辦人　周介偉

譯者序／神奇的科幻之旅在最關鍵的時刻透過作者的奇遇，奇書就此開始！

早在我去美國唸書之前我只是對 UFO 有濃厚的興趣，但興趣還不到去做一些如找資料以及找一些證據事情。一九八一年到了美國密西根大學唸書期間有機會與美國藍皮書計畫的顧問海尼克博士多次的見面與聊天，他告訴我在羅斯維爾 UFO 的故事，同時跟我講了許多有趣的事情，這些有趣的事情促使我在以後念博士期間特別前往羅斯維爾一看究竟，經過系統性的觀察發現幽浮並不只是科幻小說中的情節，可能有一大部分是真的，但是這真的事情為什麼美國正式的機構一再的否認？

一直到我發現這一本書，也就是我翻譯的這本書裡面才敘說了一些以前斷斷續續的事情，但是這本書卻很有系統的把它講出來，所以我決定要把這本書介紹給華人的世界。這本書全書一共二十八章，但是出版社希望先出前面的十章然後再出後面的章節。

書中的作者是一個奇人，為什麼說是奇人呢？因為他從小就有超凡的記憶力，不但過目不忘而且還能夠把它畫下來，這是他被美國海軍選上以及被外星人選上的主要原因，外星人也透過他傳遞了很多消息給他；同時在這本書裡面也講述了我們外面的人很少知道的美國航太界的內幕，我們中科院在研發戰鬥機以及地對空飛彈的時候曾經從通用動力公司引進所謂的系統工程的管理技術，用以管理複雜以及龐大的計劃，但是在這本書裡面可以發現美國在一九四五年的時候就已經在運用這個技術發展他們的所謂先進科技，書中所談論的系統工程的手法跟我在交通大學教授的系統工程非常的相同，這是我把這本書介紹給大家另外一個原因。

書中的作者有很多奇遇，這些都不是你我現在可以想像得到，至少在現在是無法實現的，但是誰知道明日的事實就是今日的科幻？誠如海尼克博士跟我聊天的時候說，如果我們現在來看一個核能發電廠認為是很平常的事，但是如果在一百多年前跟你談核能發電，人家會不會以為你是個瘋子呢？而且根據二〇二〇年四月，美國國防部發布了三段由海軍飛行員拍攝的「UFO」錄影帶，顯示美國已經能夠用影像抓到快速飛行的不明飛行物體，這表示什麼呢？表示過去美國之所以否認不明飛行物，是因為他們沒有辦法證明他們的存在，但是現在科技逐漸的發達他們已經用影像證明他們的存在，但是不是美國已經具有了利用逆向工程仿照他們的技術呢？在這本書裡面提到了很多這方面的東西，書中提到的反重力系統或許就是說明 UFO 飛行器？所以這是一本奇書。

作者的奇遇創造了作者在航太發展設計先進武器的技術，所以說這是一個奇人；他的奇遇，造就了這本奇書。

希望這本書能夠提供大家新的領域並且希望大家用接納的心情來接受這種似幻非幻的技術。因為誰知道在若干年以後反重力的系統會成為今天我們看核能電廠技術一樣的平常？同時成為事實？

科技的發展是不可預測的，因為今天我們認為很奇特的東西尤其是我們中國有五千年的文化，我們很多的技術都是因為沒有仔細的推敲沒有仔細的研究而埋沒在人群之中。

這本書裡面提到的很多東西航太武器的發展、航太界週末的狂歡以及心靈感應這些東西，都是目前認為科幻的東西，希望透過這本奇書大家能夠有奇想，根據這些奇想能夠逐漸地迎向一個聚焦的目標，這個目標就是讓我們產生新科技的動力。

上了多年關鍵時刻的節目，謝謝寶傑在百忙之中抽空介紹了我的這本書，書中很多是在節目中講過的，但是透過作者的嘴巴講出來又增加了幾分真實性，雖然書中的若干內容是遊走在可信與不可信的邊緣，但是讀者聰明的智慧自然會在適當的章節做適當的判斷，如果因為不可信而錯過了這本書，那麼對於書中可信的部分就不太公平了。

謝謝林副部長給我指導，我用了他最後一句話作為我序的開場，同時他也點出了智庫蘭德公司的由來，在這本書裡面算是清楚的交代，希望這本書不會辜負他的心意。

謝謝我的好朋友樓宇偉博士，他在美國航太界服務了一段很長的時間，這本書是我們三人同時認為是奇書，他給了我翻譯的動力，他還用做學問的態度提供了兩本中文書籍以及三本英文書籍，甚至還有兩部英文的電影提供給有興趣的讀者繼續往下研究發展，這種 MIT 博士的治學精神值得我們大家效法。

感謝大喜出版社梁社長願意出版這本書以及汪小姐辛苦的校稿，譯者雖然在美國待過幾年，但是畢竟不是美國人，文中翻譯的地方還是會有若干的差錯與誤譯，謝謝讀者能夠及時指出作為爾後再版的修改。

神奇的科幻之旅在最關鍵的時刻透過作者的奇遇，奇書就此開始。

傅鶴齡　序畢　2021.08.22.11: 50pm

寫在第二冊全書出版前

這本書的後半段終於完成了，諸位讀者可以看到全書的原貌，作者在道格拉斯飛機公司（DAC）的智庫工作了二十年（一九五一～一九六三），在一九六四年六月一號才開始由德布斯（Debus）博士推薦到北美航空公司工作，仍是在NASA的管理委員會，並開始到洛克達因公司的核子學公司任職。

作者有一個來自外星際的北歐外星人秘書傑西卡，他花了四年才搞清楚傑西卡原來是來自外星的白帽北歐外星人，主要協助地球人飛離地球，在計劃中的美國NASA太空中心主要規劃了四階段NOVA計劃／對抗外星人的海軍軍事計畫：NOVA下的第一階段工作／登月、第二階段工作是一個一萬人的月球海軍的軍事基地，第三階段工作是在火星及太陽系上建基地，第四階段工作在十二個恆星上面建基地，他所設計的每一個太空船上都有姿態控制的必備裝置，以在太空中可以做各種的動作，這主要是配合整個軍事作用，但黑帽外星人卻全力阻止這些行動，外星人利用從大氣中排出一些氣體，這些氣體讓人體裡面組織產生變化，防止我們長壽，也防止我們進行長期的太空探測工作，根據作者在書中表示一九六六年美國發射的月軌二號及三號，已經在月球上看到有一些衰敗的人工城市，這是作者在TRW的一九六七～一九七一年中所看到的外星人資訊，其中一九六八年十月十一號發射阿波羅七號，也看到外星人的太空船在阿波羅七號上飛馳而過，這些都是在 TRW 智庫中所看到的極機密資訊，作者為 NASA 發展了一套即時監控系統，這套系統是 NASA 的阿波羅太空人在太空以及登陸月球時，太空人所看到的實際狀況能夠同時在地面控制中心上看到，所以在一九六九年七月二十號 TRW 有一半相關的人出席於阿波羅任務控制中心的影像中心，在電視上看到由阿波羅十一號傳回來的資料，顯示著月球坑的四周有許多並排的幽浮太空船排列在遠處火山口的邊緣，似乎在月球上看著他們登月，由於外星人的阻止，導致整個四階段的計畫只有第一階段工作／登月成功，一九六八年的聖誕節阿波羅八號繞行月球軌道十圈主要的目的即在尋找阿波羅十一號適當的登陸地點，當它們在月球軌道上移動時，在幾個區域看到成像的外星人和在月球表面幾個區上的矩形幾何結構。根據作者表示，有趣的是 NASA 選擇了阿波羅十一號的登陸地點，是不是跟這些地方有密切的關係？但是相關的 NASA 高層並沒有告訴太空人這一些訊息，殊不知道阿波羅十一號登月的太空人當時看到實景下心情的恐懼是如何？

「是的，一切都停止了。幾乎所有的四十萬航空航天承包商都被解雇了，不只是在道格拉斯，在波音、格魯曼、北美、ITT、加州理工學院、JPL 等眾多其他公司，還波及其它國家。」這些蛛絲馬跡是否可以解答為何阿波羅計畫後不見任何太空人重返月球？這在全世界每一個人的心中都是疑惑。

一九四二年二月二十五號「洛杉磯空襲」開始了湯普金斯精彩的一生，本書第一冊說明了在智庫及蘭德計畫下研究的反重力計畫（第六章代號 MTM-622），在第二冊的第二十六章作者參觀了美國的幽靈實驗室看到了美國用逆向工程組成的幽浮；全書在二〇〇一年完成，作者拿著原稿給海軍上將 Admiral Hugh Webster 審查及詢問是否得以出版？將軍說：「比爾，全部說出來，這對我們國家太重要了，不要漏掉任何一點訊息。」

大喜出版社謹慎地選上這本書，並獲得作者的首肯出版中文版，並邀請本人翻成中文，讓讀者有幸目睹在一九四二年到一九六九年間美國極機密的研發計畫及幽浮的產品，這些，是否可以解答全世界每一個人心中的疑問？

以個人的淺見，這本書只是用幽浮做一個媒介，但書中內容所包含著廣泛的航太科技及系統工程，這是湯普金斯以外無人能及的，湯普金斯本人已經在二〇一七年八月二十一日蝕日當天過世，留下這本非小說的小說，在航太及全世界每一個角落將持續擴散及震盪。

傅鶴齡

於第二冊出版前補序　20211126

序言（PROLOGUE）／比爾・湯普金斯

「我們必須為世界上最震撼人心的新聞做好準備。」

-CARL SAGAN 7-16-2002

我不知道哪些是我知道但你卻不知道的事情

首先，重要的是我注意到雖然這本書是我的自傳，但並不能說明我的全部人生歷史。它只涉及我在航空航天領域的個人工作，和我從一九五〇年到一九六九年的知識技術。這是一個時空的微觀時期，但其中出現了一個巨大的改變，改變了人們對自己在宇宙中所處位置的理解。重要主題在此內容中無法一一涵蓋。我剩下的奇妙的生活故事和相應的冒險將在隨後的章節中呈現。

我父親精通相機，他在他的高中年鑑拍了很多照片，因為得到許多的青睞，後來成為一名出色的攝影師，使他能在加州好萊塢環球影業開發他自己的電影事業，他加工影片的想法使他在好萊塢有重大突破，好萊塢幾乎所有電影導演都堅持要他處理他們所有的電影。到了一九二〇年，在全球發行數百部電影的需求擴大，爸爸在好萊塢大道上建立了標準電影實驗室。在這個龐大的生產實驗室，就業的人包括數百名技術人員以及可以轉換成英語版本的語言翻譯人員。這些外語版本已遍佈全球一百四十多個國家。爸爸是標準電影實驗室的掌舵人，直到他的公司接受了金融收購，他才沒有全力的參與。

家裡沒有收入支持著我們以前奢侈的生活，父母親和兄弟生活困頓，我搬去和我叔叔、嬸嬸住。他們的大型兩層房被他們的三個女兒瓜分了。我的叔叔哈丁博士（Dr. Harding）那時是聖塔莫尼卡醫院（Santa Monica Hospital）的首席外科醫生。他和我的三個堂姊妹曾多次前往埃及的金字塔。照片是我與叔叔在其中一次旅行中所拍攝。令人驚訝的是，照片的背景右方似乎有一個不明飛行物，當時沒有人注意到。他們在埃及的目標是解釋象形文字。哈丁叔叔與歷史協會安排在那裡讀取數百文件，照片和文物。我叔叔五個家庭成員都相信：譯出的象形文字將揭示金字塔的真正建造者，特別有可能是來自獵戶座大星雲恆星（Orion Nebula）的人。

生活在叔叔的大房子裡，除了木乃伊之外也被各種埃及古董包圍，有冒險也富教育。他們甚至還有手持的三維木製照片瀏覽器，用來解碼符號（decipher the symbols）。

比爾的叔叔、嬸嬸沒有注意到後方的幽浮

我的三個堂兄妹對年輕的埃及女孩因為穿著誘惑著他們周遭較年長的異性朋友所著迷。有時，他們製作了清涼的埃及王子服裝；帶著鑲有寶石的項鍊，從房子內到後院跑來跑去。他們從照片模仿金字塔牆壁上所描繪的少年埃及皇室模樣，模擬著非常優雅的埃及生活。

哈丁叔叔的家在聖莫尼卡海灘旁，離高層酒店和海灘俱樂部只有幾條街。母親們和我們所有五個孩子夏天大部分時間都花在俱樂部，我們經歷了最美好的日子。

兩年後，在我們的小型好萊塢公寓裡，我決定建造五十艘尺寸一樣的海軍艦艇模型。周末父親會帶我和哥哥到長灘（Long Beach）的海軍碼頭。與其他遊客一起，我們被海軍大型動力救生艇帶到了海上，爬進停泊在長灘港口的戰艦、巡洋艦和偶爾出現的航空母艦上。當時艦上禁止攝影。

我查看了安裝在所有主力艦（capital ships）上的新雷達，可以看到它們還包含很多秘密設備。當時，海軍審查機構確保相關機密系統的數據從未洩漏到媒體。我默記了所有新的秘密設備。回到家，我畫了粗略的透視草圖，把它們變成了令人驚訝的準確插圖。我從船的草圖及其武器，包括所有的秘密陣列雷達和高射炮等，都有詳細的全圖。我甚至還將航空母艦放在船尾飛行甲板的避雷裝置畫在上面。然後，我依尺寸構建了所有秘密設備，並將其一一安裝在我的軍艦模型上；後來由我父親在當地百貨商店的櫥窗裡展出。看到這些，《洛杉磯時報》（*Los Angeles Times*）採訪了我，說我是記憶攝影機。他們拍照並向全世界發表了數百篇文章。我收集的模型船被洛杉磯郡博物館（Los Angeles County Museum）評為「全國最好的藏品之一。」

一九四二年，海軍情報部開始注意到位於好萊塢大道上，百老匯百貨公司櫥窗內展列的船，並調查我的父親，將他視為間諜。他們來到我們的小公寓，在我與哥哥的臥室裡，發現了幾乎堆到天花板上的草圖和圖紙。他們沒有生氣，反而是啟動了一個計畫（或者更正確的說是一個獎勵），讓我加入海軍。多年來，這些收藏已有三百〇九艘船，總價值可能高達兩百萬美元。

幾年前，當我在洛杉磯附近參觀威爾遜山天文台一百英寸望遠鏡的時候，印象很深刻。天文學家已經確定銀河系包含數百萬顆恆星，其大小均遠超過我們自己的太陽。我覺得其中可能有像我們行星一樣的太陽系，這與當時天文學家所認為的相反。我深信我所看到的其他恆星和銀河系中，蘊藏著比我們高等許多的生命。

我確信某種類型的外星智慧生命不僅僅在觀察我們的星球，而且也影響著我們。出於某種原因，我從未接受這些外星人只是在看著我們的想法。看起來對我來說，幾千年來，他們一直充滿敵意與干擾，對我們的生活方式構成威脅。自從我是個小男孩起，我對我們的銀河系的環境已經畫出了一幅預設藍圖。

一九四二年二月二十五日，珍珠港襲擊事件爆發三個月後，一件非常奇怪的事情發生了。我的家人當時搬到了長灘。住在從一個大房子改建而成的二樓公寓。離海只有四條街之遠，一個大約晚上八點的夜晚，我父親叫哥哥和我到面對海灣的陽台。那裡地平線上方有一種奇怪而強烈的光線：一條指向海洋的窄光束，小光束水平轉動，直接進入我們的眼睛，然後射到我們公寓的後牆和周圍樹木。突然，令人費解的是，燈光熄滅了。我們站在那裡感到驚訝。最後，回到床上。午夜過後，空襲警報器和沿海炮兵的高射炮將每個人吵醒。我們跑到街上，看到大約在我們頭頂七千英尺高的位置，有一艘大型飛船漂浮在我們之上。它在上方減速停止並保持靜止，八盞探照燈照亮著它，而防空砲彈向它四處掃射充滿爆炸聲。大部分的砲彈在底部爆炸，我們無法確信目標有沒有爆炸或被擊落！三艘、然後五艘，其他船隻也陸續出現在附近；一些探照燈以及防空部隊都把重點放在每一光點上。最後，最初的那艘飛船也慢慢離開。

後來，大約十二艘其他飛船在更高的高度飛過，然後被射擊。這就像是一個魔咒：為什麼我們數百人不因為這個事件而費心費力或受到驚嚇？我不害怕，也沒有恐慌；更沒有人在尖叫，也沒有人心臟病發作，沒有人發瘋。近五個小時，車輛陸陸續續經過我們。長灘沿海，地面的所有防空部隊均企圖打下這些飛行體，到凌晨三點三十分，主要節目結束了。我們回去睡覺，雖然幾個鄰居告訴我們空襲繼續著，警報也一直持續到凌晨五點。第二天早上，報紙報導有外國飛機被發現在聖莫尼卡和長灘之間的空域活動。但他們沒有提到另一半，就是南加州幾乎整晚都在觀看這個活動。

這場所謂的「洛杉磯空襲」（Los Angeles air-raid）成為近代歷史上，一連串不明飛行物事件中，第一起重大事件；而且，這也是影響我整個五十七年航太工程際遇的開始。

無論出於何種原因，公眾可能都沒有感受到我們剛才目睹的事實。另一個世界已滲透到我們的生活中。我已意識到一定有一個巨大的星際母艦，或母艦群，正環繞我們地球，而且他們來自我們銀河系外。母船向地球派出了數百輛登陸平台。他們的主要任務我們完全不知。第二次世界大戰肆虐。我們全力以赴對付的目標是納粹，但現在呢？

此外，在海軍部、陸軍航空兵和某飛機公司也有幾個人一生都受到影響：他們是海軍上將羅斯科・希倫凱特（Roscoe H. Hillenkoetter），海軍秘書長詹姆斯・福雷斯塔爾（James V. Forrestal），陸軍航空兵內森・特溫（Nathan F. Twining）將軍和柯蒂斯・勒梅（Curtis Le May）將軍，M.I.T. 的愛德華・鮑爾斯（Edward Bowles），范內瓦爾・布希（Vannevar Bush）博士和道格拉斯飛機公司某某等，僅舉數例。當我講這個故事時的這些人，在其他故事裡也將被提到。

一九四二年在長灘上看到大量飛行體的另一人是海軍情報官 J.G. 派里伍德（Lieutenant J.G. Perry Wood）中尉。伍德中尉是最早看到我有創建船模型潛力，識才讓我進入海軍的人，如圖所示。他安排我到伏爾提飛機公證（Vultee Aircraft）工作，我也在那裡等我的安全許可（security clearance）。爾後宣誓就職並完成了我在聖地亞哥的訓練，就被分配到海軍情報單位任職。我在先進

比爾的船模型使他受聘進到海軍

技術計劃（advanced technology projects）下工作，後調升為加州聖地亞哥北島海軍航空站（North Island Naval Air Station）海軍指揮官。我的任務和目標是「飛機研究和信息的傳送人。」雖然只有三職等，但我注定是要迅速升官。

我的任務是在總工程師的指導下（一名上尉，我要向他報告），向海軍情報單位（Naval Intelligence）的海軍上將里克奧巴塔（Admiral Rick Obatta）報告。我的工作是對下列各項進行連續的調查及編寫報告：(a)實驗性的實驗室研究(b)政府其他機構，以及(c)教育科學機構、製造商和研究工程師。工作方式是我主動提出，或應海軍航空兵辦公室或任何局的要求提出報告。

我對特殊儀器、研究計劃目的與相關技術進行研究。我還被派去飛行學校就讀，去學海軍管理課程，並且執行現有和未來的飛行任務，我也領取飛行加給。我有時是飛行員，幾乎飛過海軍停機坪中每一架新飛機。我出任務時，載過海軍上將到道格拉斯飛機公司（聖莫尼卡）、長灘和中國湖，以及莫哈維沙漠（Mojave Desert）等地。四年中（從一九四二年到一九四七年），我參與了高度機密的計劃，並參與這個星球上一些最前衛且尚未開發的先進科學計劃。

二戰結束，直到一九四六年我才光榮的退役。我爸爸堅持要我辭職，以便我可以為他工作，挨家挨戶出售真正的絲綢襪子。我討厭這工作。在那之後，我幫他賣屋頂材料。我也討厭這工作。最後，我去了諾斯羅普（Northrop）工作。我的工作是作比例模型，這得以展現我的專長，製作模型以在風洞中進行測試。我確信這是我未來的所在。我在風洞部門上班，授命設計一架沒有機翼的飛機，此工作需要安全許可證。後來我離開諾思羅普去北美公司的控制實驗室工作，該實驗室位於舊的伏爾提公司工廠（Vultee plant）。（在那裡，我看到電路板設計原型，據說是由一些外星材料製成的。）

一九四九年我和哥哥，在伯班克（Burbank）的洛克希德飛機公司（Lockheed Aircraft Company）找到一份工作。在公司工作時，我意識到用於航太活動的先進技術正在聖莫尼卡道格拉斯飛機這大公司進行著。我的模型專長為我打開了大門。他們找我進入諾斯羅普的風洞模型部門。現在，道格拉斯高級副總裁知道我有船隻收藏品；特別支付我為模型的報酬，這個模型是給他老闆的生日禮物，他建造唐納德道格拉斯恩底彌翁（Endymion）號帆船模型，作為生日禮物。在沒有規格的規範或模擬圖的情況下，在船隻建造前，我必須模擬整艘大船的草圖。副總裁看了我的履歷並確認我的海軍背景。

甚至在模型完成之前，他對我印象深刻，因此，在一九五一年他把我由繪圖員轉升為工程師。

因為我以前有海軍電子部門負責人的安全

比爾為道格拉斯，長官生日作的模型船

許可，我的老闆，把我轉到了高度機密的地方——先進設計組，這一舉動改變了我的一生。

這些事件可以追溯到一九四五年，當時陸軍部長收到了一份絕密報告。陸軍航空兵指揮官「哈普」阿諾德（H. H. "Hap" Arnold）將軍提到：「在戰爭的這些年裡，我們的軍隊已經前所未有地利用科學和工業資源。我們必須在軍隊、工業和大學中繼續團結一致。科學規劃必須在實際的研究和開發前幾年就開始落實。」在這份報告中，阿諾德並沒有透露他最關心的議題——某種類型的外來生物已經在這裡，從技術角度看，他們可能領先我們數百萬年。

一九四五年十月一日，在海軍秘書長詹姆斯．福雷斯塔爾的指揮下，幾位高級大人物被帶到了船上，包括：哈普阿諾德將軍、愛德華鮑爾斯（M.I.T.，陸軍部長顧問）、唐納德道格拉斯（道格拉斯飛機公司總裁）公司、亞瑟．雷蒙德（Arthur Raymond）（道格拉斯的總工程師）和弗蘭克．科爾博姆（Frank Collbohm）（他是亞瑟．雷蒙德的助手）。他們在加州漢密爾頓空軍基地（Hamilton Field）陸軍航空兵總部秘密會面，成立蘭德計劃（Project RAND），這是一個位階極高的秘密科學智庫。它創建於一九四五年十二月，對聖莫尼卡市飛機場中的道格拉斯飛機公司而言，是一項特別的合議計劃。在道格拉斯工程部的一個高度分隔圍牆區域內，蘭德計畫研究主題是外星人對地球的威脅。與此同時，弗蘭克．科爾博姆在亞瑟．雷蒙德和唐納德道格拉斯的指揮下，暗中調查了自一九四二年以來在聖莫尼卡和洛杉磯出現的奇怪飛行物，科爾博姆因此成為蘭德計劃中主要成員之一。

一九四五年的同一個月，航空研發單位的副主任新辦公室成立，這就是蘭德計劃中提到的，正式成立，柯蒂斯李梅少將（Major General Curtis Le May）是第一任主官。然後，在一九四六年三月二日，一項和議成立，蘭德計畫將在道格拉斯的助理總工程師科爾博姆的指導下完成任務。道格拉斯智庫誕生了。

蘭德有兩個任務：(a)研究人造衛星潛在的設計、性能和可能的用途；(b)執行高度機密的科研計劃。後者包括各個領域成千上萬的問題，其中許多與解決外星人所構成的威脅技術有關，外星人的技術被認為比我們先進數千年。

到一九四八年初，蘭德計劃已經發展到大約有兩百名工作人員，專業知識廣泛到各領域。然而，道格拉斯製造部門管理的安排，被證明是一個主要問題。利益衝突沸騰，分離迫在眉睫。不久後，新任的美國空軍參謀長給唐納德．道格拉斯寫了一封信。這封信批准了蘭德朝非營利性蘭德公司的發展模式，獨立於道格拉斯之外，這就是它的後果。

分家是有問題的。許多博士都希望留在道格拉斯的先進設計組。內部大方向的小步伐舉棋不定。有些人想游走兩邊而不參與大方向。有些人只想在他們的專業領域專研。智庫被分成兩部分。蘭德租用了一座位於聖莫尼卡市中心的建築，稱之為蘭德大樓。

一九四七年六月二十四日分家後，我仍在霍桑（Hawthorne）的諾斯羅普飛機靜電推進科學實驗室的技術測試工作，並仍然試圖製造幾乎沒有翅膀的飛機。

也是在那天，私人飛行員肯尼斯·阿諾德（Kenneth Arnold）在喀斯喀特山脈（Cascade Mountains）華盛頓州地區飛行私人飛機時，遇到了九個圓盤形飛機。它們正在高速穿越他的飛行路徑。雖然這不是第一次看到，但這肯定是最先獲得廣泛關注之一。數以百計的相似報導很快跟隨。其中許多來自高度可信的軍事和民用資源。軍方試圖確定這些物體的性質和目的，主要是為了維護國家防禦利益。然而，他們試圖利用海軍飛機進行追逐在飛行中的光盤卻不成功。有時，公眾的反應接近歇斯底里。

根據所謂的十二至尊（Majestic 12）表示，艾森豪威爾簡報文件（Eisenhower Briefing-Document, EBD）於一九八四年十二月匿名郵寄給UFO研究員傑米·尚德拉（Jaime Shandera）說：「在新墨西哥州當地一位牧場主陳述一不明物體於一九四七年七月五日在偏遠地區墜毀前，大家對這些飛行物的所知甚少。」

這墜毀地位於羅斯韋爾陸軍航空基地（Roswell Army Airfield）西北75英里處，此地成為回收飛行物殘骸的秘密行動集結地。據EBD的作者表示「在這次行動中，空中偵察發現在飛行物落地爆炸前，有四個小的人形生物被彈出飛行物，落在殘骸東面約兩英里的地上，」四個生命體據說均已死亡，結論是該飛行物是一短程偵察船，它附屬於一艘大型母艦。

EBD表示：「在殘骸中發現了許多似乎是某種形式的文字。努力破譯後，大部分都一無所獲。」確實，他們的努力跟我叔叔、堂兄姊妹和我在埃及破譯那些象形文字的結果一樣，努力也沒有成功，回到一九三〇年代間。同樣不成功的是，十二至尊文件中的作者也在努力確定推進和動力能源傳輸的方法。這會失敗一點也不足為奇，因為當要考慮完全沒有可辨識的機翼、螺旋槳、噴氣式飛機以及完全沒有金屬佈線的設計是不可能的。更別談沒有任何真空管或任何可辨識的電子元件設計。

雖然這些生物是人形，但十二至尊指出了這些生物的進化過程，完全不同於我們，因此稱為「外星生物實體」（Extraterrestrial Biological Entities, EBE）。幾乎可以肯定的是，這些生成手法並非源於地球上任何的技術。門澤爾博士（Dr. Menzel）（據稱是十二至尊一員）很善巧地總結了這一點，並說：「我們正在對付完全來自另一個太陽系的生物。」

十二至尊行動（Operation Majestic）始於一九四七年九月二十四日，由詹姆斯・福雷斯塔爾、范內瓦爾・布希博士和海軍上將羅斯科・希倫凱特領導該組織。這是一個絕密，只有十二至尊可看的研發行動，情報直接（並且僅）對美國總統負責。同樣地，空軍參謀部研發副主任和蘭德集團（Project Rand Group）當時只向十二至尊報告。

正如我之前所說，一九五〇年初，我加入了聖莫尼卡的道格拉斯公司。因為我的海軍情報背景，他們把我扔進了這個智庫，當時整個智庫仍然帶著一群同儕處於離異風暴中。我們這些剛被雇用的人，完全沒有意識到讓博士們感到困擾或緊張的那種分家的感覺。沒有人告訴我們任何事情。

有時，智庫的一些同事認為我較靠近先進太空計劃，似乎我來自銀河系的另一個部門。我同意，因為對我來說，這個星球聲譽差。這是一個非常野蠻的居住地。當然，一些黑帽子外星人（外星人帶著我們所認為的邪惡任務），當然是在煽動公元前一二〇〇年前後早期部落間的仇恨。我一直堅信地球外一定有文明，他們不僅技術比我們更先進，而且比我們更文明。

所以，現在，我被驅使把我的想法散佈給每個讀者。我的目的是提出令人信服的證據，表明多種外來文化影響著我們的航太發展。諸位，你認同嗎？對於我們所涉及與推動的這些巨大秘密任務有什麼概念嗎？生活在這小不點星球上的生命是多樣化的。所以，繼續閱讀，看看到底發生了什麼，並參與其中。

回到一九五〇年，上月球的想法你了解多少？對我們來說，要理解這複雜的計畫太困難了，我不是在講道，我也不是在講課。本書是我們首次將觸角伸到宇宙中的討論平台。歷史上第一次在這個小小的藍色大理石裡，人類實現了他最大的夢想，即是離開他的家鄉並前往星際旅行。我們很榮幸生活在這個時期，因為夢想現在正在發生。阿波羅登月任務（Apollo Moon missions）只是道格拉斯智庫和海軍深空探索星際任務（Deep Space Exploratory Interstellar missions）的基礎計畫。

那麼，我們是如何完成這項巨大的登月任務？又如何能夠在整個美國數千個航空航太實驗室中，設計阿波羅飛行器和發射中心，並製造所有的設備？這計畫並不是由NASA設想的，而是在加州聖莫尼卡（Santa Monica）舊道格拉斯導彈和太空系統部門就有了（Douglas Missile and Space Systems Division）。不僅如此，該計畫還是在NASA成立前四年，由當時智庫中的先進設計分析師所構思出來的；他們不僅僅只做份內應該做的事，他們同時還得在腦海中想像出登陸月球，以及執行太陽系其他星球（和我們最近的十二顆恆星）任務所需的每一步。

我是當時概念思想家之一員。身為工程組長，我規劃了數十個任務和飛船，用於離我們最近幾個星球得探索任務。我設計了一個在火星上的工作站，以及大量的 NOVA 載具和赤道發射設施。我也為我們的月球設計了多達二〇〇〇人的軍事基地，同時也在適居的行星及其衛星上建立能容納六百人的海軍基地。我設計了阿波羅登月系統土星五號（譯按：或農神五號火箭）、SIV-B（為 S-IVB 火箭第三節）和命令控制月球車的發射測試系統。這幾乎重新設計了在佛羅里達州卡納維拉爾角（Cape Canaveral）發射控制中心的主要營運設施。我整理了我做的所有文件及圖稿，並給我的同事看，他們是整個月球計劃最有能力的設計師。結果令人震驚。我後來給 NASA 的高層看，他們徹底改變了他們原來發展不成功的方法，結果順利完成六次離我們最近幾個星球的星際任務。

想像一個隱藏式充滿技術的世界，那裡有一座約一條區街長、五層樓高的建築，室內有六英尺高的機櫃電腦、電源，以及老式的印刷電路板，這些滿是電線的面板可能用現在的手機就可完成當時的任務。大多數人從來沒有接觸過我們所設計、製造和操作的這種大型電腦，為了是可以完成阿波羅計畫四節三百六十五英尺長的土星五號載具，作為射前測試及發射到月球之用。

今天，我們正處於技術爆炸時代。人類已經在這個星球上進化了一段時間，依據碳十四年代測試，我們大約有三萬年的進化史。以進化發展來說，直到最近才出現技術本質的變化。九〇年代早期萊特兄弟駕駛的第一架飛機出現。僅僅六十年後，人類設計了一枚巨大的火箭，並將其驅動登陸到月亮，收集當地的岩石，然後安全地回到了地球，而我們能思考的每一個人當時在電視上看著它發生。這就只是六十年的時光。還不到一輩子。

一九五四年，當我們在研究前 NOVA 和前阿波羅／土星深空星艦的過程，我們在進階設計智庫中共同確立了海軍所有宇宙飛船研究的先決條件。三百年的海軍經驗和海上作戰任務（有時沒有補給）成為所有軍事星際任務的先決條件。海軍艦艇在海上停留很長時間，這使他們在進行長期任務時擁有大量的專業知識。另一方面，空軍轟炸機機組人員早上與家人共進早餐後，起飛到星球執行任務，丟下炸彈後，轉身，飛回家，再和妻子於晚上喝一杯酒。

約翰・甘乃迪（John F. Kennedy）總統獲准我們離開地球。我說「獲准」，但是誰批准？誰給了甘乃迪這個瘋狂、愚蠢的想法去登月？當然，國會沒有。他們只有想到把豬肉桶裝滿，並回饋自己的家鄉，所有這些計畫都需要數億美元。為什麼蘇聯將軍和美國海軍上將們在六〇年代早期放棄全部的新玩具，不管當時的社會需求，而進行半調子又荒誕的登月任務？有人給了他們許可，這開啟了人類歷史上曾經嘗試過的最複雜的任務：月球競賽。

那麼為什麼 NASA 於一九五八年成立呢？在公開場合，它目標是為了提供非軍事的政府機構，組織和建造一艘將人類帶到月球的火箭飛船。哦，是的，邪惡帝國仍然試圖先到達那裡，但在美國的我們在那時進行了一次和平的探測投資計畫。嗯……這也不完全是事實。

早在一九五二年，一些令人難以置信的太空研究結果就來自道格拉斯智庫。他們透露，不僅某些美國政府首腦知道外星人參與人類事情，連舊蘇聯也意識到了這種情況。隨著潛在的外星人「援助」，蘇聯首先想要登上月球，以便在那裡建立導彈基地並用以控制整個星球。哦，是的，這是希特勒計劃的重現。

我們所知道的遠少於我們所必須要學習的。

在地球人類史上，從來沒有一個從概念的發想、設計，能夠像美國阿波羅月球計劃這樣成功的案例。到目前為止，它仍然是人類曾經嘗試過最複雜的科技技術，也是我們首次對宇宙的重要探險經驗。人類對於探索鄰近星際有了一些進展。儘管如此，我們還有自己的銀河星系、仙女座星系（我們最近的星系）和宇宙的其他部分在等著我們探索。我們的挑戰是擴展現在的技術向廣闊的深空中延續，尋求其他太陽系的潛在智慧生命，並與他們進行交流。

但是為什麼，我們突然就在一個微秒的銀河瞬間，離開了這個星球？是誰要我們離開的？

第⑪章 沃克通道突如其來的外星車輛綁架事件

我接管了土星第四節上部檢查和發射測試操作的任務。回顧著我和克里夫、鮑勃所執行的任務，我說：「現在，你們知道我不明白為什麼要一直被逼著穿白襯衫和領帶在工程團隊上班的原因。但我確實是都這麼做，這看起來也不像是老大。我也把福特車換成了車齡才九個月的凱迪拉克（Cad）。你們知道 Cad 是總裁坐的，對吧？我早在道格拉斯的工程職業生涯就開始這樣了。」

我整個職業生涯過程是每兩到三年購買一台幾乎全新的 Cad。Cads 非常重要；因為幾乎每個月都有一次機會接海軍將軍往返機場，這給了我機會來報告與他們的威脅問題完全不同的概念。就像陸軍蓋茨將軍一樣，我在機場接了他後，接著就拿到耐克宙斯的計劃。他對我們深入了解威脅任務的程度感到驚訝。嗯，現在這是月亮和行星計劃。所以，我們回到比佛利山莊的威爾希爾汽車公司，在那裡一個有錢男人賣我一台車齡九個月的老凱迪拉克。跟往常一樣，它提供了三年保修。秋天，我和妻子瑪麗在克恩郡山區租了一間小屋，度過了一個為期三天的周末。我們帶著三個孩子從十四號高速公路離開了聖費爾南多（San Fernando）山谷的伍德蘭希爾斯（Woodland Hills）。夏天我們經常沿著那條路開車到太浩湖。我們經過沙漠愛德華茲秘密空軍基地北至十四號和三九五號高速公路的交匯處，這是該公路的入口點。這裡是保密區/中國湖海軍武器中心，當時我在海軍做了很多先進的武器研究。

在那個路口，我們向西轉入紅杉國家森林，向上往一七八號公路沃克通道（Walker Pass）。我們在晚上十一點四十五分到達，非常冷。在我們還未越過山頂之前，在沃克通道的另一邊出現了巨大的光芒，這光甚至比太陽更亮。亮光從深谷發出，繼續變亮，穿過另一邊。這肯定不是白天的亮光，因為我們身邊的一切都是黑暗的。在沃克通道的另一邊，所有的樹木、岩石、山脈和裂縫都被照亮了。我全新、明亮既閃亮的 El Dorado 轎車停了下來。車子發動機熄火、頭燈熄了、電台關閉，不幸的是暖器也沒了。當時非常的冷，孩子們醒了，所幸我們後座上有額外的毯子能夠用來溫暖身體。

四到五分鐘後，收音機和燈亮了。我再次轉動開關和發動引擎，暖器又啟動了。令人驚訝的是，巨大的光源開始消散，然後就消失了。我們一路開車，沿著山口，穿過山谷，一直到我們租的小屋，大家都感到非常疲憊；我們把孩子們放在雙層床上睡覺了。在那裡愉快的過了三天，孩子們參加舞會。我們週一晚上開車回家。嗯，你們猜對了：我周二就打電話給凱迪拉克公司並預約了下午檢查汽車的電氣系統。這家特殊的凱迪拉克廠在國內是最大、最先進的測試機構之一。他們給了我一台備用車，期限到這個星期。但在隔週五打電話給我，說我的車已經好了並做過詳細檢查，說車沒什麼問題；我開著新車來替換我們的車。我討論著在沃克通道發生的事情，並試圖確定有鬆散的電線或其他東西。我和客服經理的副總裁談過，他對這輛車的問題感到困惑並打電話給所有三位資深的客服經理人。他們都向我保證，我的新款凱迪拉克絕對沒有問題。因此我下意識感覺這是一次經典的車輛綁架事件。我知道我們當時應該看看時鐘和確認一下時間的，但我們太累了，所以作罷。現在眾所周知，這是正常的車輛綁架事件，我們當時可能消失兩到四個小時，而不是僅僅幾分鐘而已。對我們五個人來說這有什麼影響，我們真的不知道。

11.1 早期的阿波羅計劃

第一次土星 C-I 早期摘要

阿波羅土星 C-1 太空船是該系列中最小的，由 S-1 NASA／克萊斯勒加力器、S-4 DAC 控制器和標準負載組成。它將從 NASA 佛羅里達州梅里特島營運中心的 LC-34 場發射。粗構型中的所有工作將在卡納維拉爾角的舊開放水平機庫中測試並組裝。

計畫中的阿波羅土星 V（C-5）月球火箭的垂直發射構型垂直高度接近四〇〇英尺。這包括五個波音引擎 S-IC 第一節、中段 I（Interstage I）、北美四個引擎（譯按：應該是五個引擎）S-II 第二節、道格拉斯的 S-IVB 第三節中段 II 及阿波羅登月艙／指揮艙，包括登月小艇和太空人重返大氣艙。

11.2 肩寬六英尺的主管！

克利夫諾蘭（Cliff Noland），這個有六英尺寬肩膀的大塊頭猛男，很幸運能成為我阿波羅高級顧問組的主管，在處理重大設計問題時，有時他很不可思議的將及時連續提出建議，其速度幾乎和傑西卡一樣快。他笑容滿面地走進了審查會議，但卻遲到了，會議中一半是組長的秘書。

傑西卡說：「用那雙藍色的大眼睛，帶動全場，他直視著房間裡每個女孩的眼睛，好像她們都沒有穿衣服那樣。」每位女士都會開始用手指撥弄自己的頭髮，同時大腿先交叉後分開。克利夫總是穿上最新款的運動夾克、正式襯衫、經典設計的領帶，以及有褶皺的休閒褲，配上皮靴或皮鞋。

「哦，你也注意到了那些事情，傑西卡，」我說。

「嗯，是的，我覺得他很可愛，但不要告訴他我這麼說，比爾。」

11.3 阿波羅土星首次成功發射

一九六五年八月，我們首次成功發射了阿波羅土星 C-1 最小的系列太空船。這是由一個 S-1 NASA／克萊斯勒加力器和一個 S-4 道格拉斯控制段及標準有效載荷組成。它從佛羅里達州梅里特島，NASA 的 LC-34 發射台發射；已在卡納維拉爾角的舊水平機庫中組裝及檢測完成。

11.4 搖搖欲墜的發射塔，岌岌可危！

NASA 為重型月球車的早期計劃在合約上定義不清

NASA 早期的三十九號複合發射台裝配計劃是使用三十七號複合發射台上的塔來組裝和檢測土星火箭的發射器。他們要做的就是用鈑金把整個服務結構封閉。然而，當我與空軍討論這個概念時，氣象學家們認為由於塔接在輪子上，在颶風中是承受不了的。

NASA 的人員沒有解決這個問題，這問題是在非常的情況下，無法確保塔的平穩操作。

11.5 三十七號複合射場在一二〇英尺高塔上的女外星人，瞬間消失！

在 NASA 另一架土星 C-2 未能發射的幾天後，柯克斯旺森（Kirk Swanson）和我正在檢查三十七號複合發射台的服務塔。我們當時處於較低的高度，大約一二〇英尺高。突然間，我們被高跟鞋踩在鋼鐵架台階上的聲音干擾。我們看到一個女孩走向我們封閉的結構，她接著說：「我建議你先做好功課。這種方法需要以完全不同的方式進行。」

空氣很冷，柯克和我都穿著厚重的飛行夾克，還在發抖。她穿著一條脆弱的迷你裙，當風吹過時，裡面春光一攬無遺，很難不盯著看。她繼續爭辯地說：「這些操作應該要在白色的房間裡進行。」

柯克接著對我滴咕道：「她到底以為她是誰？」他接著向她喊道，「小姐，走開。這就是為什麼我們在這裡處理電氣問題。」沒多說，她做了一個一八〇度轉彎，走了。她沒有搭乘電梯，開始走下樓。我們後來在十分鐘內完成了我們的工作，乘電梯下去。

在我們回去的路上，柯克對我說，「我們下去時，我會給她排頭吃，如果她幸運的話，也許還有更特別的。」

當我們到達底層時，一些工作人員停了下來。柯克問他們，「那個穿著迷你裙的女孩怎麼了？」其中一名人員回答說：「除了你們，今天早上沒見過任何人。」

由於許多問題沒有得到解決，我對此沒有任何想法；幾天後我差點忘了這件事。當柯克和我在三十七號複合發射台工作，我問他，「嘿，你有沒有再和塔上那個女孩說話？」

他看上去很困惑的說：「什麼女孩？」我試圖再解釋當時的場景，但他對這個議題毫無興趣，所以我就放棄了。此景仍然在我腦海中徘徊著，我忖度著這些看起來非常美的外星女孩，他們知道的比我們知道的多。為什麼她們突然會出現，並提供我們一些關於工作如何進行的建議，然後再神秘離開？

後來，在三十七號複合發射台上，我站在三〇〇英尺上被風吹得搖搖晃晃的高空平台，想想在這些下面安裝電子元件是多麼困難。可悲的是，有一半時間我們甚至沒有正確的電線或連接器。我們不得不徒步下樓梯，開車到道格拉斯野外組件存儲處找零件，然後再返回原始平台上查看零件是否適合以解決問題。

柯克說：「看看這些照片；這個結構，就像那些日子裡的每樣東西都是骯髒的。那裡即使是夜間，最低限度所需的光線也明顯不足。又黑又髒的鍋爐板。H結口支撐整個結構的鋼樑，它組裝起來就像又髒又臭的鋼架。」

NASA正計劃使用所有這些舊的、骯髒的複雜設施，來檢查並推出所有早期甚至更早期阿波羅太空船的生產計劃。

甚至我在大西洋導彈靶場的主管弗雷德達勒姆也說這些人瘋了，因為這永遠不會起作用。當我看著NASA工程師們的臉時，我克制了我的情緒；我們需要在白色房間裡做所有事情。所有的電子元件裝配需要一個像手術室一樣乾淨的無菌環境——就像小時候我的叔叔哈丁博士讓我看聖莫尼卡醫院一樣。我們必須隔離整個配件周圍的工作區和火箭周圍的區域，這樣不僅要隔離灰塵和沙子，也要加裝隔離電磁干擾（EMI）的地板。

11.6 我的獨特設計：L型模組

所有這一切主要就是從組裝一開始到發射倒數計時之時，希望創建一套可靠的生產啟動計劃，沒有任何擱置。這意味著不能再從開放式機庫和開放式服務塔內進行電子產品作業，我們需要在空調環境下進行發射平台垂直檢查和組裝。

所以，回到聖塔莫尼卡道格拉斯工程部後，我手上空軍三十七複合發射台結構的副本，在一個特別的設計會議中，我繼續對我組內顧問及高級職員介紹自己的想法和理念。

「如果你看看服務結構所繪出的圖，你就可以看到我們在卡拉維爾角各階段所需提供的封閉環境。」克里夫諾蘭說，「我知道比爾你要說什麼。你想建議使用你的L形模組垂直裝配。」這在附圖中可清楚地顯示，右邊是作者設計的當代印刷電路卡安裝架，能消除百分之八十七的電觸點。

我接著回答：「克利夫你絕對正確，你知道我正要怎麼作。」

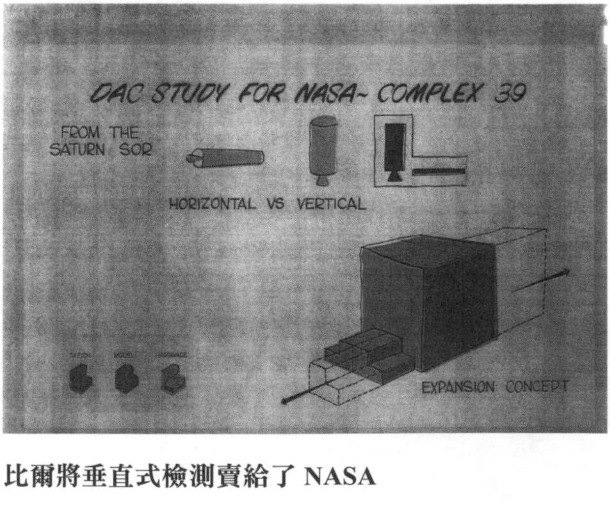

我拿出了「L形模塊」垂直裝配圖，檢查了設計，並將這些傳出去讓所有人審查，這裡面包括劇院系統控制概念。

亨利斯萊特（Henry Slater）驚呼：「我們可以使用你的控制台和DM 20導彈計劃的包裝設計。天啊！我們就正在生產那些東西，現在數數有超過六千件以上。我們也將選擇EMI隔離地板。」

第一個L形模組是我們的工程系統整合建築，是在我們亨廷頓海灘龐大的新生產中心下建構

比爾將垂直式檢測賣給了NASA

的。我確定該中心從一九八三年將按模組基底接受運作上的改變。

我搭聯合 DC-7 飛回洛杉磯國際機場。這是我再一次成功地管理整個檢查、倒數計時並發射 WS-315 THOR 測試導彈的經驗之後。這是在佛羅里達卡納維拉爾角導彈測試附件廠空軍三十二號複合發射台上發射的。我親自按下了紅色的發射按鈕，火箭飆升，精準落在測試範圍內的中心目標。我正在認真思考 NASA 對月球使命的重要性，我與道格拉斯副總裁討論了我們對深空技術的參與能力。當我和他談了大約十分鐘後，我意識到他完全不知道我到底在說什麼。我倒可以與一個推銷員對坐，並說同樣的話對方還可能會了解更多。我感到孤獨，因為飛在二八〇〇〇英尺上，意識到在這架飛機上或者在整個道格拉斯工廠中——任何與我們即將完成的偉大任務有關的概念，了解的人很少。

美國是否有任何人知道關於我們即將開始執行這偉大任務的概念？

我們將與完全沒有經驗的專業公司和分包商合作。他們不僅會改變道格拉斯的每個部門，也會改變裡面的四〇萬名員工，他們被認定是會支持這些夢幻般的月

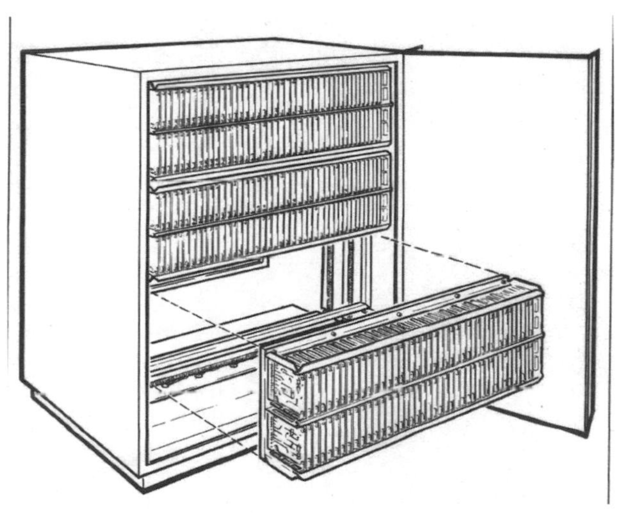

比爾的設計節省了空間，而且重量可以支撐電路卡

球、行星和星際任務的人。只有將我們舊的道格拉斯導彈功能流程圖做基底，繼續使用空軍三七五新的系統工程管理計劃，這種複雜的生產操作程序的開發概念才能再次成功。在道格拉斯工程部的我們，應該是整個阿波羅計劃的主要系統工程師。那個必須受NASA推薦與肯定的空軍三七五——因為體質脆弱、充滿矛盾，迫切需要指導——這意味著我設計部門的專業設計是發揮的時候了。

在成功發射空軍WS-315 IRBM導彈計劃後，工程副總裁史坦利帕特森（Stanley Paterson）再次提拔我，升我為工程組組長。我得到短徽章，這是一項管理的榮譽象徵。帕特森和其他一些公司的高級經理非常欣賞我設計的最先進的彈道導彈武器測試、射前檢查和發射系統。同時，我對德國V-2機動發射設備的逆向工程設計，以及我在最終臨時操作能力（IOC）中提出的簡報後，大家公認這是一套可出售的武器系統。我對系統工程知識的理解，從概念階段、定義階段、獲取階段到執行階段，這讓我對整個武器系統有了不可思議的了解。這不僅能夠讓我可以向上層AF管理人員作簡報，而且還可以詳細說明整個武器系統的每個操作細節。

我對道格拉斯公司需要完成的工作有精確的理解，加上我重新定義整個程序並將其明確地呈現給工程部門（以及後來的空軍）的能力，證明了這對整項計劃的成功是關鍵。我提出的方式使他們願意接受確保政府用極小的成本以取得信價比極高的大型武器系統的概念。

11.7 憤怒與抓狂！三十四、三十七號複合發射台問題得不到解決

在設計部門的一次員工會議上，我們正在等待 NASA 的電話，這是關於我們對三十四號複合發射台電力問題的討論。我們沉默的等待著，對於飛往開普敦的班機，將解決三十四號和三十七號複合發射台的問題，處理態度像踢皮球似地上下起伏不定，我們深感憤怒；這種保守態度讓我們抓狂。我的許多工程師都依稀記得在白沙陸軍／海軍那些測場及舊空軍混凝土導彈碉屋和發射台LC-17 和 LC-17-B 上受塵土破壞的發射台。特別是在大西洋導彈靶場的發射台，以及 Point Mogu 測試中心海軍導彈射場上受蟲蛀、蠍子和黴菌侵襲的電子產品。所有的工作人員都同意這次我們需要採取不同的方法；因為使用舊的德國 V -2 和傳統的教條方法（鍋爐板方法，Boiler plate methods）永遠無法讓我們到月球和其他行星。

第⑫章 道格拉斯製造部門的爬蟲族出現了

道格拉斯製造部門繼續為他們的終極版 S-V 節系統生產測試，購買過時的測試設備。他們不想利用我們的工程規範（那時候是由製造部門經營道格拉斯）。道格拉斯組織內的帝國建設令人難以置信。我們工程部在空軍 315-A 導彈和陸軍的耐克宙斯防空導彈反導計劃上，也面臨同樣類型的製造問題。

要理解我所遇到問題的嚴重程度是很困難的，阿波羅計劃下有九個主包公司和一萬四千個分包商，他們都具有相同的內部製造管理和承包問題。產品的品質成為在這個星球上人類曾經嘗試過最複雜的一種挑戰；這使計畫無法繼續進行。

在與我的伙伴執行非正式機密工程／製造 S-IVB 上所提出生產前的系統檢查工作之前，是在舊的裝配生產線電子檢測區域裡，亨利斯萊特說：「那兩個人看起來像傑西卡的兄弟。比爾，看著他們的眼睛，樣子就像行屍走肉。」

我說，「不要看他們的眼睛。」

克利夫說：「是的，但我原以為外星人只有女孩才會來。」

當他們二人走近時，雙方互瞥了一眼。

我再說：「別看他們的眼睛。」

「別這樣；那是他們製造部的副總，」艾德（Ed）點頭補充道。

「這是一個嚴密的安全區，我知道整個頂級製造業人員和我均從未見過他們。他們一定是在耐克宙斯防空導彈上作組裝的分包商，」吉姆說。

「該死，我們現在不想討論這些問題。」

吉姆瞥了一眼，「他們不是人；那些傢伙對我來說似乎很邪惡，那個高個子讓我感覺毛骨悚然。」

我點點頭，「他們正在看著我們。嘿，整件事看起來很奇怪。他們是製造部門副總裁的兩個組長？沒有大槍保護，他永遠不會出門。」

「他們在這做什麼？」鮑勃問道。

「我不知道，」瑞克說。

我補充說，「這需要很長時間才能解釋，但這兩個人不是人類。」

「我們要做什麼？」鮑勃問道。

「我們正面對他們，」我回應道。

「他們都來了，但這兩個行屍走肉要去哪裡？」鮑勃低聲問。

我回答，「他們消失了。撤退：製造部門希望會議開始進行。」

會議結束後，巴德說，「比爾，發生了什麼事？」

「六點半在卡羅爾（Carol）有酒會——洛杉磯國際機場附近的雞尾酒休息室——我可以代打。」

「會議並沒有像我們預期的那樣順利，但總是一個開始。」

埃德說，「我理解製造部門用西塞羅的那些暴徒支持他，但如果傑西卡是屬於我們這邊，那麼在會議前，他媽的那些看起來跟我們很像的外星人到底是誰？

「就在他們消失的時候，他們倆都變成了爬行動物——高大的那一個沒有發出聲音，他的臉因仇恨而扭曲，而另一個則發出了嘶嘶聲。」

「是的，比爾，我覺得那個高個子在對我們張牙舞爪。」

「你有看到他們怪誕的腳嗎？」丹插話道。

「我一直試圖親近傑西卡的妹妹克里斯已經好幾個月了。我知道她和傑西卡正在幫助我們。但我很困惑，那兩個外星人又是誰？」鮑勃問道。

「的確，丹，我們都知道這很容易搞混。這一次，我們真的都搞混了。不，你不是要把克里斯的內褲脫下來，向她吹噓你有十英寸。她和傑西卡比我們任何人都要聰明。」

我說，「記得拉爾夫馬隆（Ralph Malone）說過的話：『我們處理的遠遠超過公司的政治。』我說我們必須認知到不同外星人所帶的潛在後果，有些是戴白帽而有些是戴黑帽。更複雜的是，他們——外星人——各有不同的任務。阿波羅登月任務對他們最終的影響是什麼？」

我相信我必須採取果斷行動。很幸運的是，在我的太空檢測和發射測試系統設計計畫裡，有一四〇個頂級思維工程師願意來實現我所提出來的那些完全不同的設計理念：重新設計阿波羅月球計劃。在阿波羅分組簡報中我說，「我的方法對道格拉斯管理層和客戶銷售而言是一個新的概念。在廣泛的研究和了解問題後，我首先定義任務，設想一個方法完成該任務並建立其相關配置；接著準備兩項權衡研究，有系統地從三種方法中選擇一種最有可能滿足所有要求的方法。再把設計圖畫出，準備所有該留意的規格／報告。準備實物圖的繪製，建立立體比例模型，並設計能得到友善支

ELECTRONIC CHECKOUT CONTROL
EQUIPMENT PACKAGING CONCEPT
FOR SATURN S-IVB

DOUGLAS REPORT SM-42107
AUGUST 1962

Prepared by: Space Electronic Support Equipment

Approved by: Chief, Space Electronic Support Equipment

MISSILE SYSTEMS ENGINEERING | MISSILE & SPACE SYSTEMS DIVISION DOUGLAS AIRCRAFT COMPANY, INC

這是比爾完成的土星火箭減重及節省空間的報告書

持的圖和攝影文件以讓我的提案更完善。我接著建議系統工程管理人員，我們會有一套自發性的工程管理提案並獲得批准。」

經過廣泛的討論，我確實也做到了，並創造了當時兩個著名的道格拉斯文件，一項是目的、另一項是報告 SM-42107，日期為一九六二年八月，上面有我批准簽名頁面。

12.1 在三十四號複合射場上發射 S-IV

我們再次離開智庫，回到開普敦試圖發射我們的小型阿波羅六引擎 S-IVB，這是 NASA 克萊斯勒助推器的第二段；這次是用另一個地下混凝土砌塊三十四號複合射場的房子。我問克利夫諾蘭：「你還記得我們在沙包下二十公尺處花了所有的時間試圖發射舊的 DM-18 導彈嗎？」

「當然，比爾。不知怎的現在 NASA 看起來像回到一九五五年那時候一樣糟糕。」

「怎麼說一樣糟糕？」

「哦，算了別說了，比爾。你知道這又是一座糟糕的碉堡，潮濕又粘膩的綠色物質佈滿整個牆壁和地板，全是蜘蛛網，哦，同樣的大棕色『N』隻黑蜘蛛。」

「你忘記了水軟皮蟲也爬進了我們的發射控制台。」

「開玩笑的吧，克利夫，但我們現在和當時的發射團隊幾乎一樣。」

「我記得我們在阿拉巴馬州亨茨維爾的紅石兵工廠，擊敗了馮布朗的德國 V-2 火箭團隊。」

「我們當時還拿到了空軍中級二四〇〇英里射程彈道導彈計劃的生產合約。我們的道格拉斯 DM-18 雷神導彈和移動發射系統是一張大訂單，這個數字超出了亨茨維爾團隊所能提出的任何提案。」

「沒錯，比爾。作為 DM-18 測試系統的助理組工程師，你得負責射場測試計劃管理並監督，包括像我這樣的射場人員。」

這次的測試計劃，我們的 DM-18 2347s 是在佛羅里達州卡納維拉爾角的空軍測試中心進行。導彈（ICBM）排位於 Intercontinental Ballistic 中心附近的複合射場十七號 B 上，為期三週。我們的冰屋形碉堡距發射點二三〇公尺，地基厚三點二米，頂部有十二公尺的沙包；從上面看似乎像是一個小沙丘。

12.2 在三十七號複合射場上發射 S-IV

我說，「我們來了，再次回到 NASA 在卡納維拉爾角全新的複合三十七號射場，打開機庫試圖在另一個潮濕、受蚊子肆虐的真菌中檢查我們的六引擎阿波羅土星 S-4 段。」

「是的，」克利夫補充道。「我知道檢測和裝配大樓是全新的，但仍然是另一個糟糕的地下碉堡，裡面仍有那些大橙子蜘蛛的所有子孫。」

「當我們作最終的檢測時，道格拉斯 S-4 控制台將被安裝在新的提升型克萊斯勒八發動機第一級助推器，頂部上面是服務塔。」

「正確，克利夫。」

「然後這個配置的第一個任務將是土星2火箭，任務編號為SA-5。」

「NASA試圖發射他們的克萊斯勒，這可能需要幾年的時間。這將是一個繞軌道運行的有效負載，代表美國送入太空的最大乘載量。」

「是的，」克利夫補充道。「在一六三點五英尺高的載具，提升的總重量將為三七七〇〇磅。」

「這一切聽起來都不錯，但你記得嗎？當我們試圖把所有六個RL-10發動機啟動開關在NASA的三十四號複合發射台上同時開啟時，但這執行時間顯然是太牽強了？」他們開放式的機庫，受風吹、鹹沙和濕氣的侵蝕，幾乎沒有任何保護。即使門是關閉的，這冷凝的水汽也非常的「不舒服。」

「我們不能繼續使用陸軍／海軍剩餘的零件，又同時期望我們手動式電子設備控制單元能可靠運行。一切應該都是自動的，就像我們的DM-18導彈一樣。」

比爾打電話給我們一起檢測的員工。

「克利夫從聖塔莫尼卡回來，要我們在舊的S-4機庫跟他碰面，」羅爾夫說。

「克利夫再回到NASA，仍舊是老煙槍一個。我們完成了你要求比爾做的研究。」

「該死，你是對的。就NASA的規格，他媽的我們根本沒有依循的標準。我們在軌道上必須保證能重新啟動所有六個RL-10發動機，才有機會讓指揮艙在軌道上交會。」

「我們甚至不能讓它們在測試台上同時點火。」

「台上所有六台 RL-10 所乘載的複雜性和可靠度都完全失控了。」

「我們在聖莫尼卡的人們一直在推洛克達因提供我們的 DM-18 J-2 發動機。」

「好的，克利夫」我說。

「不要讓它退出，但我們會將這一點增加到我們主動提交給 NASA 的提案中。」

「靠近一點，你們，仔細聽，』」我說。現在你們都知道我們在擬議的阿波羅五節式土星月球載具的第四節；第五節是月球著陸器和指揮艙。」

「對，比爾，」克利夫補充道。

「好的，請仔細聆聽。假設我們完全拋棄了阿波羅的第三節。在我們的 S-4 測台上扔掉所有 NASA 的 RL-10 發動機並用一個 J-2 洛克達因發動機替換它們。這比我們用 S-4 和 S-3 結合的所有六個舊 RL-10 的推力至少高出百分之三十，然後迫使 NASA 在北美 S-2 節上使用 J-2 發動機。」

「我贊成。」

「這將使我們成為四節土星火箭的第三節。是這樣的，克利夫，這將減少所有那些因可動式馬達不能以正確的順序啟動的問題並簡化一切。這個新的複合三十七號射場與三十四相同，仍然試圖以完全相同的方式發射複雜的太空飛行器，那些頭腦冷靜的德國人在一九三三年為希特勒做過這樣的嘗試。在我看來，亨茨維爾工程技術最近的進度曲線是平坦的——火箭和地面支援設備的精密零件都沒有受到保護。正如我向他們建議的那樣，我們必須從小到電子微型開關以至於到整個大的火箭系統，在每次操作期間都要作到環控，但最後這終究沒有實現。」

「記得嗎？克利夫，當我們第一次上工程學那種保持簡單和愚蠢的心情？鮑勃德莫雷特（Bob Demoret）總是告訴我們要這樣做。德國人在許多工程細節都處理得非常好，但遠離基地這方面就不行，我們必須全部重新設計阿波羅操作中的每個功能，那意味著我們不只是重新設計月亮土星V號火箭而已，我們還必須重新設計所需的每個營運設施的製造、測試和發射，否則我們永遠到不了月球，更不用說到太陽系上的行星和離我們最近的十二顆恆星。

12.3　星齡十八歲的傑西卡女外星人可比地球年齡兩千年？

（我不在那裡，但那時我在一念間看到整個事件的全貌，我的靈通能力絕對真實。）

女孩，冷靜下來？退後；來吧，現在冷靜下來。還記得你到底是誰嗎？

首先「他們的時間」是一九六〇年。誰的時間？他們的時間，你這個小婊子，他們的時間！哦，因為上帝的緣故，薩曼莎；你是傑西卡；現在是一九六〇年；你是在它們銀河系第二七象限的西南臂上出來的。

誰的銀河系？他們稱之為銀河系的人。他媽的你是誰？我是你的老闆，淑女。我以為比利是我的老闆？我是你的指揮官；什麼星？什麼星球？現在你來了，他們稱之為太陽的是他們的星。

薩曼莎，你現在是傑西卡；在地球上他們的第三顆行星；記得嗎？好吧！現在我好像？現在清楚一些了。好，你是 NAVSPACE 1239 Reagan 北歐銀河海軍的中尉薩曼莎艾瑞克森。你被賦予了一項任務，在技術上你要協助這些地球人提升。具體來說，教育他們一些人，像混蛋湯普金斯是其中一個。薩曼莎，你應該開發他大腦中未使用的百分之九十九的能力來設計星艦；就像我們仙女座級的太空船母艦那樣。把船建妥，然後加入我們的海軍戰鬥群，以幫助我們對付爬行動物的問題。

薩曼莎——不，我指的是傑西卡——你是美國加利福尼亞州聖塔蒙尼卡道格拉斯飛機公司太空所威廉湯普金斯的秘書。你降落到那裡，那機棚中 2 × 8 ft 高的木質樓梯間，他們有一些人是如此愚蠢，他們建的機棚太靠近跑道。然後，他們把機棚轉換為九〇〇名設計師的機密工程建築。

你和湯普金斯工作的二樓佈滿了像上次在樓梯台階絆倒你的那些碎片。「但是先生，那些大碎片傷到我四英寸高跟鞋上的腳趾。停止抱怨，薩曼莎——我的意思是傑西卡——你以地球年齡來算已經有兩千歲了。但以它們的星齡只有十八年歲月。你只是一個俏妞；他們還在用一些人的尺度測量你。他們還是用他們制式的測量系統作設計，真不知道他們將如何完成他們的工作。」「比利不是混蛋；他對我很好。」

那是傑西卡，她撞到了頭；湯普金斯的秘書。你還好嗎？親愛的，他用一隻手臂摟著她的細腰；另一隻手臂扶著她的屁股。

有人用手指頂我的屁股，讓我也來幫忙，她聽到另一個人說。我會把她的腿抬起。男孩；看看那雙腿，美到不行。我知道我每次都在樓梯下等她，那天看著她下來看藍圖文件；我也一齊，她穿著一條真正的短裙。我的天啊！看看她的內褲，只是幾條鬆緊帶；我清楚我的手放在她裸露的小臉頰上，另一個聲音說你碰到的是我的手。我想她會醒過來的，我們應該帶她去看醫生嗎？我不這麼認為；別人也說不用！把她放在那把椅子上就好。我不會讓她離開我的手臂；決不！來吧，夥伴們，她正要醒來。嗨！發生了什麼事？

※ ※ ※

作者陳敘以上事件的發生，他在幾個月後腦海裡影現了這個事情，快如靈光一現的「乍現。」——編者。

12.4 錐形不明飛行物從飛機頂上呼嘯而過

「約翰韋恩（John Wayne）會怎麼處理這個？」馬克斯斯坦利（Max Stanley）想著。為了大局著想他選擇了我的工作。廢話，那是因為他喜歡這份工作，他才這麼做的。他的夾克看起來很糟糕，但他等等會整理好的；現在沒時間，他不喜歡現在這部分的工作。沒關係；他會趕上的。

馬克斯坐在離地面二十英尺的頂樓上，一間巨大的銀色……頂層辦公室裡。樓下辦公室有八個電子儀表組塞在天花板上，只有一個保全控管這些電子系統，另一個保全應該是協助他，實際上他操控著整個系統。至少這是一個美麗的早晨。

馬克斯伸著雙臂；他想，這裡總是好天氣。這就是他們為什麼選在這裡的海岸上班，太陽出來了，海灘閃閃發光。現在是十二點鐘。他們本該從上午十點開始，但第一次做這樣的事情總會遲一點。

馬克斯是加州霍索恩諾斯羅普飛機公司的首席試飛員。他坐在如汽泡式的飛機機艙內，他記得他一直用極速在飛馳。直到最後一分鐘，他用反向推力，但當時通用電氣（GE）沒有反向推力功能，所以他只好踩剎車讓發動機減速，當時尖叫聲不斷直到飛機碰觸到柵欄，磨掉輪胎上的一半橡膠。

他豎起大拇指，點了點頭說：「開始。」

「全力將所有八台發動機推出，」他打電話給飛行工程師皮特。隨著飛機在短跑道上起飛，巨型機器開始咆哮著。他內心思考著，希望那些維修人員在結束時，拆掉跑道那頭的鏈條圍欄。

他記得開著洛克希德 F-80 單引擎噴氣式戰鬥機，也用相同的通用電氣引擎，但是這台巨大戰機有八具引擎，重量為前者的一〇〇倍。馬克斯希望通用電氣能夠兌現他們的高推力發動機，但也許也不會有那樣的推力。為什麼我們不能使用普拉特和惠特尼（Pratt & Whitney）公司的噴射引擎？他們更可靠。

「皮特，趕快！」馬克斯喊道。「我需要滿滿的推力。」

「這已經是全數八部發動機的推力了」皮特回答道。

隨著馬克斯的速度增加，噪音聽起來就像千軍萬馬一樣。來自不平坦混凝土跑道的振動震耳欲聾，外翼上的鋁蒙皮板都彎曲了。馬克斯從未聽過這樣的聲音，他想知道差異在哪裡，他對講機上的耳機基本上沒用。

在後座，副駕駛泰德（Ted）正算著。他喊道：「我們現在指針是在一二〇，我們需要到一三八才能升空。沒有時間了，馬克斯把推力桿推起，現在必須拉起來，否則我們會打到柵欄。拉起來、拉起來、拉起來！」

馬克斯在最後一秒拉起。

「我們清楚？我們清楚！」泰德喊道。「我們還會有另一次大規模的 X B-49 實驗飛行翼轟炸機在空中的試飛。」

「該死，皮特，我需要更多馬力，」馬克斯喊道。「我們會讓這婊子失速。」

「數字七和八才只有百分之六十的轉速。這就是我所擁有的一切，」皮特喊道，混雜著發動機的轟隆聲。

「讓他媽的動起來，泰德，」馬克斯喊道。「這是轟炸機，不是戰鬥機。」

「發動機動力不足，」泰德對馬克斯喊道。「飛到那些尤加利樹之間。」

「現在轉彎嗎？翼尖將擊中那些電話線。我直接穿過它們！」

「不要那樣做，」皮特喊道。「葉子會堵住你發動機的進氣口。」

「媽的！我們要下降了！」

主要的著陸輪胎夾住了樹頂，發出嗖嗖的聲音。

「嘿，我們做到了！」

「轉速已到位，」泰德說。

「小事一件，」馬克斯補充道。

「對你沒問題，」皮特回答說，「但是我要清理一下我凌亂的座位。」

「哦，你們沒有信心，」馬克斯滿頭大汗的回答道，「這是這顆星球上最先進的飛機，但它還沒有足夠的力量讓自己保持在空中。我正在切入海上操捷徑，縮短測試計劃的飛行時間，讓我們飛過雷東多（Redondo）海灘，然後通過聖莫尼卡。我會看看我是否能爬上聖塔莫尼卡愛德華茲AF基地測試中心跑道上的山脈。」

然後他對泰德說，「你現在就接受它。我要轉動右舷配平片以獲得更大的舵角。」

「不能那樣做，馬克斯，」泰德說。「我們沒有尾巴或方向舵。你沒注意到，我們甚至沒有機身。」

「好吧，你他媽的混蛋，我的意思是升降舵。當然，我注意到製造業忘了把尾巴裝在翼上。我必須考慮所有的一切嗎？」

「嘿馬克斯，」泰德回答說，「我們還是飛太低了。你有看到泳池裡的那個女孩嗎？」

「不。她可愛嗎？」

「裸體，我必須說。」

「要我轉身蹲下來仔細地進行真正的檢查嗎？」

「嘿，夥伴們，」皮特說，「這很嚴重。我們讓你用有限的燃料起飛，以盡量減少重量。」

「但馬克斯，」皮特喊道，「我們沒辦法飛高來穿越山脈。」

「有什麼新鮮事？」馬克斯轉了轉眼睛。

「我不認為我們可以透過兩台發動機和有限的動力在低推力下達到愛德華茲，」泰德說。「我們為什麼不降落在聖莫尼卡機場？還可以在途中看到穿著比基尼的海灘女孩。現正在吹聖安娜風了。我們可以從海灘直接進場。」

「不能這樣做，」皮特回應道。「道格拉斯的新工程建築因為太靠近跑道了。你會卡到一個機翼，弄亂那棟漂亮的白色建築物。」

「狗屎！他媽的，那是什麼？」泰德喊道。「幽浮；也許和那些進出我們海軍巡航導彈試驗計劃的是同一批？」

「不，這看起來像一個虛擬的錐形，」馬克斯說。「它就停在那裡，到底在我們前面做什麼？」不明飛行物以與飛機相同的速度向後飛行。「錐形的倒掛，」馬克斯補充，此時不明飛行物從它們的頂部呼嘯而過。「它飛到我們後面！」泰德驚呼。「我認為現在它已經在我們之下了。」

「不，它來了，再來到面前。」來回、上下穿梭著，幽浮在他們周圍盤旋。

「如果這就是讓他興奮的原因。」馬克斯聳聳肩。

幽浮以完美的圓形方式繞著他們。聯邦航空局是不會喜歡這樣的。他在座位上蠕動著，泰德問道，「那帥外星人是誰？他一定是來自不同的外星種族。他們是那些搞砸我們整個海軍導彈飛行試驗計劃的人嗎？」

「不，」馬克斯說。「那些外星人已經拍下了我們飛機或導彈可以完成的一切動作。我希望比爾康威（Bill Conway）在他 F-80 飛機追蹤時，照相槍上已記下所有記錄，否則，沒有人會相信這種事的。」

與此同時，來自道格拉斯太空部門的羅傑索普（Roger Thorp）與一些政要正前往道格拉斯公司的 DC-3 區。他們正從南方要前往聖莫尼卡機場，與 B-49 併飛著，速度稍慢，正準備降落。在 XB-49 中，馬克斯·斯坦利試圖遮住他的臉。垂直錐體中的小外星人繼續在他周圍無謂地盤旋著，並向馬克斯比中指。被他航太界朋友們看到這一幕，馬克斯是如此尷尬。

「嘿！馬克斯，」皮特喊道，「我們沒有足夠的高度來翻越山脈。」

「現在，錐體正好在我們身下，」泰德喊道。

「看看你的高度表，」皮特說。「你正在攀升中。」

「有什麼東西在推著我們！」馬克斯驚呼道。

「是錐體……它迫使我們往更高的高度！」「我所有的儀錶都失靈了，」皮特說。

「天啊！」泰德證實，「我也是。」「我也失控了，」馬克斯補充道。

「我們正向內陸飛，錐體中的那個外星人實際上並沒有碰到我們；一定是某種電磁能從他的錐體中發散出來。如果他繼續推著我們，我們將能越過山脈。」

「現在越過，」皮特宣布。

「幽浮錐現在是我們的翅膀，」泰德說。

「記下他的號碼，我會打電話給他的老闆，讓他加薪，」馬克斯回答道。

總公司裡大多數 DC-3 高官對實驗飛機所知有限而無法了解他們剛剛看到的一切。但親愛的老羅傑索普（old Roger Thorp）可以，他知道他所看到的是驚人的事實。他只向道格拉斯的四個人講述過這個故事：包括他信任的秘書莫莉，以及我因為和他一起瞻打不明飛行物的機密備忘錄，也把副本給也在 DAC 工程智庫的同事埃爾默惠頓和克倫佩勒博士。

飛機下，女孩們正在溫暖的沙灘上，鋪著毯子躺在那裡。莎朗柯林斯調整著她的紫色比基尼；上週，當她比基尼褲帶滑下時，她喜歡安迪臉上的表情。

「你真的很辣！」她的朋友珍妮喊著。「嘿，看看那個！」

莎朗沒有轉身。珍妮可能又在另一個肌肉發達的運動員的嘴裡用力打口水戰。

「起來！」珍妮喊道。「他們有三個人！莎朗，抬頭看！」

莎朗轉過身來，聽到一架飛機。

「他們肯定飛得很低，」珍妮說。

「這是諾思羅普的飛行翼轟炸機，另一架是道格拉斯 DC-3 客機。我知道，因為安迪是道格拉斯的工程師。他過去一直有跟我說這大飛行翼的事。哦，天啊！那圍著他們的小的是什麼？」

「天哪，」莎朗說，「他們的確很低，而且很慢。」

「安迪跟我說，飛行翼是噴氣機，」珍妮繼續道。「哦，看那個！你覺得那怎麼了？」

「噴氣機不是飛得很快嗎？」莎朗問道。「他們看起來像是停著不動。」沙灘上每個人都在看。

「你還能看到嗎？」她喊道。「我認為他們已降落在酒店後面了。不，我還看得見他們！」

這小傢伙已經飛到大飛行翼下，看起來他已經鎖定這趟旅程。隔天，安迪是先進設計組的兼職人員，他告訴我他的女朋友莎朗目睹了上述的一切。我決定隔天下午要去調查她。是的，她證實了安迪告訴我的一切，這是一樁了不起的事件。

12.5 航空母艦巡航記

一九五六年太空船母艦概念、航空母艦巡航和作戰信息中心研究合約

在阿波羅計劃設計期間，埃爾默惠頓把我調回了智庫。我的任務是構想海軍太空船母艦任務運營的先進設計佈局，設計後我們將於三週內向 ONI 的四星級將軍作簡報。在概念設計研究期間，我用了我著名的短語：「夥伴們，如果我們只有這些，」我們很快就會發現大銀河系裡太空船母艦的操作概念。在真空太空中如果可以控制艦庫甲板上的空氣損失，這樣我們能夠在發射或回收戰機時而不流失艦庫中所有的空氣嗎？這將回答主要的操作問題。在這項研究中，我確實透過使用電磁屏蔽來實現防止艦庫空氣流失這一問題。

在回顧我之前 NOVA 非常大型的海軍艦艇太空船母艦設計時，埃爾默（看著我的肩膀）說，「比爾，如果我們建造那母艦，就外形而言應該能讓外星人知難而退。這是我見過最好的『展示旗艦』。你去年在 CLAG 級設計審查報告過該配置長度為兩公里，想像一下一場由二十艘巡航母艦組成的戰鬥，在太陽系與敵對的外星人開戰；他們會在沒有備戰的情況下退縮，真是太棒了。」

埃爾默再次拍我的肩膀說：「我因為看到了你在美國航太協會（AIAA）及海軍 Carrier Cruse 聯盟接下來的行程上有你的名字而停下來。我知道，比爾，你在海軍聯盟很重要，已安排了場外巡講。鮑勃康威（DAC 測試飛行員）將與約翰凱西（John Casey）（飛行運營經理）、他的女兒克里斯，Pete Duyan（電子部門負責人）和克利夫伯吉斯（Cliff Burgess）（市場營銷）一起飛行，而你和我就在唐納德的聖地亞哥豪華雙引擎 R-3D 機上。你不必駕駛，就跟我們一起飛也不必麻煩基地門口的保安人員，鮑勃是一名全職的海軍指揮官，在限制區內仍然活躍。透過他的伙伴們，他獲准能在北島海軍航空站的基地降落，在那裡你的美國標準航空公司香格里拉 CV-38，可以與我們的營運巡航捆綁在一起。比爾，這長度將達一千英尺長。」

「是的，埃爾默，我知道關於那艘船的所有信息；但這理當並不屬於我。謝謝你的愛戴，埃爾默。」

登上道格拉斯的飛機對我來說非常愉快。克里斯給了我一個大微笑並把我推到前面的伸縮台上。她穿著迷你短裙露出藍色的丁字褲和一張華麗裸露的臉頰，飛往北島的航班，除了來自克里斯的干擾外，一切都很順利。她在我對面的座位上坐了下來，雙腿不聽使喚的來回交叉著，沿途她的笑聲和調情的微笑從不間斷，顯示出她多希望在所有海軍男孩前，要表現她的愉悅。

早上六點，一個明亮而清晰的早晨，用過一頓豐盛的早餐後，我喝著第二杯熱咖啡。兩天的外出，迎著風站在開放式橋上，高出飛行甲板六層的位置，我感冒了。我感覺我以前做過同樣的事，只是它在更深空裡面，而且橋大更多，在一艘停在星際上某個地方，長六公里的巨大北歐星艦上。

「我不敢相信，比爾，」皮特把手放在我的肩膀上說，「我整個無法思考，但我確實曾經離開過銀河系。」

四十二架亮藍色道格拉斯 A-1 天襲者攻擊機一架接著一架地起飛，在 V 形飛行隊中以六千的方式進行重新定位而會合。「令人印象非常深刻，」埃爾默向帕克船長介紹道——一個五十多歲的俊男軍官——我們的船長。

小橋上還有克里斯，她說，「的確，在這裡你唯一能得到的一點空間就是那古老的大木製帆船方向盤。你有為了省錢把它從聖地亞哥的印度之星帶走嗎？對於那可愛的水手來說，這方向盤似乎太大而無法轉動。」

帕克船長花了一天說：「你是對的，小姐，這只是一座導航橋。我們還有戰情室在船的其他區域。」

埃爾默說：「你的任務控制中心在哪裡？」俊秀到不可言喻的海軍將軍補充道，「我們有一個CIC控制其中一些功能，但我們並沒有很好地組織架構，就像我所理解的空軍現在地下化SAC指揮所正開發的那樣。」

埃爾默說：「這是比爾的概念之一；他於一九五四年在我們的先進設計中設計了該中心。我們能看到你的CIC嗎？將軍？」

「可以，但它很小。我們百分之五十的信息站位於整個下層甲板。」

凱西十七歲的女兒克里斯再次打斷他的話，「這裡的景色很美，但我更喜歡看所有在車庫裡的那些優質水手，」凱西補充道，「但所有的女水手在哪裡？」

帕克船長回答說：「我們正在努力，但在整個美國海軍的歷史中，有一項政策是不能讓婦女在海上受到嚴重的戰鬥傷害。」

克里斯說：「我父親告訴我你們有時會在海上停留一年，那樣男人跟女人會分開太久。」

海軍將軍補充道，「如果惠頓先生告訴我的是海軍未來的任務，十年的男女同校太空任務正在進行中。今年香格里拉預計將有百分之二十八的女性船員的評估計畫，將可以提供一個長期應聘的方案。將女性帶上母艦對整個任務成功的可能，將有重大的改變。你不同意嗎？斯旺森先生？」

陪同我們到幾個 CIC 站的總軍士長斯旺森（Master Chef Swanson）說：「海軍將軍，你知道如果你把那些到處勾搭又搔首弄姿的女人帶到我的船上就什麼都行不通了。她們會整天在我的男人身上翻滾而吵翻天。」

海軍將軍沙普利笑著加入話題：「各位，你看我們在這個議題上是有共識的。在航母上有數百名值勤軍官，總軍士長確實會讓這大型海軍艦艇動起來。」他補充說：「斯旺森，你知道如果我們被命令這樣做——是，你就必須貫徹命令，哈哈。」

「這位先生，不要讓 NAVSEA 像他媽的妓女一樣使用我的船。你知道我們船上的通道是很狹隘的，這是我們的基本策略，當船員在狹道上雙向互通時，那些像凱西先生的女兒，剛從戰鬥信息中心（CIC-22）出來的那些女孩們會與我們的男人身上擦奶而過。將軍，你想想當她們攀爬梯子時，他們將永遠會停在甲板的途中，男人便把他們的臉抬到她們的小屁股上。那些辣妹甚至在我召集他們之前，就會自己跳上男人的雙層床上。將軍，如果是這樣當我們就戰鬥位置時，我們該怎麼辦？或者更糟糕的是，到時候我們還能打戰嗎？我問你，先生，你為什麼要考慮讓女人出海？」

就我的考量，我有答案。我們需要女人也進行星際空間的飛行任務，讓人口擴及宇宙中；這是趨勢的轉變。幸運的是，當這一切平緩後，約翰凱西和他可愛的小女兒與一位年輕的六月畢業生再次回到 CIC-20。他們回來是因為海軍沙普利將軍要海軍正視並認真對待所有這條船上在技術職位對女性的訓練。克里斯以一種可愛的方式說：「哦，海軍將軍大人沙普利，這不是一般的船，雖然我父親告訴我要總是將它視為船。」這使 CIC 中心的所有人事都解散了，我們官員拿著熱咖啡遠離這樣的紛擾，並參加另一場關於先進雷達的簡報。

我一如往常地講述著我的招牌構想，我認為一切都會改變，而且為因應未來新威脅，CIC 在二十世紀七〇年代甚至不會以現在的形式存在於海軍艦船上，而所有的先進電子產品也正研發中。海軍將軍沙普利聽完什麼也沒說。皮特輕聲細語地對我說，「沙普利正在思考。」

官員們在混亂中吃了一頓豐盛的午餐之後，我在轉角向沙普利上將說：「我們先進設計的所有人確信你的海軍不論男女工作人員，在深空保衛這顆行星的任務上一定會是全力以赴。但是為什麼你覺得海軍現在就要考慮結合男性及女性船員？」

「這不是我的專長，但你可以考慮跟鮑比因曼討論並分享你對此的想法。據我所知，海軍情報局對這個議題很重視。」

海軍將軍沙普利陪我們穿過 CIC 和十四個支援 CIC 的分站。他說，中途島號航母比第二次世界大戰的船隻更大，但它將會是最後一艘最小的艦橋。上將對所有新的海軍艦橋有相當的研究，一座新的、更大的艦橋將安裝在超級航母美國標準佛瑞斯塔上。

將軍說：「如前所述，比爾，最終的 CIC、雷達和電子配置並未定型，因為有許多先進的通信系統，甚至還有智能系統還在研發中，他們現在正在設計一座更大的橋；這對最終配置將產生重大影響。」

我們的 DAC 類型因為沙普利將軍對其新 CIC 的了解而深受關注。

埃爾默問海軍將軍他是如何成為指揮系統的專家。斯皮利（Shipley）說：「他每週都會將他的建議提交給未來的老闆（power-to-be）。」

埃爾默轉過身來對我說，「比爾，我知道你頗失望，但你是不是能用你的系統設計功能流程圖表在其中一個指揮中心上，集結一套自發性的標案？我們就把它提交給 ONI 和 ONR。」

海軍將軍沙普利打插著說：「我聽說，埃爾默；佔用一分鐘。看，我知道你的行銷手法通常都是先把你的新點子提給 ONR，這我沒問題。但是我們有一些人如 NAVAIR 的人一直在審查二十世紀七〇年代潛在的任務和系統，並將這些系統或任務應用於像船上的空軍 SAC 總部這樣的概念——只有我們的體積是比較小的。」

好吧！事實證明他已經在諮詢委員會工作好幾年了。海軍將軍沙普利已為我安排向邁克菲利普斯（Mike Fillips）上尉簡報他們在華盛頓州西雅圖布雷默頓海軍基地，為期十年的航母戰鬥群作戰發展計劃，另一個是艾塞克斯級航空母艦列剋星敦號——目前這母艦為了現代化和船體受到刮削正躺在乾艦塢中。

三週後……

來自華盛頓布雷默頓的邁克菲利普斯上尉是另一位王子，他是計畫室的航母飛行員。他試圖將舊的二戰航母進行大更新改為一艘現代攻擊艦，這將可以處理重型後掠翼超音速遠程核轟炸機，目前仍在繪製中。邁克向我解釋目前的指令是建立新的指揮系統或重建舊的。他說海軍研究辦公室從 ONI、戰爭學院和五角大廈找尋規格需求，接著他們去位在華盛頓 Crystal 市找系統程序經理（SPM），然後再到船舶局。就我們的計畫而言，還要到弗吉尼亞州的紐波特紐斯造船公司。

船舶局的許多改變已經過時，布雷默頓的承包商已經安裝了電梯來搬運飛機，但仍無法支持核轟炸機。

邁克說：「我直接呈現這件事給你們看，要比在辦公室向你們解釋還容易。」所以他陪我去了列剋星敦乾船塢，進入貨運電梯下到乾船塢底，這個航母真的大。從船體底部仰望，全由鋼柱支撐；你可以看到乾船塢的另一邊。這讓我想起了電影上七〇〇英尺長的美國標準阿克倫飛船，在聖地亞哥海軍航空站北島上方跑道十二英尺處徘徊。那場景真是太棒了！現在這也很棒！

又是一次令人窒息的經驗。我靈光一閃，發現自己又在我們銀河系另一邊的東懸臂上，一架小型的太空戰鬥機中。我在巨大的公里級太空戰鬥巡洋艦船體下飛行，我的自動進入感測器已啟動，我試圖找到航天器 24-S 入口。我們的偵察任務返回制導系統和母艦區入口控制器一直都運行的很良好，但在星船下層，船體電磁吸入口沒有標記好，以至於系統沒有啟動。

邁克船長打斷了我的思緒：「你還好嗎，比爾？」

「嗯，還好。我只是想每個人都應該有機會看到這一艘大船。從這裡看過去真是史無前例，頗具壓倒性。」

「你是對的，但是想想；我們航空母艦上的戰鬥載重量只有二八二五九噸，而美國的新福萊斯特將提升到七八四〇〇噸。所以，你又對了。一切都在變化中，我們現在需要更多的電子系統。」

邁克船長迅速為我導覽了CIC之後——那有兩個舊艙壁，目前正處於初步更新整理的階段，已經切斷電源準備接收更多的新電子設備——我們回到他的辦公室。他給我看了三個他的CIC系統清單：1、截至目前為止已存在或獲批准的項目2、已規劃的3、在未來十年內戰鬥發生時會需要的。

邁克船長說，即使使用微型硬體，我們仍然會將這些東西放到全艦各個位置上。我解釋著我們指揮中心的概念，他立刻明白每個站擁有的優勢都能提供整個戰區的狀態，甚至包括所有敵人戰鬥的確切位置和其它支援平台（船舶、潛艇、飛機、導彈和未知數）。

他說：「這正是我們所需要的，只有一個要注意的是。如果我們的CIC一旦被敵人命中，我們船舶中的其他區域必須要有一個堪用的備用中心。」

我回答說：「一定。」

邁克說：「那你們就去執行吧！」

埃爾默後來說：「比爾，在適當的時間和地點，將自己的計劃暢所欲言地提出，是值得的；這將為我們開啟一扇窗，幫助我們爭取潛艇發射的彈道導彈計劃。」

第⑬章

探索太陽系之始：前進宇宙至十顆最鄰近的恆星

13.1 宇宙探險家的使命：去除人類與宇宙中數百萬文明之間的障礙

時間是晚上十點四十五，我們正在審查 NASA 三十七號複合射場，作為原型以擬議阿波羅三十九號複合射場生產發射設施。克利夫和我剛脫掉鞋子，雙腳放在桌子上。傑西卡走了進來，她穿著當天的紅橙色制服。

「我以為你回家了？」克利夫說。

「只是在飛行測試中完成一些工作，」她補充道。

她踢掉自己的鞋子，在另一張厚厚的軟墊客椅上抬腿躺著，她翻了個身用睫毛瞥了我們倆，並把雙腿放在桌子上，她知道我們想看她些什麼，她說：「你們說話太大聲了，是因為每個人都回家了，而使阿波羅設計區成空的原因嗎？你們為什麼大喊大叫的？有九百部繪圖機遍布在這空曠的設計空間。是的，我知道你們都很生氣NASA在卡拉維爾角搞砸了，但你們不必大吼大叫。」

奇怪的是，她補充道：「只剩下我們了，對嗎？」

「這很明顯，」我回答道。

「你們兩個人大不同，特別是你，比利。」

她微笑著，知道我們想對她做什麼，她補充道：「你們不夠持久，你們必須持續更長的時間。」

「你是什麼意思傑西卡？我從未和你做過。」

克利夫說：「你也從未接受讓我進去的企圖心。」

「你們這些男人很誘人，但……」

傑西卡默默地、幾乎用心靈感應的方式對我說：「如果你真的致力於從這裡巡航到銀河系的另一邊，你必須要持續更長的時間。更重要的是，你需要完成你與生俱來的宇宙探險家的使命，去除人類與宇宙中數百萬文明之間的障礙。」

「她在想什麼，比爾？我幾乎無法理解她在你耳邊講些什麼。」

「她只是說我們凡人在這裡……」

傑西卡說：「哦，克利夫，你這麼慢。比利是對的。」她公開補充道：「你們活得不夠久，六七十歲的年頭是不夠削除障礙的。不是因為星星之間的距離太遙遠，而是因為你長大需要花二十年的時間，在加州理工學院又待了四至六年而得到畢業證書，在航太領域工作，再二十年，它們接著會給你一只閃亮的手錶，然後把你扔進退休堆裡，再過些年你就走了。」

「我很困惑。」克利夫補充道。「你在說什麼？」

「簡單，如果你是一個能活五千歲的青少年，你可以在技術上貢獻萬年，再從那些四公里長的銀河遊輪上巡航個五〇〇〇年，這是必要的：你同時必須進入生物醫學領域作保養並控制你的抗老細胞。」

我說：「傑西卡你說的對，那第一步是什麼？」

「去翻翻艾森豪威爾總統一九五四年二月二十日與北歐外星人在愛德華茲會晤的會議紀錄，他們有建議你們需要怎麼做。」

「所以這是真的，艾森豪威爾在一九五四年與外星人共舞？」

「我永遠不會告訴你答案的。」

克利夫，身體一半還在暗處，補充問：「永遠不會告訴什麼？」

13.2 爬行動物再次於會議中現形

午餐期間，我對微型工作做了簡短的簡報。史蒂夫索爾森（Steve Thorson）——我們卡拉維爾角的另一位駐地代表——匆匆忙忙到我們桌邊。他看起來很噁心，克利夫和我把椅子放在一旁，他就坐在我們之間。

「還好嗎？」傑西卡從桌子的另一旁問道。

「比爾，」史蒂夫回答說：「我看他轉過身來，這傢伙——就在我面前轉過身來。我發誓！這痞子就是他媽的一隻爬行動物；就是上個月我們所說的，在三十四號射場服務塔上看到的那隻，記得嗎？」

我說：「安靜，你今天早上飛了嗎？」

「是啊！我從洛杉磯國際機場過來，我們上升到第一一四級，他一雙黏答答的眼睛看起來像一顆馬鈴薯；那眼睛幾乎把我撞倒在欄杆上。他的舌頭叉在我身上，我差點從塔上掉下來！他的手也是……是爪子。」

「菲利普斯或弗萊徹（Phillips or Fletcher）看到他轉過身了嗎？」我問道。

「沒有，我們當天結束後，他們已經累倒了，我原以為你們會在新的餐廳用餐。」

「你說對了，」傑西卡補充道。「他是誰？」

「哦，來自亨茨維爾的混蛋；叫什麼奧維爾（Orville）的。」

「奧維爾吉爾森（Orville Gilson）？」克利夫問道。

「是的，就是他！他畏縮了一下，但並沒有長時間保持爬行。他離開後背對著我們走了，然後很快變回到人類。看到他近距離變得……真的很嚇人，太可怕了。」

「你覺得他是對我們檢查 NASA 的東西感到不滿嗎？」我問道。

「他真的很生氣，但我不知道為什麼；比爾，他的眼睛，他們……我不知道，他們眼睛充滿著邪惡的東西，真的。」

傑西卡起身，沿著桌子走來，雙手抱住史蒂夫。

「沒關係，」她緊緊地抱著他說著，「他們現在不在這裡了。」

她和我知道的不同；這些混蛋在這裡也在好萊塢，我們無法阻止它們。

「我們絕對不同，」史蒂夫說。「比爾，你沒有說他們有多糟糕，他們的眼睛跟章魚眼一樣，我不知道他們眼睛看起來這麼卑鄙。」

那時候，我請克里夫和傑西卡護送史蒂夫進我的辦公室讓他冷靜下來；我們其餘的人吃完午餐，就在會議室重新啟動會議。

午餐後的會議，我試圖不讓史蒂夫的狀況影響我。

我繼續作簡報，「從一九四六年到一九五七年，」我告訴會議室裡的每個人，「有與這個星球上完全不同的技術革新大爆炸，這包括逆向工程，不同的小型外星太空船及其電子和推進系統。在一九四四年我們仍然使用無線電式真空管和計算尺用人工計算及測試發射導彈。」

「直到一九六〇年代早期，德州儀器還沒有推出他們的首代計算器，」克利夫邊說邊拿起線頭。

「我們從外星電路板和微晶片設備中破解出銅微晶片的功能，以及從各種狀態下建立程序端口數據要求，包括從對狀態、控制、中斷邏輯、中斷控制、暫存 RAM、定時壓力開關、電源、狀態定時器和端口的了解。」

「這使我們能夠開發尺寸為 173 × 208 密耳（mils）的單微晶片原型，」我打岔道：「才使我們有足夠能力來操作整個導彈，或在一個微晶片上作太空船發動機檢測。有一個人在他的實驗室實際複製了他們的液體粘合元素，用我們 S-IVB 上阿波羅太空船 4 × 6 電路板上的數千個微晶片進行模擬。」

「更甚於此的是，」我說：「我們不知道 NASA 在這項技術的進展如何，這與我們的合約大不同。」

「這是對的，比爾，這讓我們在整個測試及發射上有能力完全自動化。」克利夫補充道。我繼續說道，「我們在整個任務中任何輕微或災難性的故障都有六層的後援步驟。是的，我們 DM-18 導彈型系統管理發展計劃就有加入：概念、定義、開發和作戰四個連續階段。」

我補充道：「那麼，我們是否同意將這一點納入我們主動提出的 NASA 教育計劃中？」

「當然，比爾，」克里夫說。

13.3　最後一次冰河時期前的雷斯上將古地圖

雨下了整個晚上，早上五點五十分開車上路真是受不了。在我的阿波羅辦公室裡，克利夫穿著海軍飛行皮夾克，脖子包得緊緊的，拿著一杯咖啡啜飲著。克利夫拍著我：「比爾，你怎麼認為她能接受這任務？她一定知道；她的兄弟們可以從他們停在軌道上的船上，拍攝相同的海岸線。你知道，萊夫．艾瑞克森著名的北歐維京探險家早在大約五百年前，他們就已經這麼做了。」

「你是對的，但我不認為傑西卡或她的伙伴在推進組中會暴露他們的身份，以支持海軍上將雷斯的地圖。」

「等一下，克里夫，是誰給你圖表的？」我問。「傑西卡上個月給我的。上面所羅列的九個項目讓我們眼睛為之一亮，後來你和我在幾週前就把這些拿出來……喂……這到底是什麼？」

「誰把這些交給了傑西卡？」

「我不知道。」

就在這時，我們聽到那熟悉的四英寸高跟鞋的咔嗒聲，傑西卡走進辦公室，那天她穿著一件閃亮、橙紅色的短款制服。關上身後的門，她帶著強烈的笑容微笑著，一隻手指著月亮，另一隻手放在她的臀部，啪的一聲，纖細的裙子直接飛出，做三六〇度旋轉。那時丁字褲還不流行，但露出一般內褲，傑西卡長腿上方裸露的程度令人難以置信。

「克利夫，我沒想到你這麼早就到這裡來。我猜你會愛上這一切的？」她的臀部貼在我的桌上，兩腿底部朝著我；跟往常一樣雙腿打開交叉著。

我忘了問她她是哪一天把海軍上將雷斯的圖表拿走的。克利夫掩護我代我問她，傑西卡說：

「當我在索倫森博士那裡的圖書館時，那圖表就落到我手中；就這樣。」

我拼命地試圖重新拿回主導權，問說：「等一下，什麼跟什麼？索倫森的辦公室是在智庫，而你，一個小女孩，在那裡沒有機密職等；那些大圖表不僅僅是放在十二乘四英尺長的牛皮文件包，非常機密的鎖在四英尺寬的鋼製抽　裡。那些文件的分類機密等級在 Q 等以上，同時所有把手都有向下推的鋼鎖鎖著。這怎麼可能，女孩。」

「這得有人必須先把四英尺長的鋼把先拉出來，才能拖出那些沉重的鋼抽屜。」她一邊回答，一邊羞怯的用顫抖的聲音小聲說道：「比利，就像我說的那樣，圖表只是落在我柔軟的小手中。」

「少廢話，傑西卡；你必須竭盡所能地找回海軍上將雷斯的所有圖表，以及其他所有文件，你這個小偷。」

克利夫說：「你偷了所有文件，不是嗎？」

「哦，不，克里夫，我沒有。也許可以說我是借用這些文件，因為這星球上那裡的人沒有人曾經研究過那些東西；更何況你們這個月無論如何也沒什麼事可做。」

我再次打斷並補充說：「我的理解是智庫部分的人去年有分配到雷斯地圖；這些人工作了七個多月，才做出一些結果來。」

「好的，比爾，我們已經研究了五張所有的地圖，雷斯是無法在一五一三年製作這些地圖，除非有人給他一艘不明飛行物到空中去繪製整個美國海岸線。」

「你又說對了，克利夫。在我們將地球物理衛星送入軌道，並將美國海岸線做成數位化之前，這個星球上沒有任何一個人能準確地在那時作出這樣的事。」

「好吧，我們現在在說什麼？」

「你無法掩飾這一點，有人在十六世紀就在我們的天空中運作過此事。」

「好的，比利孩子，這些地圖是在最後一次的冰河時期之前製作的，」傑西卡說。

克利夫在我桌上敲拳頭，罵道：「你瘋了。」

「克利夫，你再看一遍，並研究一下我們現在的海岸線，然後比對克倫佩勒博士手上海軍上將那份陸地質量圖表的影本，再去推翻前冰河時期那份的內容。無論如何這些很古老；但你可以保密著。」

然後，傑西卡靠在她的迷你飛行器上：「克里菲，你現在可以脫掉這件夾克，因為我在這裡已經跟你熱身過了，」她補充說道：「嘿，那些地圖是在最後一個冰河時期之前製作的……」

13.4 地球人不知道，外星人也不準備這麼做！

凌晨兩點十分，克里夫、傑西卡和我在阿波羅辦公室，我們準備喊停。

「克利夫，我說，」這個想法到一九九〇年每年發射四十五到五十四次，根本就不是NASA

或承包商所能理解。但是，根據該表，NASA 中有些人可能以為所造的三十九號號複合射場需要土星發射中心以北六十英里處，佔地數千英畝及 NOVA 卡車發射中心向南行駛四十英里處的大區域。

傑西卡悄悄地補充道：「在智庫中你、比利和一些人正在佈局這些發射中心設施，藉以用於建立在火星和其他太陽系中可居住的行星及其衛星上的美國海軍通信站這樣大規模計劃的設施。」

她敲著木地板發出聲音，喚醒我們，「你們明白我說的意思嗎？」

「是的，傑西卡，」我回答。「這些設施將擁有最先進的雷達接收天線，可以讓我們對即將到來的黑帽外星人進行偵測。想想：阿波羅和 NOVA 載具任務只是第一階段，我們受允許能夠離開這個星球，這是這個星球第一次進駐到太陽系的歷史。」

「而且，比爾，第二階段是讓我們進入宇宙並前往十顆最近的恆星。」

「是的，克利夫，我想知道這個星球上有多少人了解我們真實完成任務的狀況。傑西卡，」我問道，「是誰允許我們執行所有這些前所未聞而進入星系的任務？」

傑西卡嘴巴含著小指頭，肩膀前後聳聳肩回答說：「比利，你知道我只是一個小女孩，對這種重要的事情沒有知道的特權。」

「哦，伙伴，我們真的遇到麻煩了。」

第⑭章

阿波羅 S-IVB 節，防禦外來威脅的概念計劃

我向工作人員提出在阿波羅 S-IVB 節上的概念計劃：包括 NASA 合約條件和在 NASA 成立之前幾年中已有的先進設計的研究總綱，那是兩種不同等級的海軍太空飛行器，是用來防禦外來威脅的現有火箭推進器。

第一類是海軍探險導彈型，可載三到六個人；第二類包括前 NOVA 卡車運輸系統，主要用來在月球和我們太陽系的幾個行星上建立基地。針對這兩個概念做廣泛思考後，我們不想利用 NASA 對於 S-IVB 和水平機庫的合約條件，因為機庫兩端都是敞開的。

我對 NASA 的能力和方法非常在意，他們無法成功開發阿波羅計劃。將智庫的垂直裝配、檢查／發射利用在整個阿波羅計劃的模組概念中，令我非常擔憂。為 NASA 的技術人員制定設施重新設計的主動提議時間，可能越來越重要。我們想要在系統整合與三十九號複合射場使用所謂的 L

形模組化垂直組合與組裝建築，以作為整合與檢查使用。在L形模組計劃裡起重機將S-IVB節從水平拖車垂直吊到組裝建築的較低灣裝配區中。我多次往返卡拉維爾角調查NASA早期的阿波羅研究設施，我並不想要在S-IVB節火箭上這個點危及我們與NASA的合約。但是，我已經為我們亨廷頓海灘系統設計了全新的L形模組／控制中心且獲得DAC工程的認可。

在所有的場合，包括NASA未定義的三十九號複合射場，我的設計包括擴展增加垂直組裝和L形模組，以滿足NASA的生產任務發射需求。這些L形模組包含我的全自動電子檢測和射控計算機設備包裝概念（SM-42107）用於土星S-IVB任務剎車火箭上。與NASA對NASA道格拉斯S-IV合約手動控制的要求不同，我們決定自動化系統是提供任務可靠性所必需的。

我的L形模組也有空調，因此我們所有的系統都可以用來檢查發射操作，這將允許改變開放式電子設備環境處於受控環境中。NASA在我們的合約中要求我們使用一個開放式機庫，這個機庫被稱為特別組裝大樓。跟我們的電子檢查設備一樣，從計劃一開始，建築物就不符準則，它所需的南北傾斜要擴展，這尺寸將翻四倍之多，但也僅用於處理整個手動系統檢測和發射控制設備機架而用。於此，我的設計將可以解決很多問題。

14.1 外星素食女孩的餐飲

飽勃仍然喝著我們的第一杯瑪格麗塔並看著傑西卡的低胸上衣說：「你們兩個女孩都有絕對完

美的32C尺寸，但今天你們忘了穿胸罩。」

「哦，鮑比，你真會調情，」傑西卡補充道。

我說：「唐氏牛排館裡的牛排在這裡是頂級的，你們就照著菜單點吧。」

「哦，比利，我今天只吃凱撒沙拉。」

「我也是，」克里斯蒂附和。

「你們倆在外太空都是『無肉』女孩嗎？」

鮑勃說：「我從來沒有看過你們任何一個人吃過熱狗。」

「好吧，」克里斯蒂雙手放在她纖細的腰上說：「女孩必須保持身材。」克里斯蒂伸出手來，把鮑勃的臉轉向直視她的雙眼補充道：，「張大你的大藍眼看著我的雙腿，鮑比，忘掉傑西卡那賤貨。」

出於某種原因，我的腦海中浮現出不只一種想法。她們倆似乎不喜歡油膩的食物，我記得她們唯一吃的魚就是大比目魚。當有魚和薯條可選時，他們從來沒吃過薯條，難道是不喜歡動物的脂肪？晚餐來份原味肋排怎麼樣？是肉會讓他們的小肚子不舒服，還是他們的消化系統不同？有鑑於此，傑西卡說：「鮑勃，你從去年三月在Kit Cat俱樂部舉辦的重點派對上，一直試圖進入克里斯蒂的褲子但沒有成功；我倒要看看你是否可以找到一個跟她一樣調調的，你終會找到你真正想要的。」

14.2　建造一座兩千人月球海軍基地的使命

在繼續設計阿波羅 S-IVB 單節射前檢查和發射測試系統之前，同時在提給 NASA 合約時間表和增加土星V的發射計劃中，我們的 S-IVB 和地面支援設備（GSE）的傳統運輸從亨廷頓海灘設施到薩克拉門託測試中心，以及卡納維拉爾角等地都是使用在亨廷頓海灘海軍彈藥中心的美國海軍登陸碼頭船完成的。

這就是我們正在建設阿波羅 S-IVB 和 GSE 生產的地方，海軍也是為此把 S-IVB 運回薩克拉門托河，再往太平洋下來巴拿馬運河，沿大西洋拉到卡納維拉爾角運河碼頭。這個長程運輸系統不足以滿足將來擴大到生產的發射時程；所以，我們修改了道格拉斯公司製的空軍 C-133，將我們的 S-IVB 放上去飛到卡納維拉爾角。換句話說，我們不得不修改 C-133 S-IVB 的重量固定在 C-133 的機身頂部。這需要道格拉斯建造更多的 C-133 以符合 NASA 的月球任務所需的要求，這會讓我老闆的老闆高興。

對我們來說很明顯，組裝土星V段應該在一個環境可控制屋舍中進行；這也應該首先設計以處理四槽垂直檢測和裝配區域，以因應將來高架結構屋舍的擴展而擴展到模組化基礎上可接受其他各段的狀況。此外，應添加L形模組以滿足更高的發射時程也是必要的，波音的第一節是可以進入該區並直接進到更大型裝配建築中。北美洛克威爾的第二節也應該相對的在L形模組建築中用道格拉斯 S-IVB 採用低槽檢查。

我認為不要把裝配好的土星V在駁船上移動到發射台區——如前 NASA 文件所要求的一樣——NASA 反而應該使用在高速公路概念的大拖拉機。

在我主動向 NASA 提出的建議中，我建議道格拉斯行銷部門應該把我的空軍三七五武器系統發展計劃（包括概念階段、定義階段，收購整個月球和地球生產計劃的階段和運營階段）賣給 NASA。因為真正的使命是要在月球上建造一座兩千人的海軍基地，但人們似乎並不理解這一點。

14.3 興風作浪的關鍵俱樂部，將為星球上最複雜的技術任務增添迷惑與困擾

我們繼續用關鍵俱樂部的名字和索倫森的名義，在某些情況下他們是「所有事情的老闆。」而在不同部門總經理家中舉辦泳池畔——晚餐聚會，這也是一項非正式的政策。會有兩個組別：一個僅限於關鍵俱樂部與會者是工程經理及其秘書，第二個是工程經理和他們的妻子。

游泳的人可以選擇穿泳衣，或是裸泳。當我們與秘書、妻子們在一起的時候，就會有車把大家送到比佛利山莊購物狂歡。我們也會這樣親自護送我們的妻子參加，而不是請秘書代勞。如果我們都參加同一個全面的聚會，我可以想像那可怕的混戰，那會爆發大戰；孩子們從未在這些聚會中出現過。

一天晚上，我的秘書傑西卡和我一起參觀了傑里康納在伍德蘭山的家／聖費爾南多谷。這是他

著名的游泳派對之一，在開車過來的時候，傑西卡是穿著她的六英寸迷你格子裙，露出她那雙華麗的雙腿。她從我們之前的扶手梯下來，跟往常一樣，她滑向我把手放在我的腿上。二眼直視，她的手開始向我的腿上移動，涼鞋已脫，並將她裸露的底部轉向在收音機裡的 Dean 馬丁。她的小藍色繩褲已不見了，不說一句話，但她心懷激動地用他心通傳話給我，她說：「比利，你今晚不會再讓我失望了，親愛的，對吧？來吧，你知道我不會讓任何帥哥做我的，甚至連索倫森也不會。」

我在想，「我現在該怎麼辦？把她抱起來？」哦糟糕，我又忘了；傑西卡能讀我的心。

「那就對了；我就這麼做，所以不要想辦法分開彼此。我知道你必須繼續保持專業，但你可以插到我深層底部；沒有人會看到的。你要一直抱著我直到你開著華麗的車送我回家。是的，比利；這就是這些大皮椅座位設計的主要目的。你一直都沒有說話。你明白嗎？比利？」

我們到達後，餐飲服務部開啟了香檳和小吃的大門。「Ummmmm，canapés，頭等艙，」傑西卡把手放在胸前點頭說，「謝謝你，先生，」對服務生說，又對我加上一句：「比利，我知道你不曉得 canapés 是什麼。」

「這是一種小酥皮泡芙杯，裡面裝滿了美味的混合物。我會送進你的嘴裡的；謝謝你，親愛的。」我在想，這次我怎麼抵抗她？

「停一下，比利。」

再想一想，上個月，當她開始在游泳池裡磨蹭時，我幾乎屈服於她。

「是的，我今晚要再一次。」

沒有吃晚餐，我把手搭在她的肩膀上，然後護送她到後院泳池區，一半的客人已經在那裡，我立即注意到所有與會者都是裸身的。

在阿波羅計劃中有一些頂級工程師非常專業，幾個小時裡大家吵鬧地笑著，玩著周圍所有年輕漂亮的東西。索倫森和他的秘書瑪麗莎身體已經深壓在一起了。我可以說她壓在他上面，但他似乎也接受。在陰暗處一片噤聲，我看到從總公司來的芭芭拉和鮑勃卡特之間的騷美身影，雖然鮑勃卡特已婚。

上個月游泳會的時候雪利屈服於弗雷德德魯斯（Fred Delouse），她現在會怎麼辦呢？她丈夫一定知道。他們再次成對，她全都給他了。

傑西卡看著我的眼睛，這個非常漂亮的外星女孩繼續脫光，在我臉上搖擺著她的小藍繩折騰著我。她把小藍繩掛在我耳邊，吹過我的鼻子；有人在泳池裡叫「大家看呀！」

她總是當眾脫掉衣服，現在除了她的四英寸高跟鞋外，她已完全裸體，傑西卡接著做了一個緩慢的三六〇度自轉，確保我能完全看清她身上所有的資產。

「有看到你真正喜歡的任何東西嗎？比利？」我試著冷靜。這是我第三次來參加游泳派對，我知道我不應該，但我一直盯著她的眼睛，以免去看她那可愛的小底褲。傑西卡臉上總是露出靦腆的樣子，特別是當我每次撞到她的眼睛時，盯著她華麗的小身體的時後。每個月這個時候心情都變得越來越複雜。

「嘿，伙伴，你打算脫衣服游泳嗎？還是要我把你整身穿著衣服推下水？」她問道。當我再看她一眼時，她笑了。我終於獲得了部分控制權，我脫掉只剩內衣，她抓住我的手，把我拉進了泳池。冷水正是我冷靜所需要的泉源；然而，這並沒有持續多久。當我盡快重新從水中露出時，傑西卡開始擁抱我，她豐滿的胸部讓我清醒。我嘗試把她趕走但她仍抓住我，幾乎把我夾在她兩腿之間。她開始親我並用她的腿包住我，我強力的推開她。她嚇呆了，她向後漂浮到另一對情侶旁；她憤怒地皺著眉頭，要發脾氣了。

她游過去碰撞到的那個人抓住她的胸部，把她拉近並親她的脖子，傑西卡啜泣著。當他搔她腿時，她不哭了。

這男人帶走了原先跟著來的女孩並彼此親吻著。傑西卡和另一個女孩假裝和另一個男人一起而我看著。

傑西卡後來回神過後，開始朝我游來。她嘶聲說道：「也許我們兩個可以讓你忘記她！我知道你在想著誰。」

「我很想；但現在沒辦法。」

接著那傢伙走進來說：「嘿，比爾，我會從這裡把它帶走。」後來我發現那個人是保羅威爾遜（Paul Wilson），他是一位工程主管。

他抓著這兩個女孩，他們一前一後把他夾在中間。當另一個女孩吻他的背時，他試著面對傑西卡並從正面插入。我認為這是該離開泳池的徵兆了。

池台階旁邊的架子上有毛巾，我拿了一條並開始擦乾身子，拉爾夫馬龍走近我還搖著頭說：「嘿！伙伴，這個炎熱的夜晚，泳池也正在過度沸騰中。」

他微笑著說：「跟其他女孩一樣，你的秘書似乎有點失控。但是！誰不想參加這種聚會呢？」

「今晚早些時候，我看到屋子裡的索倫森和康納的妻子凱蒂一路走來。我無法相信約翰對整件事情都能滿意！索倫森剛吃完晚飯，然後蹂躪著餐廳地毯上的可憐女士。」

「拉爾夫；凱蒂並不可憐，她和工程部一半的人睡過。以她那樣的身體，就像我說她已不是……女士。你知道一個人要怎麼做才能升官？」

「等一下；我認為妻子不應該只是『秘書』？」

「好吧，比爾，凱蒂跟我說他們正在為下個月的夫人派對進行訓練。而她真的很喜歡……性。」

「你是在開玩笑吧？」

「喔！又是外星任務，」我說。這個組織缺乏道德是遠在這個世界之外的事。我想著：我做這些事情的唯一原因就是不讓索倫森回來。

「如果我拒絕出現，他會要求我出席，他會試圖以某種方式把我趕出智庫，阻止我為完成秘密任務所做的貢獻。」

馬龍點頭表示同意，「我的感覺就是這樣！阿波羅的工程部完全被扯進去了！」

「不知從什麼時候開始，不忠誠成為在公司內晉升的必要條件？」

「因為有些該死的外星人滲透進我們的任務！」我說。

「他們能以某種方式，像心電感應，讓我們彼此隔周發生性關係？」

「他們確切地知道如何玩弄老闆來完成任務！他們藉由秘書要我們妥協太空任務。」

「不；不僅僅是那樣！」

「有時我希望其中一位外星秘書變成爬蟲動物，再讓索倫森看看他放進去的東西是什麼。」

馬龍很不舒服地笑著說：「嘿！當他沒有預期的時候，這總有一天會發生。」

晚餐後，索倫森的策略是把衣服從舉辦晚宴的組長夫人那裡取走。然後，他會在客廳地毯上在眾目睽睽之下，與她發生性關係，從而建立起經理的絕對忠誠度。拉爾夫馬龍是我的好朋友也是我們部門的律師，都會提供他對活動的評論。像說對誰忠誠？工程管理？道格拉斯管理？NASA？我們他媽的到底要對誰忠誠？

拉爾夫說：「當 NASA 發現道格拉斯關鍵俱樂部和外星人對整個團隊的影響時，這個狗屎災難就臨頭了。」

「好吧，也許！」我補充道：「但也有可能是一個外星黑帽人將踏入 NASA 的大門，牽動整個團隊。」

據我所知，索倫森和關鍵俱樂部從未滲透進入到先進設計智庫。因為道格拉斯99.9%的人從來沒有出現在智庫，所以無法滲透。

關鍵俱樂部影響道格拉斯軍事部門和太空合約結果的頻率有多高；抑或是影響整個月球計劃的頻率有多高，這都很難判定。這在當時航天公司是很普遍的——在最終合約談判期間——不是保留就是收購這些「在舒服的環境中存在的理想公司。」

但這與外星人的影響和相關任務無關。索倫森也是受外星人的影響？是哪些外星人希望我們發展離開這個星球的能力？是北歐人嗎？還是爬蟲人？他們是讓自己看起來像北歐人，假裝幫助我們，再繼續把我們扔到大型太空巴士下面，阻止我們完成探星任務？關鍵俱樂部只是為這個星球上最複雜的技術任務增添了些許的迷惑與困擾。

14.4 黑帽外星人的報復行為

我了解到少數航太專家所知道的事件。這將影響我評估NASA阿波羅承包商的需求，我發現他們無法完成NASA的使命。我研究和處理每個問題的方式與每個發展中計劃類形的處理方式不同。我總是在摸索一種不同的、更簡單的和更有能力在很短的時間內就得以完成的方式來完成任務。

我和克利夫說：「我忘了告訴你，上週我在黑帽子那裡感覺到兩道閃光。」

克利夫諷刺地問：「這次的光是彩色的嗎？現在他們想要什麼？」

「光始終是彩色的。首先，我看到了數百架我們海軍和空軍的戰機正在追逐幽浮。」

克利夫問道：「是不明飛行物嗎？」

「是！我們永遠沒有足夠的距離接近他們並迫使他們降落。我們的響尾蛇導彈還在發射架上就被凍結了；他們的速度遠超過我們。還需要超過百分之三十以上的速度以發展較大的太空飛船，而且太空船永遠回不來。他們想要加速我們身體組織、器官和骨骼的衰壞速度以防止我們更長壽。」

「嗯，這對他們來說是愚蠢的決定。」

「同意，他們的主要目的似乎是防止我們進步到跟他們一樣的能力水準，以避免我們報復他們的威脅。也就是說，阻止我們開發設計海軍航天器載體的技術，以在銀河系中對抗他們。閃光消失了，但它看起來就是很真實。」

「克利夫，我們需要把這作為優先考量。」

第⑮章

重新設計三十九號複合射場的提案

阿波羅土星V（C-5）太空飛行器的垂直發射配置高度近四〇〇英尺，這包括第一節五具波音發動機S-IC、中段I、第二節四具北美發動機S-II、第三節一具道格拉斯引擎S-IVB（透過極其先進的設計完全取代最初的第三節），以及中段II和阿波羅登月艙／指揮艙（Apollo Lunar/Command Module），這包含登月模組和太空人返回式太空艙；阿波羅重達六～七百萬磅。

當我們試圖垂直發射導彈時，一直有問題存在著。這是我們在道格拉斯多年來一直有的問題，即使是德國人的V-2火箭也遇到了同樣的問題。為了了解我們在阿波羅S-IVB節上的這個問題，我設想了一個垂直的L形模組化建築作為垂直火箭諸節檢測，再結合我的劇院式下降台控制中心的概念。經營者正面臨著S-VB太空船姿態控制推進器位於上層的問題。在薩克拉門託太空發動機測試中心，我們的系統配置整合中已完成標準化。在向NASA總部簡報中，我主動把這概念賣給德布斯博士。附圖顯示了湯普金斯在三十九號複合射場的設計是如何完成的。

我們正在計劃阿波羅登月任務，以便在那裡建立最基本的設施。液體推進的 NOVA 火箭卡車可以在類似的發射中心進行組裝、檢查和運輸建築材料。NOVA 太空載具將重達一千萬磅，固體推進加力器將重達二千萬磅，建築費用每件估計一億美元。

波音 S-IC 節和北美 S-II 節只是火箭推進器，道格拉斯 S-IVB 節更複雜。在任務上包含系統需求、入軌節間分離的電力指揮功能、旋轉機動控制提供電子動力和指揮功能，以及重新組裝和檢查反向太空船並重新啟動 J-2 發動機提供電子動力和指揮功能。這將引導太空船進入月球軌道，為在月球表面上的月球模組下降和著陸工作做好準備。

我的職務是道格拉斯 S-IVB 節體設施電氣工程科長，負責地面支援設備安裝檢查和發射測試系統，是完全了解所有阿波羅載具系統的工程師。但是，為了完成這項任務，我發現有必要了解整體的任務需求，以及整個阿波羅載具在（a）擬議的 NASA 佛羅里達州的三十九號複合射場發射操作中心，以及（b）德克薩斯

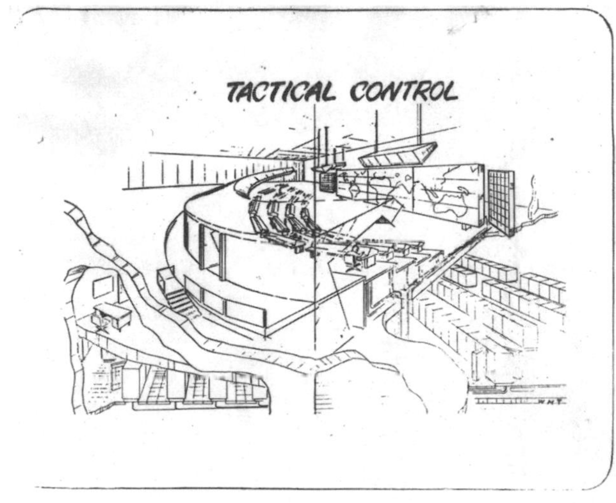

比爾和空軍設計的戰術空軍控制室，讓他聲名大噪

州休斯頓的任務控制中心系統檢查和發射。此外，我們需要為三十九號複合式射場提供高度從十英尺、五十英尺增加到一百一十英尺節與節之間的對齊準度和裝配技術。

※　※　※

我們怎麼知道他們是外星人？

「嘿！克里夫，」鮑勃問：「我怎麼知道他們是外星人？」

克里夫睜開眼睛回答道：「你聽到有人說我上週看到了一個不明飛行物；我想是的……也許是吧？」

「好吧，我也明白了，但如果不明飛行物接近——就像道格拉斯一樣，停在我們跑道上方一千英尺處——我知道SOB是真實的。現在，如果我看到其中一個小灰人拿著漢堡薯條在海灘上邊吃邊與你擦身而過，我也會加入。但看起來像瑪麗蓮夢露的女外星人：對我來說那就更難了。」

「好吧，克利夫，」鮑勃反駁道：「比爾的傑西卡和克里斯蒂，還有另一個行屍走肉怎麼樣？」

他們起初就是行屍走肉，傑西卡在第一個月之前簡直不能看。

我們花了幾年的時間才接受這個外星女孩，即使我是第一個盯著他們的人，就在那一微秒，我覺得他們是外星人。但到最好，一切都好，我覺得沒事。我知道我的秘書就是北歐外星人，已經是事情發生後很多年之後的事了。

15.1 在一八〇〇〇英尺的高空上與不明飛行物的相遇

阿波羅承包商有時需要使用軍事運輸系統，以替代航空公司航班頭等艙往返 NASA 的設施，據說這可以用來節省運輸費用。我們在道格拉斯工程公司執行 S-IVB 合約，但出乎意料地卻無法乘用美麗的美國 UA 航空頭等艙（有免費瑪格麗塔酒），而是搭乘海軍航空運輸司令部飛機或空軍 C-118，這兩者都是道格拉斯 DC-6 的軍用機型。

從卡納維拉爾角回來的途中，我的座位安排到空軍 C-118 上，這架軍機會在丹佛停留，降落在洛杉磯國際機場。這是一趟夜間飛行，有醉人又美麗的清澈夜空。幸運的是，航班後面有十二個商業航空公司類型的座位，空軍必須向洛杉磯國際機場提供大量海軍裝備。由卡拉維爾角起飛已兩個小時，另一位道格拉斯工程師，他一直坐在駕駛艙飛行員和副駕駛之間以及後面的座位上，跑到我打瞌睡的地方告訴我：「你必須趕快來！我們可能遇到不明飛行物！」

我們的工程副總裁埃爾默惠頓給我另一個稱號，那就是外星文獻傳播者。當然，這曾是我們的民用飛碟調查任務。我對新墨西哥州白沙的不明飛行物目擊事件進行了一些關於導彈計劃的調查。我們道格拉斯工程師和技術人員知道我的職務，當我到達基地時，幾乎成天和我黏在一起。

曾經在駕駛艙內的道格拉斯工程師知道我在這個問題上工程立場，並希望能聽我說有關這種物體的所有訊息。我立刻跳上座去；另外三名工程師聚集在我身後，飛行員給了我一個耳機和麥克風。我們正在和美國航空公司的 DC-6 交談，他說：「有五十英尺，會發光的正規飛碟在我面前向東行。」

另一架聯合DC-6機也看到同一個幽浮，但大約是在八分鐘前。我們的副駕駛立即對其方位進行了三角測量；從目前的速度來看，他確定我們的目標與不明飛行物會正面碰撞。那時我們在一八〇〇〇英尺的高空上，據認不明飛行物也處於同一高度。他們集體估計我們應該在三分鐘內看到幽浮，的確。我們的速度是二四〇節，而美國航空公司飛行員認為不明飛行物的速度為二〇〇節。

當我們第一次看到這個白點越來越亮時，它直接就在我們面前。就在此之前飛行員和副駕駛決定立刻一個急轉彎，不明飛行物直接就在我們下面。我們俯視著它，它看起來非常乾淨，外形銳利。因為某些原因，我們似乎都沒有意識到我們正和另一艘船在同一碰撞航道，但我們並不害怕。我覺得那個外星幽浮基本上影響著我們的心思，要我們接受它。

它是亮銀色，沒有排氣痕跡，沒有噪音。飛行員估計它在我們下面兩百英尺處。在它消失之前，我們沒有足夠的時間轉彎，沒有空氣推力或空氣衝擊。副駕駛向塔台呼叫，並與聯合航空公司機員進行了交談，他們感謝這次的提醒。

當時一架軍用航空運輸機，我想它是一架C-5A，飛得更高，也有報導此次的遭遇。我們所有人在著陸後都單獨做報告，空軍的C-118機組人員也轉了機密報告給藍皮書人員。當時所有商業和軍事飛機，以及一些私人航空公司都必須到降落目的地後，立即進行不明飛行物的目擊書面報告。我將我的報告轉入CSI，但無法聯繫我們的C-118機組人員進行飛行後的報告。按慣例，海軍和空軍的幽浮報告都要歸檔。

15.2 我們的未來，是什麼含意？

了解我們所在的地球一個最關鍵的態勢，是最重要的事。首先，我們必須記住，當我們第一次接觸到外星人時，他們的使命和興趣集中在我們軍事基地和大型海軍艦艇。這只能意味著他們的宇宙飛船停在我們的軌道上，可能是海軍太空母艦……母船或更糟糕的……母船。

既然我們的海軍望遠鏡正在尋找其他星球，我們將探索這些星球和它們的衛星。我們計劃與 NOVA 和阿波羅一起去月球，並建造大型海軍基地和那裡的研究中心。我們也正計劃在我們的太陽系中探索其他行星及其衛星系統。

這將使我們與來自其他星球的智慧生物處在一個關鍵進化的轉接口：他們的行星要不是在他們的發展年齡前已超過我們，要不就是還沒有達到我們的技術水平成就。我們閃電般的技術發展令人難以置信——經友好外星人協助——可能意味著銀河系中沒有兩個文明在技術上是相容的。正如已過世的天文學家卡爾薩根說：「對我們來說，外星人可能是神或是野獸；這可能很難被公眾接受。」

現在在道格拉斯先進設計中被接受的技術，對其他發展比我們進步的恆星而言，會認為我們地球上的文明是極其原始的。

從航空航天概念工程師的角度來看，我可以毫無保留地說，閱讀本書的人，將比前幾代的人們更長壽、更快樂。我們的海軍航天母艦將首先探索我們的銀河系，然後再探索我們宇宙中其他的星系，並進入平行的宇宙。

第⑯章 我們將被送去作精神分析

一如往悉，埃爾默惠頓聯絡我要我帶這個新人來；而霍華德菲茨杰拉德博士正想要精準加速我們智庫的工作進度。所以，我設法解釋。智庫接受我們對良善和敵對二種外星人的假設。菲茨杰拉德博士是一名心理學家，當然，埃爾默已經在上週幾個操作層面廣泛地訓練過他，並表明我會向菲茨杰拉德簡要介紹一下。

「好吧，湯普金斯先生，很明顯你是這項工作的重要人物，」他說。

「不，醫生，我是這裡唯一與此事無關的人。我給你一杯咖啡好嗎？」

「哼！那麼，在這個計畫中是否有一位知識淵博的高級分析師，讓我可以在這位階上與他溝通？」他問。

混蛋，我想。無論如何，我們真的不需要你。實際上這個計畫對多數人來說是虛幻的，但在我身上卻已發生了，而且是令人震驚的。

「我將試著解釋我們如何達到現在的進度，」我告訴他，「之後對於我們經驗豐富的同仁，你可以提出質疑。」

「湯普金斯，」菲茨杰拉德說，「我需要坐下來與專業人士談談，這些人正在研究那些該死並吵著要建造宇宙飛船而進入外太空的歐洲人。你知道，他們不是沒有知覺的人。我還需要與你的頂級上司會談，他，以某種方式幻想著那些具有瘋狂規格、長兩英里的宇宙飛船巡洋艦，上週惠頓給我看過了，這絕對令人震驚。」

哦！媽的，我想；我們將被被送去作精神分析。

「我非常擔心貴公司會為這樣一個粗糙的想法投注資金。」我在想這些人在哪裡？他們在智庫的某個角落還是在太空中浮動？

「好吧，醫生，我可以解釋一下我們的方法……」

「不，我需要和你的資深工程師談談；不是隨便找一個職員告訴我你們寫的是什麼。我現在必須見他。」

站在他身後的埃爾默說：「菲茨博士，你現在就正跟他在說話。」

菲茨杰拉德退後一步說：「哦，好的。那麼，我現在就喝咖啡。」

「需要糖和奶精？」來自總公司的芭芭拉接上去問。

我陪同菲茨杰拉德走進會議室，向他說明我們大約一四四二人的團隊。我解說著我們在智庫中完成的任務，以及目前正在設計星際海軍航天母艦的工作；菲茨杰拉德博士嚇呆了。埃爾默說：「這樣已經夠了，醫生。請明白我們正馬不停蹄地在努力開發武器，以應對外來的威脅。」

16.1 工程腦力激盪會：外星人服裝派對

一九五四年，我們有五個人在先進設計組中工作，當時全部使用了克萊姆博士非常規推進方案的方法；我們必須採用這些方法並設想系統的外觀以及動力來源。我知道當時我們太天真了，但是我們集體想著如何向外星人揭示我們在地球上的身份的方法；我們要如何與他們交談或交流？我們該怎麼說？

吉姆詹金斯說：「為什麼我們不使用李奧納多的裸體畫，以向外星人揭示我們的樣子。」這是我們目前建立 ET 符號的基礎，由吉姆詹金斯建議的。

我們一位女性朋友問說：「嘿，用一張女孩的照片怎麼樣？你知道這地球如果沒有我們，是不會有生命延續的！」她覺得我們只考慮到男人而感到不平。我們試圖向外星人揭示我們的身分以及我們的發展方式和一些人類歷史。我們希望他們知道我們正要進入銀河星和其他銀河系裡的星系。

我一直說：「沒人知道我們擁有什麼能力。」

時間是一九五四年。我們當時在設計系統、通信系統、推進系統，和其他小型飛行器。我們是構思者，最終得把概念帶進生活。這不是一項任務；這就是我們喜歡在業餘時間做的事情。我們曾經試圖想是否能送出一個太空膠囊，看看外太空是否會有人回應。我們相信這樣的概念可以讓另一個外來物種來認識我們。我們也正在研究能夠超越我們塵世引力範圍的推力系統。當時我們還沒有意識到可以用心電感應讓彼此溝通，目前已知有十九種不同的外來文明在（或者正造訪）我們這個星球。

在道格拉斯派對中，比爾飛行員和他可愛的妻子瑪麗

每年我們都在太平洋帕利塞茲（Pacific Palisades）的一家鄉村俱樂部舉辦工程腦力激盪舞會（Engineering dance），那是一種服裝派對。不同的人設計著不同的外星人服裝，我和太太用紅色和橙色的布拼貼成紙板裝，再用長長的無線電真空管從我們背上的鞋盒中伸出來作成服飾；在飛行測試中我也有一些頭盔而戴在頭上。瑪麗和我的真實照片如圖所示。其中有兩對夫妻穿著海軍正式的禮服。

我轉身對吉姆笑著說：「你認為他們友善嗎？」我同時指著那組人馬。試想，我們每個人都裝扮成外星人並拿著劍互相揮舞閃躲著，這是多麼神氣的事。整晚我們都在微風中跳舞拍照著。

當我們公開討論我們的計劃，以揭示我們和伴侶在地球的角色時，性話題總是浮出檯面。我們仍在思考應該在送我們到外太空的太空艙上放些什麼，我們如何告訴外星人我們如何繁殖？這些問題仍在我們的腦海中浮動著。所有的伙伴和他們的女人開始離開舞池，他們上了車前往酒店，將我們的生殖理論付諸實踐。一艘太空艙後來發射到銀河系裡，它就像瓶中信一樣，永遠不會再衝回岸上。

16.2 一九六〇年外星人與地球人的接觸方法／共同設計或用心電感應主導心志

時間是早上六點，我從我未來派的家中一路向北，沿途欣賞聖費爾南多山谷。我開著新凱迪拉克車穿過西聖莫尼卡山脈到海灘，在太平洋海岸公路上轉向南，我的右邊是太平洋，波光粼粼，在清晨的陽光下閃閃發光。我整個身體舒暢起來，我知道我今天任務會成功。

從早到晚我都在挑戰極限，午夜過一刻，我向後靠在椅子上，將腳翹在另一把椅子上：這是克里夫諾蘭德從來不會做的事。當時我離開工廠時，他是我進阿波羅第一個認識的同事；跟我一樣，他入海軍時只有十七歲。學會飛行後，就準備就業。在海軍服務時，他力爭上游以取得電機系學位。

我看起來還不錯，但是克里夫更帥。他身高近六英尺，可追到任何一個迎面而來的女孩。克里夫的確是個好人。

他伸展雙臂，並用手撥他那波浪狀的深黑色頭髮，閉上眼睛說：「我猜你也累了！」

「是的，我真被打敗了。」

「好吧！克里夫，不是凡事都順利的。」

「我也不希望她離開。」我感到他對我的秘書有不安，她是很吸引人的外星女孩。

「比爾聖貓，她的魅力令人難以置信。他們兩個有在這裡嗎？」

「克里夫，我知道你在想什麼；這到底是什麼意思？」

「我們想想，然後試著了解她們在這裡對她們有什麼好處！」

「我幾乎可以肯定的是，我的秘書傑西卡，這個精緻的存在確實是外星人。試想：從她口中可以得知她對深空飛行任務的理解超凡。她也用心電感應讓我知道 NASA 合約中幾乎每件充滿挑戰的概念與任務，這些限制都使我們無法完成任務。」

克里夫雙臂交叉在後頭：「你說的沒錯，比爾。」

我補充道：「然後，在我不知道她真實身分的情況下，她從我腦海中偷走了所有重要概念，這讓 NASA 總部的每個人對我很生氣。我的意思是，透過一些簡單的建議他們就可以完成任務的重要功能。我認為他們兩個——傑西卡和克里斯蒂——在這裡是互助合作的，就像生命共同體。克里夫點點頭：「比爾，另一個女外星人克里斯蒂皮爾森（Christy Pierson）正在推進部門。我一直試圖了解她已經兩年了。而且，是的，正如你所說，我幾乎堅信她們都被指派要成對工作。」

「就像我們在談話時，她甚至可以在我把話說出來之前，就先重複『我腦海裡』的每個字。還滿有趣的。」

克里夫繼續說道：「有天下班後的一個夜晚，我一個人埋在藍圖文件中。」

「等一下，克里夫；這晚上十點後就已鎖門。」

「我發現藍圖申請櫃檯上的門本應該下拉的，但卻還開著，於是我從櫃檯門爬進去。」

克里夫繼續說：「我當時在那兒四處尋找一份規格文件，皮爾森跟著我後面走上來。跟傑西卡一樣，她也穿著其中一件藍色雞尾酒迷你裝。她夾住我的手臂，帶我到另一個文件區，徑直地走到文件櫃，打開文件櫃後皮爾森用她可愛的小手指拿出我需要的文件。她用閃亮的藍色大眼睛淘氣地笑著，轉了一八〇度跳起來，小跑步到櫃檯。」

「拿著這文件；就停在那兒。現在，你要描述她怎麼從櫃檯上的門出去，對吧？這對於我們了解外星人為什麼在這裡非常重要。好吧！這畫面很壯觀。」

「好吧，克里夫；講重點。」

「嗯，穿著她四英寸的高跟鞋這有點難。我就在她身後，以備她不時之需。她抬起一隻腳，回頭看著我，笑容燦爛地猶豫了一下，並用心電感應對我說：『我喜歡這樣。你也喜歡嗎？』」

我脫口說：「哦，喜歡，你有我見過最可愛的小屁股。看完後，她把另一條腿翻過來跳到外面。我笨拙地拉下身後櫃台的大門。」

「比爾，你不會相信她的公寓……」

「嘿，回到傑西卡，」我說。

「然後，還有一段就是早上我們在辦公室見面時，她一語不發地連早安都沒說。她的眼睛睜得大大的，閃閃發光，瞳孔擴大；我敢打賭他們改變策略，她已經抓住我的心。」

即使計劃處於岌岌可危的狀態，只要有機會，她總是會設法靠近我，用臀部以某種方式在我身上磨蹭。有時，傳遞文件給我時，也趁機觸摸我的手，不時會不小心掉了她的記事本或手上一些報告。她彎腰背對著我，帶著微笑回頭望。確實給人留下深刻的印象。但在其他狀況下，情況可能會不一樣。我就是不屈服在她的性魅力下，因為有時我仍然覺得她某種程度就是間諜。」

「克里夫，你對克里斯蒂有這種感覺嗎？」

「有，她會試圖控制你以了解事情的全貌，或從計劃中先看見什麼是行不通的。」

「的確；要小心，你正在表現你的想法，並建構出唯一一套的系統方法，以成功達成任務。」

我感到不安的說：「你認為這兩個外星女孩是否有可能控制我們的頭腦？他們是在銀河系的命令下來到這裡嗎？是因為要幫助我們完成任務以發展海軍『深太空』戰鬥群的能力而在這裡的嗎？」

「比爾聖貓，你知道你剛才在說什麼嗎？聽聽看你自己所說的，那些話是從哪裡來的？」

「我們遇到了這些引人矚目、幾乎成天衣衫不整的女性透過心電感應傳信息給我們；這能成功完成月球和火星的飛行任務嗎？我的意思是我們是因此而被選中嗎？」

「比爾，停一下，你講到那兒了。」

「克里夫，我幾乎堅信這些性感的女人不僅在監視我們——他們還受派來看我們這裡發生了什麼事。」

「噢，比爾，是這樣嗎？」

「我也非常擔心我們正在被其他人監視著，這並不是指我們的雙胞胎外星女孩。他們可能不僅會對計畫做常規的檢查，也同時會對我們的思維模式植入非常險惡的想法。就像爬行動物浮現在腦海的狀況一樣。」

「那真的很瘋狂，克里夫。」

克里夫補充說：「我們尚未解決計畫中與外星人有關的問題，即使是那些戴著白帽子的外星人？」

我說：「更重要的是那些黑帽外星人，但我們其實也已透過更大的視野啟發了我們自己。」

第⑰章 防空導彈反導彈／「星際大戰」及行星任務

奇怪的滿足感

早期 NASA 大西洋導彈射程（AMR）是包括在土星計劃簡報中的一部份，我之前在向 NASA 作簡報時已包含在裡面。當時 C-1 太空船僅由 S-I NASA 克萊斯勒加力器和道格拉斯 S-IV 段組成。在一次有承包商參加的會議上，德布斯（Kirk Debus）博士（發射運營中心）對該計劃的測試和整個土星計劃發射能力表示擔憂。

即使在道格拉斯導彈和阿波羅 S-IV 中的太空工程設計任務，我們有些許自滿的期待著，能很高興地成為美好的月球任務中，那大型 NASA 組織所賜給予我們「大智庫」這樣的角色。可參照第一冊第二四八頁的 DAC 阿波羅工程組織結構圖。幾乎所有其他工程組長都關注特定的設計領域，而沒有關注到整個 S-IVB 系統；這將忽略了阿波羅太空船和月球／行星任務，以及裝配／測試和發射等研究——甚至包含其所需的設施，以及在月球上的任務。

如果我們在任務期間遇到問題而需要中止怎麼辦？這涉及系統測試和啟動測試設備必須提供絕對可靠度，這不同於任何其他之前曾經設計過的系統。但是，看看我們最近八年的 Thor / Delta WS-325 IRBM 導彈和已生產的 Thor / Delta Heavy，這些均是歷史上最可靠的液體火箭負載加力器。其耐克式地對空導飛彈和耐克宙斯防空導彈反導彈「星際大戰」系統是歷史上最可靠的系統之一。其中例外的是宙斯研發測試項目中的一些攻擊彈頭，其中耐克宙斯防空導彈從南太平洋的凱賈林島發射，射向落地到從范登堡空軍基地發射的洲際彈道導彈。在某些情況下，外星人（ET）在最終中靶前會扭曲我們的彈頭。

道格拉斯正在併購一些公司，僅僅是因為這些有不同的管理職責和「有必要研發其他工程規範」。（當時製造業主導道格拉斯公司）。道格拉斯組織內的帝國架構令人難以置信。我們（工程部）在空軍 315-A 導彈和陸軍耐克宙斯反導彈計劃上也有同樣類似的製造問題。

我在阿波羅計劃面臨的問題是有九家主合約公司和一萬四千家分包商，每個都有相同的內部管理和合約問題，因此品質功能控制，在某種情況下的規模大小取決將是地球上有史以來最複雜的工程。有時整個工作會停擺，這時我確信我必須採取激烈的行動。

我很幸運在太空測試和發射測試系統設計組中有七個博士、一三〇位思維頂尖的工程師，他們願意執行我後來發展出與阿波羅計劃完全不同的設計理念。

在經過廣泛研究和了解問題後，才將新概念的方法銷售給管理層和客戶。這首先，要定義任務，構思一套完成並建立其配置的方法——然後再準備兩項權衡研究，系統性地從三種方法中選擇最有可能滿足所有任務要求的方法。然後，攤開設計並備妥規格以及提出所有待考慮事項的報告。再準備實體透視圖，建立立體比例模型和設計有完整支援下的藍圖，其中包含照片和文件，以支撐我的提案。我接著向工程管理層主動提案，這提案之後將提交給主（重要）客戶，現在整個提案正提交給工程管理並等待批准。

在這件案子上我精確地作廣泛的研究，並締造了當時著名的道格拉斯報告，「提案」和 SM-42107 報告。

17.1 一位受外星人侵擾的女孩失控了！

在阿波羅的週會上，工程副總裁惠頓通常不參加這些煩悶的拖延會議，他拍了拍我的肩指明本週要奮戰。

「等一下，湯米，」他說（他常常叫我湯米）。「你仍然是負責蘭德合約的型態概念。」

我懶洋洋地躺在轉椅上，閉著眼睛，重溫最後的恐慌場面。哦，狗屎，我差點忘掉了這次我要做什麼？

「是的，埃爾默，」我同意地看著他的眼睛。

惠頓埃爾默是大個子，但傾腰細語著，以避免被其他離開會議室的同事聽到。他把厚厚的白髮推到一邊。「羅傑弗萊明要求我要告訴你那個地區的事情。如果這最後會演變成很壯觀，我想馬上知道。」

「好吧，埃爾默，我今天會盯他的。」我站起來跟著人群走出房間。羅傑是所有飛行測試計劃的執行經理。我覺得這真的很有趣。羅傑是一個帥哥，他和妻子、女兒在比佛利山莊購物時經常被誤認是明星克拉克蓋博（Clark Gable）。

當克拉克離開辦公室時，我抓住他，我指的是羅傑。我不認識他，但他聽過我對外星人的「愛好。」我按照他的步伐衝了過去，伸出我的手。

「你好，我是湯普金斯，」我說。「埃爾默要我向你問候。」

「是的，」他說，「我聽別人說過你。如果可以的話，你可以和我十九歲的女兒聊聊外星人的事情。我們和醫生討論過這個問題，但他建議要找個心理醫生。在我們下次看醫生之前，你可能會是這件事情的一線曙光。」

我舉手抗議。「嘿，不是我！我不是那個領域的專家。」

「不，就是聽聽她說的事情，」他向我揮手說，「我知道你現在很忙，但如果你有時間的話，也許你可以過來。」

「好的，」我接受了他的提議。「我會試試。」

他鬆了口氣笑笑。「太好了。我會打電話給我的妻子讓她知道你要來了。晚上六點怎麼樣？」

我同意後前往我的辦公室處裡一些文書工作。

當天晚上，我跳上車，朝日落大道向東開去，直到比佛利山莊，開上他們的棕櫚樹道，經過一排排兩層樓的豪宅，把凱迪拉克停在他們門口。對於這台上個月才換的新凱迪拉克，我感到賓至如歸。從裡到外，羅傑弗萊明的家都是完美的，這房子不算是一棟非常大的豪宅，但是在一條優秀的街區上一幢半現代、一層樓的房子。按了門鈴，我聽到了柔和的鈴聲。羅傑美麗的妻子雪莉邀請我進門，引領我走進一個美妙有頂的庭院，有美好的園景和棕櫚樹。他們的女兒南希，正在泳池畔色彩鮮豔的大型休閒椅上曬日光浴，穿著沙灘長袍和一件白色的泳衣。

南希遮住雙腿、雙臂交叉喊道，「媽媽！」並轉過身來遮住了臉。「這裡不要有人！」

「南希，」雪莉安慰她女兒，「湯普金斯先生是我們邀請的。他只是想要幫忙，我在這兒，不要害怕。」

我舉手說。「如果她現在覺得不方便，我可以再來。」

「不，沒關係。」南希突然回答，然後哭了起來。「他站到我上面；進入我的身體，我並不希望他這麼做，但他抱著我並進了我身體，我不想他對我做那種事。」

「誰對你這樣做？」我問。

「他們。他們一直都這麼做。任何時候，他們想要停多久就停多久。我認為他們已進到我身上知道我想做什麼。」

「什麼意思？」

「我想讓你知道！他們無時無刻不在我身上，我無法阻止他們。」

「你要報警逮捕他們嗎？那是強姦。有多少人正在這麼做？多久一次？」

「我不知道，有些時間了。媽媽，他不明白，他也幫不上忙。」她又開始哭了。

「盡量保持冷靜，親愛的，」雪莉說。「湯普金斯先生正努力幫助你。」

我點點頭，試圖拿出誠意。「發生這種事時你在哪裡？」

「什麼地方都有過！有時候，當我開車回家途中，一個凸出物就衝進我車，迫使我停下來，將我拉到前排座位上，再拉到後排座位上，然後脫下衣服並按住我。我無法阻止他們停下。有時他們會在凌晨兩點在我床上做同樣的事情。我試圖尖叫，但卻無法發出聲音。」

我抓抓頭，她不斷地重複著同樣的故事，似乎她只能說同一件事。我只能問：「為什麼？」

「這就是我要問你的！你是個無所不知的混蛋，該死的專家。」

母親將手放在南希的嘴上，「你不應該對湯普金斯先生那樣說話。」

我試著同情她，但她脫口而出：「不，你不明白。」

「好吧，我以前沒聽說過這樣的事，但現在我明白了。」

「萬歲！至少有人意識到這些東西正在侵入我。那麼，你認為他們為什麼對我這樣做？」

「我不知道，但我真的很遺憾你發生這樣的情況。」

「也許你是，但這並不會阻止他們的行為。我無法忍受，我無法控制自己；我已經不是我。我覺得我是另外一個人，我正在尋找一個可以掩飾和躲藏的地方；我已經不是我。有人佔據了我的身心，就在我心內。」

她開始發抖，「我就好像是他們其中一員一樣。」

聖貓，我想這不是我的專長。告訴我我怎麼能離開這裡？

「親愛的，請大聲說，」雪莉說，一副我聽不到一樣。

「他們逼我跟他們同夥！」南希大喊。「而且，我身體裡面有東西。」

「什麼意思？」我問。

「他們用一根大針頭在我的大腿上紮了東西，針有爪，他們把這堅硬的小東西留在我身上。」

南希拉開長袍露出她的臀部，她用三個手指猛扯著她腰部上方的泳衣，露出底部。「就在那兒，」她說，並抓住我的手到她的臀部上。「在這裡面，你能感覺到嗎？」

「南希，蓋起來！」她媽媽說。

「為什麼？他是醫生，不是嗎？」

「對不起，湯普金斯先生，只是太沮喪了。」南希揉著眼睛問我，「你叫什麼名字？」

「比爾，」我回答，她推開我的手。我感覺到她細皮嫩肉的皮膚下有像老繭的東西。「你把這個給醫生看了嗎？」

她搖搖頭；「他們都說這沒什麼，不是癌症，他們也不擔心。」

「痛嗎？」我困惑地問。

「不。」她拉起長袍。「我認為他們能用某種方式找到我，有可能嗎？」

她的長袍再次滑落，露出了大腿，雪莉伸手將南希拉起。「穿上，親愛的，」她說。

南希沒有回應，我以為她知道這些人隨時就在她身邊得以追蹤她，但一切似乎不是這樣子。

「他們進到我體內，」南希繼續說。「難道你不明白嗎？我不能說出真相，否則他們會把我放進堅果屋裡！這些『傢伙』都跟我說他們愛我並且會保護我。保護我免受什麼傷害？他們明明在狠狠地傷害我、強暴我。我如何受到保護？我不斷與我的內心衝突著，你能理解嗎？」

我很沮喪地說：「很遺憾有這種事發生。我能為你提供幫助最好的方法就是再問你一些細節。你可以繼續嗎？」

她嘆了口氣。「我以為我們已經在這麼做了。這一切的一切會無法停止，除非事情本身或我能讓它停止。」

我整理一下。

「這些生物看起來長怎樣？」我問。

「如果是迪恩馬丁找我，我會喜歡的，」她吐口水。

「但是這些傢伙就來自外太空，他們是外星人。還有什麼可以告訴你的？」

「他們看起來怎麼樣？」

「他們從不讓我看他們的臉。」

「我不明白，他們躺在你身上嗎？」

「是的，但是他們總是把臉轉向側面。」

「他們像你一樣裸體嗎？」

「有時候，他們經常穿著緊身的衣服，跟皮膚有點像。」

「皮膚是什麼顏色？」

「銀藍色。」

「緊身衣的皮膚是什麼顏色？」

「淺綠色或棕色。」

「他們如何將私處露出？他們有拉鍊嗎？」

「我怎麼知道？環境總是很黑，我很害怕。下次我叫他們不要弄我，我再抓住他們，確認看看你問的問題。」

我對此並不生氣。相反地，我問她：「你認為他們這樣做是不是為了在這個星球上控制我們？」

「該死！你比我更了解這些事情。我不知道為什麼，但我想是可能的。又為什麼是我？我認為他們是試圖懲罰我父親，我其他的朋友都沒有發生過這種情況。」

然後她開始反感地補充說：「也許這是你的錯。」我退縮了一下。

「等等，你可以相信我，我絕對不會傷害你。」雪莉替南希求情。

「湯普金斯先生，她很沮喪，也許你應該讓她休息一下。」

南希從泳池椅上跳起來。「不要！我需要他幫忙。至少我知道他相信我！」她轉向我問：「你能解決這個問題嗎？」

這時，客廳裡的電話響了。雪莉離開泳池去接電話。南希把腿從躺椅上甩下來，看著我的臉站起來，擦乾眼淚，然後將手放在她身上的臀部。「請聽我說，太空人先生，」她說。

「爸爸告訴我你是智庫中該死的專家，你了解這些『人』。我希望你能幫我擺脫困境，但是你最好盡快提供幫助。你能了解我的意思嗎？我已經告訴你發生了什麼事。你能幫我嗎？」

我點點頭，試圖掩飾我的無助。「我對綁架很了解，」我回答。「你遇到的情況正是地球上最好的研究案例。我會盡力幫助你，好嗎？」

「不要！你不要用『盡力』幫助我。你懂我嗎？我要你兩天後再到這裡，同時間、同一個游泳池。」

我想她嚇壞了，我該怎麼做？

我回答：「幾天後我會回到這裡。」

「而且我相信我能看到你的困境。」

這時南希離開了，似乎要帶我穿過房子到前門。我跟著她，她轉過身，向我揮手朝泳池指去。我以為她因為太生氣，所以無法向我指示門的位置，我以此為線索自己出去。當我到達門口時，她的母親雪莉仍在講電話，整間房子顯得很冷。

回到我的凱迪拉克車上，我感覺好多了。我在腦海中思考了幾件事。我可以找誰談談這個問題？誰能幫助這個女孩？我們如何保護她，或為此保護相關的人？

那天晚上我幾乎沒有睡覺，我打電話給克利夫和拉爾夫，安排明天早上六點上班前，我們在聖莫尼卡大道咖啡廳見面。我正要開口時，克里夫說：「比爾，你看起來不太好。是惠頓昨天給你什麼任務嗎？」

我舉起雙手全力以赴，「好吧，其實是羅傑弗萊明的女兒遇到外星人的問題。羅傑和他的家庭醫生想把她送到醫院進行心理治療，他們以為她女兒是妄想症，所以想先找我談談。」

克里夫拍拍我的背笑著說：「他們想讓你有第一個破解外星人問題的機會。那一定讓你聽得很愉快。」

我大叫：「不，我沒有做任何事情。我不是精神科醫生，這女孩太看得起我了，我從來沒有遇過如此粗魯和受寵的傢伙。」

克里夫聳聳肩膀，「首先，我們最好讓傑西卡和她的外星夥伴退離弗萊明的女兒。」

「很好，克里夫，但傑西卡永遠不會承認她不是我們地球人。同時，她的人是不會有足夠大枝的木棍得以讓這些黑帽人退縮；畢竟這二者是不同伙的。」

「現在沒時間研究這；我們現在需要一項計劃，」拉爾夫補充說。

克里夫不滿意的說：「不，找出類似的情況很重要。你還記得在推進組霍華德與之交談的那位代表嗎？他叫斯賓塞，伯特斯賓塞（Bert Spenser）。」

拉爾夫說：「他在耐克宙斯防空導彈計劃中白沙場上遭受了很多的打擊。」

「的確，」我回憶說，「即使在范登堡雷神系統他們也一直在拐他。」

克里夫繼續伸出手講另一個點，「然後是多蒂（Dotty），他是 WS-315A Thor 結構的小女孩，她被綁架了。」

拉爾夫嘗試補充道：「嘿，即使是雷那個傢伙在埃爾塞貢多，他也是產品開發主管。」

我反駁說：「不，他正在埃爾塞貢多的海軍飛機上執行任務。」

克里夫同意：「是的，比爾。他的名字叫雷蒙德蘇特拉斯（Raymond Sutras）。他們一直在綁架他，從他四歲開始就一直是如此。」

我開始真正獲得一些幫助，感到很放心，「很好，你們。我要傑西卡先了解我們的背景。」

拉爾夫補充說：「你能在我們 CSI 文件中提取與此有關的任何報告嗎？」

我回答：「是。」

「沒錯，比爾；我一個人至少知道六個單身。」

「克里夫，你能為此事去找克萊普嗎？」

「我將與哈丁博士見面；我們約十一點半碰面，再彼此比對筆記。好的，各位。」

「湯米，感謝你昨晚幫助南希，」埃爾默說。

「我從小就認識她，羅傑的女兒是個好姑娘。」

「她正經歷一件可怕的事情；我知道你很忙，但是如果可以找到某種方法來協助她，對她是好的。」

「你知道這其實是克萊普面臨的問題之一，」我打斷他說，「我們至少試圖理解八個外來物種中的其中六個，這是主要重點。」

「可以的話，我想請你告訴我，我們這星球上正在研究綁架事件最優秀的專家是誰；我真的需要與他們討論這個問題。」

「哎喲，惠頓先生感到頭痛了。」我說。

「好吧，湯米，在最近的歷史上，現在地球上最優秀的專家都在克萊普的文件中。也許如果你和智庫中的好友克萊普可以看一下在新計畫中的需求文件。我認為第十四號仍在開發中。我這樣說有錯嗎？」

「哎呀！惠頓先生，真是頭痛啊，」我回答。

「那時如果能補充這一點對南希一定有所幫助，但這意味著你就將成為第十四號的計畫工程師，是這星球上研究綁架事件最優秀的專家，如同你其他的愛好一樣，祝你玩得愉快。」

「嚴重的是每個人都過勞；但是，這個議題將介入或可能會影響更多我們擴大對外星人威脅的了解和計畫的議程。我們必須制定方法，並了解一些可能的發展，得以將自己的星球移出並進入有五千萬年歷史的銀河星系。」

「哇，埃爾默，這是哪裡來的想法？那是我的台詞，」我說。

「召集你需要的人，並組成另一個學習小組。我們將在下午五點我的會議室開會；記得帶著你的女友傑西卡來。」

「比爾，你必須對她更好些，衷心建議一定要有她的投入。」

「埃爾默，她是北歐人。我們已沒有像杜魯門這樣的人在一九四七年與高灰人他們簽有諮詢合約，以跟他們做條件交換。」

「她是自告奮勇的，不會承認自己的真實身份；你懂的。」

「嗯，是的，但在銀河系裡，她遠遠超越了我們。我們真的需要幫助。」

※　※　※

大家下午五點到齊後，我和埃爾默提報最新消息後，克萊姆回應我們所有性侵犯的訊息包括：

雜交和控制方法；這就是爬行動物和灰人這兩個外星文明所要的。

他補充說確實有一種灰人——有時為爬行動物效勞——需要處理。他們非常壞，有時很有幫助但總是很麻煩。

還有幾種爬行動物必須小心應對，因為他們極度暴力、非常危險，最糟糕的情況，還會是一群殺手族。

如果行星聯合會（Federation of Planet）或星系聯合會（Federation of Galaxies）確實存在的假設成立，那麼恆星和星系之間的距離因為如此之大，以至於要在這個時候建立軍隊控制這些物種的假說是不可能的。控制這些爬行動物物種非常困難。話雖這麼說，我們可以肯定的是，目前支持的聯盟很少。

我們知道他們是邪惡的並且很難控制，因此我們對他們毫無防備能力。

這讓我想起了我早先與羅傑弗萊明女兒南希的對話，她正受到人身攻擊。

「有一種力量從那雙暴力的眼睛中投射出來，直射到我眼中和臉上，幾乎滲透到腳底，直衝到脖子上。」

「這以前發生過嗎？」我問。

「沒有；好吧，不像這樣就是。」

「我雙手抓著頭；拼命地試圖把我的頭拉回原處。我昏了過去，就只記得這些。醒來時就坐在汽車前排的副駕駛座上。」

「在我身上發生了同樣的事情，昨晚我在威爾希爾大道（Wilshire Boulevard）上的布朗德比。我騎車回去和可愛的泊車服務員一起到停車場見朋友。我以為他們是自己開車到那裡。那排長長棕櫚樹的後面很黑，根本找不到他們；當我正準備開回德比街口時，他就抓住我。」

「這次縮成一團，跟上次不一樣。」

「他把頭頂掀開，我整個楞住無法動彈，太邪惡了。」

「在那巨大的綠黑色眼睛下，有比殭屍那種不祥的橘紅色更糟糕的樣貌；就像是財狼和石像鬼之間那樣。我以為它會吃掉我，就暈了過去。」

喝過酒後，她說：「好吧，太空人；球在你的球場上，吐出來：他媽的是誰抱住我？不要只是坐在那裡——趕快告訴我！

「我名字叫比爾；我認為你火氣需要消一點。」

她跳起來，穿著那四英寸的高跟鞋，展開了雙腿，將兩個拳頭都放在臀部上。她怒視著我說：「你這該死的混蛋。」

「南希，這確實對你有幫助，至少現在你不害怕了。」

「現在，聽我說，比利寶貝，或者無論你是誰。」

我打斷她的話：「好吧，小女孩，你誇大的自我將無法讓我繼續跟你合作。你所需要的就是一點愛而已。」

「的確，你的確實不夠大而無法滿足我。」

她更加張開雙腿，坐在我的膝蓋上，臉朝我的臉撲過來。

第二天在與新計畫有關的會議上，惠頓問我是否找到了幫助羅傑女兒度過目前所面臨的問題的方法。

是的，埃爾默和我已經和她談過了，看來她現在不那麼害怕了。我相信她會繼續改善的。

當時，在我們智庫檔案中有大量外來物種的記錄。那些都是包括商業/軍事報告，圖紙、草圖、不良照片和海軍/私人百姓人民的綁架案。這些是從軍事和私人遭遇而蒐集到的資料，也有些是從CSI報告中來自地球各地的報告。幾乎從最初的啟蒙運動開始，我們仍然不願意接受我們不孤單的事實，這可能真的會有麻煩。正如我之前所說的，這並不困擾我，但大多數的博士根本無法接受外太空有外星人種族。更糟糕的是可能有十九種不同的物種，真的會使我們的星球受到污染，但卻無法得知他們從哪裡來。但是，我們所有人都被迫接受新的和不同類型的外星人，像是七~八英尺高的格雷斯看來是老闆。我們研究了每種類型的外星人，了解他們是誰，他們的任務是什麼。另外，我們想知道：他們的星球可居住環境是什麼類型？此外，在外太空透過與其他受控行星的雜交，會創造多少的新物種？還有，那些像昆蟲一樣有大眼睛的外星人，他們是住在地下嗎？所有這些問題都使我們著迷。

的確，一九五四年當艾森豪威爾總統與北歐人在愛德華茲空軍基地進行雨舞會議時，我們與那些外星人組成智庫。

傑西卡說：「驚奇，驚奇；你們地球人終於能明白，僅在銀河系這一區就有數千種各不相同的外星人物種。」

「你怎麼知道？」鮑勃問。

克里夫說，「我感覺得到比爾的閃光靈感，在愛德華茲基地其中一位穿著大禮服的四星海軍上將正在教育艾克。你當時也是在北歐海軍嗎？」

在傑西卡回答之前，我走進去說：「克里夫，離我小姑娘遠一點。」

傑西卡還是給我標準答案，「我不會告訴你。」

17.2 有人在傾斜的行星上鑽深洞以尋找金礦

我的大表哥沃爾特漢登，哥哥湯姆和我像親兄弟一樣在加利福尼亞好萊塢長大。我們三個人經常坐在哈丁叔叔精心佈置的聖塔莫尼卡家中大客廳的地板上，那裡四周滿是令人著迷的古埃及文物；哈丁叔叔是聖莫尼卡醫院的首席外科醫生。他和他三個年幼的兒女也都坐在地板上讀書。多年來，他們前往金字塔無數次，拍了數百張照片和取得不少實際文物，他們試圖破譯象形文字。

回到好萊塢，沃爾特和他的父母一起住在一間租來有雜亂後院的小房子裡。我們三個男孩經常在後院土裡挖洞，有些洞深及四英尺。我們無聊在挖洞時幾枝「樹枝」會注視著我們，它們一半像兔子一半像地鼠。當我們開始挖掘時，豚鼠（Borts）有時會很快從屋子周圍出現。他們沒有聲音地跳來跳去並看著我，我們並沒有留意到它們。沃爾特利用他的想像力製作超大型鏜床的圖像，我畫草圖，幫助他建立將要鑽地下的鑽孔機模型。他們其中一個會在巨大的鑽頭鑽孔機之前先發射光束，以探究內部的材料。

沃爾特後來改名為約翰漢登，他鑽了地球最深的洞。他在加州大學洛杉磯分校加入大學儲備軍官訓練團，並獲得地質學學士學位，他受任在第二次世界大戰的太平洋戰區服役。他在太平洋戰鬥時得到瘧疾，後來回到好萊塢到加州大學洛杉磯分校，獲得了博士學位，再到德克薩斯州休斯頓殼牌石油研究中心工作。他是政府地理深鑽孔計畫（GDDHP）的高級科學家，地球科學研究計劃是在大西洋的大陸棚之外進行的。他研究了天體物理學，結合了地球結構層與太陽系行星的元素和結構。

後來，一九六〇年代末和一九七〇年代，約翰獲得了德克薩斯州休斯頓農工大學工學院院長的殊榮；他是地球上其中一位首席地球物理學家／天體物理學家。約翰仍然在休斯頓擔任 NASA 月球、行星和恆星的天體物理學研究顧問。

他經常獨自一人飛往洛杉磯幾天，擔任洛杉磯加利福尼亞大學、加州理工學院、JPL 和 TRW 的顧問，其中有些是高度機密的政府計劃。因為懷念南加州美麗的天氣和山脈，他會常到我們全家住的費爾南多谷（Fernando Valley）的家中。因為我們一直都有聯繫，所以他與我們家人的接觸也一直都保持著。這使我們有機會將他的恆星和行星計劃，與我的道格拉斯以及之後的 TRW 智庫推及到宇宙中。我們互相談論了外星人的威脅，話題一直持續到凌晨三點，彼此在談笑聲中彼此交換意見。有時他討論的重點就是我之前在道格拉斯計劃和最近在 TRW 裡，由海軍贊助的無人探測太空船和載人行星飛船的太空載具任務。

約翰修改了幾次他對與外星人互動交流的技術中，所具有的潛在優勢。但是，他從來沒有像我那樣有過遠程觀看的視覺經驗（Remote viewing）。他對外星人的構造物理學知識和以及外星人在銀河的經驗非常感興趣。這個主題的討論對我來說非常有趣，因為我的腦海裡也同時浮現出同樣的想法，抑或是有外星人把他們的想法放進我腦海裡。我們需要以某種方式利用外星人的豐富經驗，這優點能讓我們在星球上遇麻煩的區域，發展並建立特定的地震建築密碼（earthquake building codes）以保護我們自己。

約翰和我所投入的是完全不同的技術領域。所以，約翰不斷地甜言蜜語迫使我談論我在道格拉斯的小玩意以彼此交流。我試圖向約翰解釋傑西卡從未表明自己是北歐人的事實，即使她幾乎每天和我調情，也暴露她令人難以置信的宇宙知識。而且，是的，她經常在我計畫上需要一些想法的時候，就能塞滿我的頭腦；這對我在規劃計劃時，每次都能起作用。當我告訴約翰，他搖搖頭難以置信地走了。但是我們也分別得到一個結論，即在某些時候我們建議離開我們的星球，因為這個星球在古代歷史上曾經只有一個大洲，導致它極其不穩定。各大洲確實後來逐漸分開，這是有幫助的，但是並未能防止重大災難性的事件。我們的星球還有一個構造板塊的歷史非常糟糕，板塊攀爬到另一塊之上並迫使另一塊向下沒入岩漿，導致數千英里長延線上的火山同時噴發，就像從美國的阿拉斯加經厄瓜多爾下到智利一樣。

一個晴朗的早晨，傑西卡像往常一樣愛管閒事，並注意到我堂兄也對他感興趣：「比利，請你的堂兄來加州理工學院。我們可以在布朗德比見面，六點參加雞尾酒會。」德比位於威爾希爾大道上，是一個非常適合聚會的好地方。約翰比我和傑西卡還早到，服務生將我們倆帶到約翰所坐的餐桌。我告訴約翰幾次我在道格拉斯玩的這種華麗玩物。約翰來赴約時，顯然對我們沒有充分的認識。有見面時，他看到傑西卡穿著 sashay 式流動的橙色迷你裙，短到露出了底下所有粉紅色的小玩意。紳士風範的約翰站起來，差點把桌子撞倒，把酒灑了一地。大家均知傑西卡的言行，但是保守可憐的約翰對於帶著調情微笑的傑西卡，完全沒有做好心理準備。她坐在約翰對面，兩手臂大辣辣地張開放在皮革隔間靠墊的頂部，雙腿交叉著。約翰臉上的表情說明了一切，他丟失了所有與科學有關的記憶。傑西卡把他拉回來說：「約翰，你對里斯海軍上將的地圖了解多少？」

約翰覺得這問題很有趣——一個愚蠢的金髮俏佳人卻提出一個聰明、高尚具歷史性的問題，這使他陷入另一種沉默的局面。傑西卡頑皮地將手伸過桌子，握住他的手。她從他的手中拿起玻璃杯並倒下雞尾酒。

「比利，我記得你告訴過我他在研究外星人的東西？」這時女服務員突然出現了。

傑西卡在還沒叫出她的名字——海倫之前就先打她的屁股。

突然說道：「現在杯裡都是瑪格麗塔酒，我們來開派對吧！」

微醺的約翰對我說：「在道格拉斯工作真的很有趣，我可以到那工作嗎？」

傑西卡用心靈感應解讀他的想法說道：「不，小約翰，你沒有辦法再找一個像我一樣的，我是銀河系中的唯一。」

「那宇宙中怎麼樣？」約翰問。就在三分鐘內，海倫帶著令人毛骨悚然的微笑在我們談笑風生中出現。她從桌子的另一邊幫他們倒酒，這樣傑西卡就無法再打她的屁股……

傑西卡喝著瑪格麗塔對約翰說：「我知道你晚上在大西洋大陸棚上鑽洞的事，要小心；沒人看得到你在傾斜行星上鑽深洞。對於人類做這樣的事情，法律現在不起作用。但我們有些人眼睛很大，可以看到你所做的一切。糟糕透頂的是你在恐龍上鑽洞；你用它們來讓地球變臭，但是小約翰博士，你確是在尋找金礦。我也看到你手裡拿著鑽子，而且一路一直抱怨鑽磨的噪音。好，小約翰，告訴你，那是恐龍在咆哮的聲音，你知道的。」

「約翰，你過去的問題就是你把你的靈魂賣給了愚蠢的殼牌石油公司，那時是……是你退學並開始將恐龍抽到休斯頓時。是的，你確實有學以致用；通過六個簡單的課程教授你如何搶劫恐龍的墓地。但你從未嘗試推動三方獲得世界銀行資助電磁和反重力能源。同時，你做過什麼以幫助人類對抗癌症並讓他們多活兩千年，就像明智的人一樣？」

「傑西卡，那是我的台詞；不過這是我聽過你說過最動人的聲音。我愛你。」

「恩，比利，我也愛你，但是你堂兄需要一些解釋。」

「小約翰寶貝博士，說吧！如果你無法證明自己是如何違反法律的，就請回答我的問題。對於里斯海軍上將圖，你對他們了解多少？」

這個時候，我的堂兄約翰已經喝第四杯瑪格麗塔酒了。他回答說：「你說得對，傑西卡，我無法證明我的過去，但我已經改變了。我擺脫了地球的腐敗；但是，對於海軍上將的地圖，我做了廣泛的研究。我們得出的結論是，這些是在最後的冰河時代之前繪製的。對此我沒有做任何假設，但我認為，傑西卡，是你其中一位曾曾祖父畫的。」

「比爾，別再談這些了，多講講早上兩點看星星發生的相關狀況吧！」

「好吧，金髮女郎，我敢肯定比起寒夜，我會帶來更多的溫暖，因為我真的是一個晚熟的人。此外，我幾乎可以在你燦爛的笑容下、和美麗的眼中看到星星，我們繼續吧！」

這裡的重點是，不管是什麼原因，我們兩個寶貝都長大了，對於什麼構成了我們的星球和銀河系有更強烈的興趣。然後，我們也分別有重大的專業成就，二十年後我們各以最高的技術水平相聚——在人類曾嘗試過最重要的計畫中貢獻所長。我們倆都不參加激烈運動或與女孩約會——因為我們沒有多餘的時間——我們所有的努力都致力於不同技術領域的各項研究。

第⑱章

以極先進的電子導彈系統推動兩種構思

對於在智庫中的我們來說，空軍雷神武器系統 WS 315A 是一個火星和行星站自動化原型系統的學習曲線。我們還在推動著在月球地下中心和火星表面海軍通信站設施的草案，但為了埃爾默的彈道導彈計劃，我們再次退出智庫。但是，為了導彈系統的發展我不得不戴兩頂帽子。我仍然只有一隻腳踏在智庫門內，有幸使用了我們正在開發的極先進的電子化導彈系統，以滿足不斷擴大的火星設備需求。

羅斯威爾事件在一九四七年七月四日之後，最終沉沒在五角大樓中，舊的陸軍航空兵基層和海軍情報局秘密調查著外星人的問題。空軍和海軍導彈、航天器研究和研究合約開始湧入道格拉斯的先進設計部門。

我一直在先進設計部門幫空軍設計埃爾默惠頓的方案，中程彈道導彈武器系統計劃大部份已完成；這成就當時令人震驚。這主要合約是使用數百個兩千英里範圍、具有移動發射功能的 IRBM。道格拉斯一直在與德國火箭技術人員競爭。這些人是「迴紋針計畫」（Paperclip，有數百名頂級德國火箭人員前往美國繼續他們的火箭發展）的一部分，其中最近的是德國 V-2 科學家設計出，我們位於阿拉巴馬州亨茨維爾在紅石兵工廠的陸軍木星 IRMB 系統。在道格拉斯早期 IRBM 研究期間，拉莫·伍爾德里奇公司（Ramo Wooldridge）顧問（我第一次與後來的 TRW 所簽的設計合約）（譯註：這就是 TRW 公司後來在二〇〇六年被諾斯洛普公司併購）一直在為空軍提供建議並創建我們的概念設計。

我們先進行第一階段的概念設計，再簽訂生產合約，這成了空軍 WS-315 在歐洲的導彈計劃（道格拉斯 DM-18）。我們創造了一個新的導彈和太空部門 A-260。

道格拉斯設計的 Thor DM-18 導彈是在這個星球上至今為止構造最簡單、最可靠的大型液體推進劑火箭。自冷戰末以來就有存儲，至今一直持續在運作。Thor Delta II 重型火箭現在是 NASA 將離子推進的宇宙飛船探測器放在火星上的標準運載火箭。

這部分會讓人感到震驚。為了要理解我們所有人進入銀河系和宇宙所作的太空旅行，並且能梳理出一個觀點，就必須先了解其中第一個主要大型火箭系統中設計和開發的複雜性。我們首先需要先針對設計來對整個二次世界大戰德國 V-2 火箭系統進行逆向工程。然後，我們建立了他們系統中的最脆弱的部分，構思自動化新設計，以簡化整個系統的操作功能，這將提供了令人難以置信的可靠度。這主要是由導彈檢查和發射組織來完成的，當時我是擔任助理小組工程師，負責所有程序啟動操作的功能。

為了對設計中最重要元素有所理解，在我們星球上建造最可靠的重型太空飛行器，就必須考慮自動化系統。我不知道要如何表示；在當時這是一項了不起的成就。

對於 DM-18 從研究和開發階段進入生產階段，通常就是由先進設計組和工程組來確認。地面支持設備和發射測試需要比導彈更多的工程師。擁有如此高比例的工程師在原設計階段，是所有工程研發很自然的事。

新的 DM-18 導彈設計小組於一九五五年創建，我當時退出了先進設計部並受任為道格拉斯 DM-18 IOC 的助理小組工程師（臨時運營能力測試設備組）。使用導彈系統檢查和發射技術及利用所有道格拉斯工程多年的海軍和耐克系列導彈設計、製造測試、射場預習發射等經驗，將能開發和完成我們航向月球和火星的部署。

18.1 白帽外星人傑西卡

已經快十一點了；大多數阿波羅的人都回家了。「克里夫」我叫他，便從我辦公室的椅子上跳起來，「我現在知道了；記得當我們剛開始阿波羅計畫的時候，回到那破爛不堪的舊木樓中嗎？」

他大吃一驚，「是的，出什麼問題了？」

「還記得傑西卡何時從木樓梯上掉下來到藍圖文件的嗎？」

在他回答之前，我繼續說道：「好吧，我看到了該死的東西。」

「你在說什麼？那件事發生時，我們和鮑勃、拉爾夫在你的舊辦公室裡。」

「我知道，但是我看到整個事情。剛才聽到他們所說的一切，就現在這一瞬間！克里夫，我在她的腦海裡。甚至聽說她的老闆想讓她醒來。現在，傑西卡幾乎沒有與我心靈感應地交談。她只會扔一張情況的照片給我。或應該是；你懂，就像其他北歐人一樣，但，這是非常不同的。她把我揪進她心裡，就像我告訴你關於諾斯羅普公司首席測試飛行員馬克斯史坦利（Max Stanley）的事一樣。

「這是第一次的飛行；當他將那架 B-49 飛行聯隊轟炸機從諾斯羅普霍桑短跑道起飛時，從馬克斯頭上有人降落到我身上，我和他一起坐在前座泡沫冠層下。可以看到甚至感覺聞得到新綠色鋁底漆味，來自粗糙的混凝土跑道上，外機翼板彎曲的振動噪音比四台普惠公司 4300 發動機更響。」

「比爾，你的意思是說那些白帽子外星人有能力進入我們的思想，以執行他們的任務；帶領我們到他們實際想要的境界。如果我們期望如此，那麼黑帽子可以以同樣的方式控制俄國人。」

「哦，寶貝，我們真的惹上麻煩。」

18.2 希特勒及黨衛軍企圖控制地球並建立優式種族

哦，我的天啊！我們再次離開阿波羅，回到先進設計組。克倫佩勒博士給我一個跟往常一樣，早上十點茶歇後的艱難任務。他說：「比利，你花了很多時間都在努力『如何玩好這個遊戲。』」

自從他聽到我的秘書傑西卡——回到阿波羅計劃組以來，當她需要一些東西的時候，他就一直打電話給我。來自總公司的迷你裙辣妹芭芭拉，這次偷聽到我們的對話，在我有機會為自己辯護之前，芭芭拉插嘴說道：「哦，比利，那是可愛的克萊姆博士這麼稱呼你。但他是對的，你為什麼要畫這些小流程圖？小時候媽媽沒有給你過玩過真正的積木是嗎？」

她繼續說：「我已經超越最高機密了，我需要知道！這是什麼？克萊普現在這在做這些事情嗎？」

「你知道芭芭拉，你都投入在一些不有趣的事情。別在克萊姆前搖你的小屁股了，你也可以給他一些想法。如果你必須知道一些事情，以確保你可以向他媽的總公司老闆報告。」克萊姆回答說：「比爾，告訴她；埃爾默說，如果他們了解我們智庫營運的一部分或許真有幫助」

「好吧，芭芭拉，眾所周知，克萊姆博士遠在第二次世界大戰後，於一九三四年德國迴紋針計劃布勞恩飛過來之前，就來到我們這裡。有好幾十個，對吧，克萊普？」

克萊普有電話，不得不離開。

「比利請繼續，告訴我！」

「好吧，我們找到克萊普，他列出所有人的名單，這些人大多數來自德國。他們是那些被驅使飛向星空的男孩，就是那些農民、製鞋商和工程師被驅使設計和建造推進器和太空飛船，以飛向星空。」

「哦，比利，你這樣又扯我後腿，不是嗎？」

「沒有芭芭拉，每個人離開太陽系的想法都相同。不是去月球或火星，就是要帶他們的家人到一個更好的行星上，繞另一顆恆星運行。我認為這是在一八七二年開始的，然後一直持續到希特勒和黨衛軍發現了他們出色的研究成果。他們被囚禁到地下汗水工廠繼續進行研究；希特勒想用他們的火箭來控制我們的行星，並有可能在我們太陽系中的行星上建立起優式種族。」

「希特勒在這場戰爭中失敗了，克萊姆博士得到了這份名單，並將其帶到道格拉斯，讓我們得以評估和找到最有前途的推進系統。現在，該列表已重新擬新的概念設計和原型出圖，已成為我們道格拉斯 MTM-622 非傳統的推進方案。」

「好吧，我明白了。」巴布說。「那麼，你、卡爾和吉姆就用克萊普最有前途的推進力系統，例如電磁和反重力系統，為你所建議的大型海軍星際飛船提供動力，這將可以超越光速的速度運行。」

「是的，我們也獲得了一些外星綠色集成電路板、微晶片和拿到來自墜毀外星飛船上的光纖線束。我們正在進行重新設計，設計我們克萊姆推進系統的控制和動力版本，以及一些阿波羅測試和發射系統。」

巴布打斷道，「停！比利寶貝！不要試圖說服我你們在俄亥俄州代頓（Dayton）賴特帕特森

（Wright Patterson）空軍基地十八號機庫地板上偷新東西的事實！等等，我記得你去年三月最後一次在五角大樓旅行時確實在那兒停留過。」

「不，不是十八號機庫，芭芭拉；他們的東西已經塞滿了天花板。有可能當我們窺視十六號機庫時，有些東西掉到我們的口袋裡。巴布，空軍說沒有搜到外星人的飛行器，所以他們不能因僅僅借一些小飾品就把我們關進監獄，對嗎？

後來，西爾維斯特莫里森（Sylvester Morrison）博士和菲利普格雷瑟（Philip Greaser）博士都是蘭德智囊中擴編組織的工作人員，莫里森博士說：「湯普金斯，克萊姆佩勒博士建議我們用你的方法構思你那先進二〇〇〇武器開發計劃。我們對你的精細思考流程、思考步驟及逐步分析／定義非常感興趣。」

他繼續說：「你的簡報引起了格雷瑟博士和我的廣泛興趣。你是在哪裡完成你的高級概念流程論文？是由加州理工學院的的布倫伯格博士指導的嗎？」

巴爾說：「先生，你時機抓得很好。」

威廉正開始寫我公司的報告。我因為忽略了他們那種諷刺教育公司的背景，以至於他們始終將先進設計智庫視為其公司的過繼小孩。接著，我困難又努力地解釋耐克宙斯反導彈導彈（後來成為「星球大戰」）並啟動我們所有的必要步驟，以防止使用過時、老式陸軍的方法。我對設計、製造和發射這些超高速導彈和彈頭，構想了功能流程垂直分析。我幾乎把每個事件可能會發生的故障狀況都考慮在內。我還建立了備份元素來更正系統運作以使發射可繼續進行，並將此工程概念用於我們所有道格拉斯主動提出的政府提案中。

特別是對於非常複雜的發射系統的開發，我也在太空星艦「先進設計」中啟用了功能方塊流程圖（functional flow black diagram）。一九五三年，我們幾個人飛回新墨西哥州的白沙試驗場，評估德國的 V-2 非制導火箭彈及其原始的移動發射車。我們制定了一個計劃，並構思如何進行逆向工程，並將無控制的 V-2 火箭進化成計算機控制的洲際導引中程導彈，同時帶有移動拖車中的檢測和發射系統。這些將部署在整個星球上，每當有其他人發現我們發射的位置時，我們就可以移動到它處。

接著，我構思並列出了開發整個武器系統所需的所有發展管理計劃要素；使用詳細的功能方塊流程圖概念，包括整個武器系統中的每一環節，我成功利用任務和功能流程的各元件來垂直整合舊式 DM-18 計劃——從構想、定義、發展和操作的每項修改到整套武器系統。之後，我成立並主持一個系統小組，並要求每個設計部門的負責人定義導彈或飛機開發的每項任務和系統需求，所有這些工作都將進行匯整，以檢視我們所負責的部分如何整合整個開發計劃。我接著整合每一個項目，並納入水平框圖和整個列表中的功能流程。我當時將這四十四頁的事件表分成概念、定義、開發和操作四階段。我將陸軍耐克宙斯反導／導彈計劃分為幾個階段，並將它們列出到水平、長期、折疊式管理文檔中，供我們在設計中使用。此計劃中的每個元素都以區塊的方式標識，有四個主要階段：概念階段、定義階段、工程開發階段和作戰操作階段。

我的管理計劃草案後來成為第一個部署的 Army 耐克宙斯部隊，這是一個地下飛彈作戰控制發射中心，是當時我們（我）在先進設計智庫中設計的，實際於一九五七年在波士頓外圍建造和部署。早先我們向海軍的提案，是最先完整的潛艇發射 IRBM 武器系統草案，然後再成為他們的潛射遠程導彈計劃。這項主動提出的概念工程提案也造就我們對陸軍耐克宙斯反導武器設計需招標成案的設計需求，以及我們先進設計組因為對外星人威脅的了解，而幾乎單獨一手獲得的空軍 WS-315A 中程導彈計劃（道格拉斯 DM-18 雷神）。在他們送出工業提案需求（Request for Proposal, RFP）（註：請參考譯者著／《系統工程概論》（第二版）三一七頁）前，我們已作過適度的系統模擬。

甚至後來，我在阿波羅登月計劃中將這推薦給 NASA 的最高主事者，這讓我們登上月球。多年來，由於我們接近完美的概念，使我們不斷接收各種大小的稱讚。

最近，在我們的大腦中已真正地思考過，我們已可接受非正軌的方法。這些可能來自外星人提出的心靈感應建議，使我們能夠完成他們議程中所激發的任務。

如今，並不是所有這些東西都同時在我的腦海中呈現；但是那些外星人，主要是擁有非常誘人的身材並成對地在道格拉斯工作的女孩，總在我耳朵間說東道西的；而這些系統也剛好到位。

格雷格博士說：「湯普金斯，請不要指望我們接受夢想著從火星來的人會支持你成功。你經常說我開發了這個，我也做了管理。我們都知道飛機和導彈工程是一項由數百名比自己有限的經驗而優秀多的人才能整合完成的專業。所以，確實，是誰幫助我們的大腦來完成這些驚人的發展？」

「去他媽的你自己，博士！」

18.3 來自拉斯維加斯東北方的外星科技

大發脾氣，逆向工程

晚上六點三十分，在聖莫尼卡海灘上的雞尾酒休息室，又是迪恩廣場（Dean's Place）。所有的眼睛都落在昏暗的燈光和櫃檯上那可愛的小東西閃閃發光著的笑容中。她伸出手臂說：「今晚，太空男孩真的需要擁抱。」

我們都喝著第一杯酒。克里夫、拉爾夫馬龍和我試圖證明我們對 NASA 合約的徹底改變，內容主要是針對射前手動測試和啟動阿波羅 S-IV 節的發射。我們的洛克達因可重啟動放在 S-IVB 單節上的 J-2 發動機，同時更改為射前自動測試系統。

克利夫說：「當他們知道我們所做的事情時，總公司會大吃一驚。」

我說：「你也許是對的，但要讓那些 NASA 鐵齒坐下來聽這德國佬不認同的概念，幾乎是不可能的。」拉爾夫說：「跟道格拉斯製造單位相比，NASA 反而容易。」

「那些傢伙持續經營整個公司已有很長一段時間。記得耐克宙斯和 DM-18 導彈的生產製造嗎？他們總是對手動測試設備承包商收取不為人知的回扣。」

「好吧，先生，」我說，「先完成我們的計劃還是迫切的。你還記得我們第一次是如何進到這領域嗎？」

「記得，」克里夫補充道，「你構想了一個概念，揮動著手臂，畫出那些草圖，然後拋棄我們以往的設計而把你的設計放到計畫中。」

「不，克里夫，我的意思是一九四七年那架外星飛船在新墨西哥州羅斯韋爾墜毀之後，陸軍航空兵衝入沙漠，撿起所有墜機物資飛到俄亥俄州代頓市的懷特帕特森空軍基地，並將其全部遺骸傾倒在大機庫的地板上。當時他們的高階人士拿起電話，從導彈和飛機公司召集頂尖的工程設計人員，指示他們把所有零件帶回懷特帕特，然後質問他們：『地板上所有這些撞下的東西，真他媽的是什麼？』」

「比爾，我們都知道。你的重點是什麼？」克里夫問。

「你們可能沒有意識到，自那時以來，海軍還收到十幾個我們擊落的不明飛行物。」

「哇，」拉爾夫震驚地說道。「是我們擊落他們的？」

我補充說：「他們一直在拉斯維加斯東北方，五十一區基地的大型地下機庫中進行研究。」

「我們也知道，」拉爾夫說。約翰席爾瓦（John Silva）每週都會搭乘聯合航空飛往拉斯維加斯一次。他留在米高梅機場時，每天有一架帶有紅色條紋的白色七〇七噴氣式飛機往返於五十一區，當時偷了很多小型的外星電子設備。」

就在此時，總公司的芭芭拉走進了迷你吧，在很短的時間內我們就看見她的紅色短褲。她拿起我的酒倒著說：「哦，拉爾夫，你知道強尼（Johnnie）沒有偷那些外星人的東西，他是在我們埃爾塞貢多工廠中進行設備的逆向工程；因為你們從不像傑克諾斯羅普那樣地做實驗。天哪！男孩們你們什麼都不知道嗎？」

拉爾夫問道：「芭芭拉，你的灰色工作服在哪裡？你每次下班後都會脫衣服嗎？」

克里夫對她的傲慢大為惱火，問道：「你怎麼知道我們會在這裡？你總是跟蹤我們吧？」

「哦，胡扯，克里夫，找你們很容易。我不需要國家安全委員會（KGB）任何人就可以跟蹤你們。」

她接著說：「我們跟傑克買了那間工廠，這樣他就可以用這筆錢建造自己更大的霍桑（Hawthorne）工廠。你知道這要開發他的 B-35 和 B-49 飛行機翼；現在他在霍桑至少有十九個實驗室。」

「夠了，」我說，「芭芭拉，通常我會說你像往常一樣講的都是狗屎，但你這一點絕對是對的。你不知道的是，我們不在工廠時，我們可能會因為約翰收購的微芯片設備所進行的工程逆轉埃爾塞貢多工廠，你認為我們 S-IVB 節上自動繞線機（wire-wrap）來自哪裡？這將消除百分之九十九的製造、安裝和連接的時間，並在地球上具有最高的可靠度？繞線的連接接頭是氣密的。同時隨著界面分子間的交換，這可改善老化。而且我們不是在使用電線，我們正在使用外星光纖。」

她說：「比爾，你們甚至從未見過實驗室的內部。」「你們甚至都不知道裡面在做什麼。」

「裡面的某些自動設備似乎是生化級。我們開發了一種探測器，正能使用一種敏感的量測技術，透過測量酵素酶的活性來確定細菌數量。」

「哦，比利，那怪異的外星人：不要只是因為我有一頭金色的長髮，而給我講那些大話。我猜你們將嘗試說服我，你們也抄襲小灰人觸手可及的控制面板。」

「不，我們正在努力。芭芭拉，坐到那把椅子上，不要在克里夫臉前搖晃你的屁股！」

「好吧，如果你們是紳士，」芭芭拉說，「有女士進入此地時，就請站起來。」

「操XX的，芭芭拉。」我說。「如果你是女士，那你就不該偷我的酒。」

「不，比爾，」克里夫說，「不要阻止她，她不需要那把椅子；她要在我面前跳大腿舞。」

「哦，克里夫，」芭芭拉還在玩著，並在克里夫的大腿上磨蹭著。「當它變硬時，我會喜歡的。我敢打賭你們三個人在埃爾塞貢多的 Kit-Cat 俱樂部午餐，對嗎？我猜幾個外來物種也在那裡閒逛。」

「沒錯，」拉爾夫說，「但你可能很生氣，因為我們沒有邀請你。」

大笑說：「閉嘴，拉爾夫。你只是比爾的律師，試圖使偷走所有灰色頗具神秘不明飛行物的人免於入獄。但是，比爾，還有些是你沒有告訴任何人的把戲對吧？那些會讓拉爾夫不高興的事？」

「別說，比爾！來自總公司的芭芭拉，」拉爾夫說。這時芭芭拉火大了。

她說：「不要介入太多，否則。」

「否則什麼，你在監視間諜嗎？我要被開除了嗎？」拉爾夫喊道。「你到底為誰工作，芭芭拉？企業、製造、分包商，是誰？你在全工程部出沒過，大概鎖定一半事情，只是為了比馮布勞恩獲得更多有關我們整個 NASA 阿波羅計劃的信息。」

「你們全坐下，」我命令。

「我知道他們沒有在耍把戲，」芭芭拉說。「那些事物很棒，多汁、夾層、電路卡、站立式跳躍微晶片，以及那些可愛的八腳小黑色蜘蛛在他們之間爬行。你們已經對這些事物進行了完美的逆向工程。哦，不，他們也不是在玩脫衣撲克牌遊戲。你知道，如果可以讓這些運轉，你就可以發射整個土星火箭並運用其中一項技術讓登入月球和火星任務的每項功能正常運作。你們真是無可救藥的樂觀主義者確定你們真的可以做到。你打算開發七個道格拉斯分包商以生產所需的每種類型。」

「好的，芭芭拉。」我說。

「克里夫和拉爾夫並不認識你。現在是認識的時候了。」

「認識什麼？」克里夫問。

我說：「芭芭拉在公司最高的職位。」

「但是她是支持我們的，她只告訴那些人什麼是我們最有興趣的，她不會讓他們參與我們的實際工作。」

「比爾聖貓。總公司的芭芭拉是個好人嗎？」克里夫和拉爾夫同時問出相同的話。

「你是說，」拉爾夫問，「她是我們其中一員？」

「芭芭拉，讓我吻你吧！」克里夫補充道。

「好吧，寶貝，」芭芭拉說，讓他們知道他們其實很可愛，現在每件事都會有結果了。

她對我說：「我沒有你的外籍秘書傑西卡好。」「在你要說話之前，先確切地知道你在想什麼。但是當我來到這裡時，我確實拿了你們三個想要弄清楚的東西：如何證明你破碎的 S-IVB 合約是合理的。由於 NASA 在阿波羅計劃中做錯了。各位，讓我告訴你們。現在只有一種方法：不要告訴任何人你發現了什麼，也甚至不要賣關子。只需準備好所有的文件，然後請你們來工程部門，盡快將其呈現給 NASA 高層就好。」

「哇，」克里夫對芭芭拉說。「我愛你，再給那小女孩喝一杯！」

拉爾夫同意了。「現在我知道你為什麼要出現在芭芭拉的老闆那，一切是美麗的揭露。」

我舉起我的酒杯說：「芭芭拉，我們向你致敬。」

比利，別忘了我是知道外星人有一些東西已從智庫中洩漏出，並已進到你的辦公桌上。在我們所有先進概念上進行了二十分鐘的雨舞之後，全程監看後，傑西卡像往常一樣走了。她當時穿著白色的夏季制服。

「比利，我很驚訝；你應該知道更多。你是否曾經質疑過我們工程學中是唯一有律師的？他是財務律師？專利律師；是為了發明嗎？

「馬龍先生笑著。看著他的光環；太天真。他每天十四個小時的工時裡，有九個女人一起共事，他們試圖每週用逆向工程趕上所有外星人的技術。甚至連拉爾夫自己也不知道他真正為誰工作。對吧，拉爾菲？」

「是的，傑西卡；但是比爾一直都知道；我清楚他知道。」我接著打斷道，「傑西卡只是為這些大型戲劇而活，令人翻白眼吧！」

第⑲章

秘笈「小冊子」：了解道格拉斯大西洋導彈靶場研發方案

阿波羅計劃中 SIV 土星第四節 B

我與律師拉爾夫馬龍和員工菲爾泰勒（Phil Taylor）站在轉角處，看著所有漂亮的秘書走過飲水機，我說：「如果我們只修改道格拉斯的 SIVB 系統，而不動該計劃其餘的部份，我們將永遠無法完成阿波羅任務。我們必須讓其他承包商來做我們現在正在做的事情。如果我們不對所有內容進行標準化，就可能會面臨很大的任務問題，如果出了差錯，承包商會彼此互相指責。那些在亨茨維爾（Huntsville）的克勞特（Krauts）（譯按：德國佬）人會明白嗎？」

「你說得沒錯，比爾，」菲爾說。「每個人都在考慮每年一到兩次像 R 和 D 那樣的發射時間表。」

我說：「為了符合德布斯博士的產品發射時間，我們必須有一套通用的系統。我們並沒有計劃像每個人所認為的那樣，每八個月就推出一種研究用載具。」

拉爾夫對此表示贊同。總的來說，我們了解到每個人，包括 NASA、道格拉斯和承包商並不了解阿波羅的發射時間表。雖然穿著高跟鞋和迷你裙的高個兒秘書臨時能幫上忙，但他們從來沒有辦法解決我們的問題。薩克拉曼多引擎測試正在為複合式 Beta 火箭發動機和系統測試做相同的事。他們正在購買不同的過時測試設備硬體，這與我們的 SIVB 節測試設備有不同的結果。

在土星阿波羅家族月球任務的早期發展中，看似存在著混亂狀態，我在道格拉斯航天工程公司的組員和我對於 NASA 所採用的方法是非常挫折的。在我們一次的會議中，我向克里夫諾蘭德說：「對於早期的 C-1B 中型土星載具而言，我們根本無法達到讓所有的手動式電子測試及發射設備納入到 NASA 所需要的那個又舊又小的地下洞堡中。我們必須用我們全新、完全自動化的電腦控制方式。看在上帝的份上，克里夫，這是一個產品發射計劃，沒人了解嗎？這樣永遠會行不通。」

克利夫翻了個白眼，點點頭：「讓我們回到過去，用你在空軍 DM-18 導彈系統上設計的模組化概念導入。用新的印刷電路板電腦架構，然後整合一個包裝，並向那些不斷否定我們的 SOB 提出完整建議。」

關於這一點，我們必須在這一特別行動進程上使力。我和全組工程師及行政人員審查了所有細項，結果完全一致。首要必須先全盤囊括我們整個計劃，先是 SIVB 段，這是土星 V 載具的早期任務控制飛前測試、發射及月球任務系統；並讓每個階段的元件標準化。這包括我們的工程系統整合和道格拉斯生產製造檢驗系統。換句話說，NASA需要我們的自動化工程系統，我們需要說服他們。

在計劃會議中，我和克利夫認為我們需要一套標準化的系統。「所有這些在阿拉巴馬州亨茨維爾市的人、在薩克拉曼多的人，以及卡納維拉爾角整合發射現場測試人員，均對過時的射前檢測和測試系統有異議。」我告訴克利夫。「這些管理階層彼此議見相左，他們甚至不考慮要討論標準化。他們各自分頭進行並僱用自己的舊識來構建過時的生產射前檢測硬體。這令人抓狂。」

我知道我們必須制定一套總體的阿波羅系統計劃，這不僅要讓我們自己的公司使用相同的計劃，也同時要迫使其他已經參與的承包商，像道格拉斯製造部門的那些廠商必須進行所有阿波羅諸節與所有其它公司之間的介面標準化。

我們的第一步是準備一份內部文件，稱為「小冊子」（The Brochure），使道格拉斯的工程管理人員熟悉現有的大西洋導彈靶場研究和開發設施，這些將用於我們的手動地面支持檢查和SIVB段的啟動發射。手冊分為三部分：包括我們的早期研究、土星IV的開發載具以及完全未定義的土星V三十九號複合射場設施。道格拉斯要從品保控制

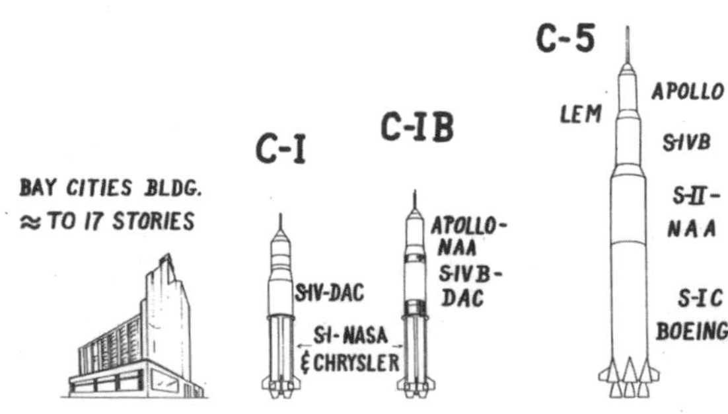

許多承包商投入了土星計劃

的角度完全研究與定義三十九號複合射場，以提供成功的任務，這前提是檔案要完整。道格拉斯還提供系統工程管理，包括所有的 AMR 三十四、三十七和三十九複合大樓，同時除卻了特殊的裝配檢查建築概念，這只是另一個開放式飛機機庫。土星發射運載家族，終於有進展了。

19.1 一九七六年東京灣不明飛行物之巧遇

二〇〇三年十月四日，在一場羅斯威爾不明飛行物討論會上與退役海軍指揮官史蒂夫康威（Steve Conway）談話，他描述了美國海軍將領和支援外星人的海軍官員之間，非常不尋常的經驗。當時指揮官是辛普森（Simpson），這件事發生在一九七六年七月的一個晚上，十點左右。

康威指揮官說：「一九七六年七月在東京灣（印度洋）（譯按：太平洋）的夜間行動中，我分配到太平洋艦隊在美國航空母艦 U.S.S. Ranger CV-61 上執勤。我在橋上觀看俯瞰著 3.2 海域，是一個晴朗的夜空，船上燈光在非戰狀況下使用最低照明。我們的雷達偵測到一個外來客，我發出命令『各就戰鬥位置。』」，結果外來客立即對我們示好。首先出現的航空器只是一顆小燈，慢慢變得越來越大，速度越來越慢，然後在極佳位置垂直降下，沒有聲音、振動或排風。航空器放下它的起落架並且非常輕鬆的降落在航母飛行甲板上。航空器的落點停在擁擠的甲板上，當時甲板上已停著幽靈號 F-4 和 A-7E 海盜號。中央飛行甲板受命開照明，即使有相當強的甲板燈光直接照在二三八英尺寬的飛行甲板上方及十層樓高的航母中區（Carrier Island），我還是很難辨認那圓形銀色不明飛行物的準確尺寸，但我估計它直徑可能有九十英尺。從艦橋上觀察著陸時，也難以確定幽浮是否浮在甲板上或停在其延伸的起落架上。」

「我們的戰鬥集團指揮官海軍將領和兩名軍官離開該航母中區走向飛行甲板並消失在不明飛行物下。當他們再次出現時，伴隨著兩名穿著光滑緊身制服的人；所有五個人都進入了這個區並沿著階梯（樓梯）下行到海軍將領的兩顆星（藍色）會議室旁邊所毗鄰的戰鬥信息中心，位於該區下一層。大約晚上十一點，海軍將軍、一名軍官和另二人從該區上來，然後回到不明飛行物下。十一點十一分，不明飛行物慢慢垂直升起到大約四百公尺處，無聲無息地射入夜空。我有直覺不明飛行物在我們的軌道上進入一艘大型母艦。海軍將軍獨自返回，第二天乘坐一架指揮控制直升機繼續執行他戰鬥群職指揮官的勤務。我命令要在機密日誌中記錄此事件。」

19.2 小冊子：成功的月球和行星任務之基礎

正如我說的，在成功的月球和行星任務基礎之前，我在道格拉斯工程管理公司和後來的 NASA 構思，製作了一

THE BROCHURE

FOREWORD

- LACK OF DEFINITION - NASA
- REQUIRES ANTICIPATORY PROPOSALS
- NASA EXPECTS LEADERSHIP FROM INDUSTRY
- BOEING PREPARING PROPOSALS NOW FOR FULL MANAGEMENT & CHECKOUT ACTIVITY - ALL STAGES !!!
- EXAMPLE - ATLANTIC MISSILE RANGE (AMR), C-IB FACILITIES
  - COMPLEX 34
  - COMPLEX 37
  - COMPLEX 39 (GENERAL)
  - VERTICAL ASSEMBLY BUILDING (VAB)
    - LOW BAY AREA
    - HIGH BAY AREA
  - SPECIAL ASSEMBLY BUILDING (SAB)

③

這份簡報文稿讓比爾惹上麻煩

本小冊子，本手冊目的有三：首先，讓讀者有限的熟悉 NASA 在 AMR 上進行 S-4 節的射前檢測、發射現有設施和地面支援設備（GSE）；還有 NASA 的土星 C-1B 發射系統均強調每個設施的現有能力和局限性。

第二，研究 NASA 和道格拉斯公司所面臨的設施使用問題，並就目前這些設施的能力而言，暫定發射時間表和現有的合約協議。

第三，在倒計、發射和執行任務時，假設具體可預期的失敗狀況；並提供整套系統執行任務時，能預防失靈的狀況。

19.3 大型海軍太空船概念將打擊外星人戰鬥群

我們正在進行 NOVA 型太空船重新評估的會議。

「天哪！我知道自從湯普金斯和智庫的其他人在這裡玩大型海軍太空船的概念已經將近十年了，其目的是打擊外星人的戰鬥群，」菲利普霍斯門（Philip Horseman）說著，他是來自總公司的新人。

吉姆同意這說法。他想：他怎麼知道這一切？

「你確實做對了；五年前，甘乃迪允諾要飛離這他媽的行星。」

「是的，」克萊姆博士補充說，「並創建了 NASA，以研究我們的重型 NOVA 型火箭上月球。」

「好的，埃爾默把話收了回去；因為沒有人有足夠推力的火箭發動機送我們上去。」

「的確，」克萊姆說，「但洛克達因的 H-1 發動機能正常運轉。稱它是阿波羅，五架的阿波羅都沒問題。」

埃爾默說：「好吧，海軍上將康威想要他的月球海軍基地，也是比爾設計的基地。

他正在加緊建立基地的時間表。我們需要重型 NOVA 型火箭把設備運到那裡去施工。我看過湯普金斯海軍基地提案；大部分是地下的。你呢？知道他的月球隧道潛遁機有多大嗎？它們超過四個貨車長。我們必須將它們分段建造，裝入 NOVA 火箭，再將它們發射到月球軌道並在月球表面重新進行組裝。別忘了，我們必須在操作之前徹底檢查過，就像檢查阿波羅 S-IVB 節一樣。」

「嗯，這就是湯普金斯現在正在開發的工程設計。所以，誰將一起運作這個球？」吉姆問道。

就在這時霍斯門跳了起來：「湯普金斯從哪裡得到這個想法？我的意思是，是的，他似乎是一直設想正確的方法，但這不尋常；一定有人幫助他。」

吉姆補充道，「可能是他身穿迷你裙的高大金髮秘書；她頑皮的笑容可以讓我做任何事情。」

埃爾默插嘴說，「夠了；的確，傑西卡非常易怒。也不用管比爾從哪裡來。在我們聘他之前，他在海軍情報部門做很久了。」

「我並沒因為 NOVA 的重新設計，把他從阿波羅計劃工程管理中調成先進設計人員。他正試圖受公司派任，向 NASA 提出四個未來三十年整個月球和火星使命的系統任務。比爾非常了解

NOVA，藉由傑西卡和我們的支持，他可以同時處理這兩個任務，」克萊姆博士說。

「好的，埃爾默，就讓他們現在開始，」霍斯門總結的說。

本書第一冊第二四八頁的圖顯示了從一九六三年那時所開始進行 NOVA 載具的宏觀概念。

19.4 四個主動提案計劃將成為 DAC 工程和企業介紹的管理方案

我指示員工採用我們已經設計的概念和規範，並將其重新整理為四個主動提出的建議。該計劃是我向 DAC 工程和企業介紹的管理方案，並讓 DAC Marketing 向 NASA 管理階層簡報。（後來因為我是構思並開發這計畫的人，所以是我要親自向 NASA 報告。）我們為了他們在卡納維拉爾角的系統檢測和發射中心，建造了一個 6 × 6 英尺大模組的比例概念模型。還有，也完工三十九號複合射場發射控制中心的視圖提案。

我得到老闆哈兒伊頓（Hal Eaton）的全力支持，但他老闆的老闆法蘭克旦斯福特（Frank Dunsfort）是工程副總裁。他說，「比爾，你不能這樣，這將危及我們 S-IVB 的合約。你到底是誰？你是想嘗試改變整個阿波羅登月計劃嗎？」我回答說，「S-IVB 工程中沒有其他部分認為這會是問題所在；在系工中我的人是唯一看到全局並提供真正任務需求的人：這是一個生產啟動計劃，具有前所未有的可靠性。我知道別人沒有看到這問題；沒有人從更寬廣的角度看全局。我們必須停下來檢視日期清單和精緻到零件的管理。」

副總裁隨後表示，「你必須把這出售給 Douglas Marketing。」

我喊道，「不！這至少需要一年的時間才能讓他們認真聽取提案。」不知何故，後來有人告知我可以繼續準備我的提案。

另外，哈兒伊頓完全同意的說：「但是，我們兩個人都可能在主動提案時被解僱，這種主動提案意味著 NASA 完全缺乏定義並接受來自業界領導層自定他們的工作。」

這混亂到極點。阿波羅完了。道格拉斯管理層等著被告知要怎麼進行下一步，波音公司也在完全管理提案後，向德布斯博士提出建議並設計和管理整個月球計劃。波音的營銷繼續秉持他們的立場，認為企業「可以比 NASA 更有效的完成這一計畫」因為 NASA 信任他們。他們甚至準備了全面的管理提案，包括大西洋導彈靶場（AMR），C-1B 的所有台站進行射前檢查和設施綜合體三十四、三十七和三十九發射活動，甚至是裝配和發射建築——以上諸項波音都沒有參與，因為道格拉斯是所有早期阿波羅計劃的唯一承包商，除了舊的（現在已排除在外）克萊斯勒助推器以外。克萊斯勒是 C-1 和 C-2 固體推進劑火箭助推器的建造者，而不是波音。

19.5 界定星球領土產權的協議

為了更好地詮釋我們如何意識到外星女孩就是外星人：傑西卡、克里斯蒂、克利夫，鮑勃和我到海灘上方的迪恩餐廳用餐，是一間義大利酒吧，在棕櫚樹成蔭的柵欄頂上可以俯瞰藍太平洋的燒烤餐廳。

「我們來慶祝吧！」鮑勃說，拍著克里斯蒂可愛的小屁股（bottom）。

「慶祝什麼？」克里斯蒂問道，小屁股向他搖晃著。

我說：「我們有一個冒昧的要求來界定產權。」

鮑勃說：「那很好，一定要在卡爾弗城的新脫衣舞俱樂部進行，因為飛行測試會要我們買單。他們已經為我們找了十七名拉斯維加斯女孩在排隊等著了。」

「媽的，」克里斯蒂說。「頑皮的男孩；你跟我說過你只會想到我二腿之間的地方。」

「嗯，那也是。」

接著我說，「兄弟們等等，這合約來自亨茨維爾的 NASA；有一半的權利以界定月球上的屬權。」

「見鬼了，比爾，這是我們七年前在先進設計中做的，」鮑勃補充道。

「這是我們主動提出的 AD 提案的答覆，」我回答道。

克里斯蒂扭著鼻子說道：「NASA 那些克拉（Krauts）斯人對那裡他媽的根本沒有任何想法。

「哪裡？」鮑勃問道。

「在銀河系中，你這混蛋。我們應該在比佛利山莊建立一個實體辦公室，用以評估一下月球上的好東西，並把壞土地賣給爬蟲人。」

「什麼是爬蟲人？」

「你買單了嗎，鮑比？」

「買什麼單？」

「我們的飲料啊！笨蛋；快，趕上進度。」

第⑳章 分贓月球與火星領土計劃

「哇，」克里夫說。「這確實是一流的。」

我同意，我們剛剛將整個導彈和太空部門從舊的木製機庫中移出。我們把這部門整個搬到DC-8、和其他的員工與部門合併在一起。我們在新西南區面對海灘的位置放鬆身心，用午餐。

克里夫是我認為穿著打扮的最得體的人，有著金髮、誠懇的棕色眼睛和高瘦的身材。而我們的部門律師拉爾夫馬龍身材中等沉重、頭髮稀疏。傑西卡是令人驚艷的性愛女神，穿著紅色／橙色緊身連身褲、軍靴、裸著美腿。我們正在喝著早晨的第二杯咖啡。

「好吧，傑西卡，」我問，「告訴我們，妳每天穿成這樣，你要怎麼打字？衣服完全覆蓋了你可愛的小手？」

克里夫說：「別說喇叭褲；我在這裡跟著她後面走，那緊身衣後面開得很高，我看得都差點跌倒了。」

「你真的喜歡我的屁股嗎？哦，比利。我可是可以閉著眼打字，我愛死它們了；他們是如此柔軟、性感。」

我說：「我聽說過盲眼飛行，尚未見識過盲目打字。」

即使我們在道格拉斯工程部中沒有 IBM 的三件式黑色服裝要求，但我們是最靠近比佛利山莊 Rodeo Drive 的太空工廠。就像我和克里夫，我這個組有阿波羅組中最優秀及全業界穿著最得體的設計工程師。

我們正在嘗試其他的方法／出售月球和火星的領土，以解決 NASA 擁有月球主權的問題。他們堅持地球上所有的國家應共同擁有月球，但「邪惡帝國」做不到這點。我們希望 NASA 增加用外交解決方案的計劃，主要與蘇聯合作，並指示所有其他國家遵循使用相同的概念，使我們能和平進行礦產分工。

回顧著舊智庫計劃上關於誰能擁有月球的資料，我說：「如果我們繼續推動阿波羅的提議，這意味著 NASA 的所有需求都必須改變。」

「好吧，比爾，」傑西卡說，「我知道。」她瘋狂地張開雙臂說，「就在這裡。」

「這是什麼？」克里夫問。

「你們對擁有行星所有權的新方案。」

傑西卡說：「比利，經過我們大家的討論，昨晚你睡著後。」「我重寫了計劃需求案。」

「噢，」克里夫說，「傑西卡，出來吧！這是最新七百頁厚的法律文件。是一份五週的工作，給妳三週的時間審查，如何？」

克利夫很生氣，補充說：「傑西卡，我知道你是速讀者，但是速寫家——絕不可能！我什麼都不相信；把你的原稿給我。」

「克里夫，我保留原稿，這是給你的副本；還有一份給你，拉爾夫。」

她舔舔嘴唇補充道：「比利寶貝，昨晚這一份有閃亮親筆簽名的副本留給你，方便你隨時更新進度。」

拉爾夫喝著咖啡，開始閱讀這文件，我們其餘的人也跟進。傑西卡旋轉著筆，繞著手指問專利律師拉爾夫：「你對海軍封鎖以執行所有權有何看法：在第三〇七頁第四小節的地方？」

「慢點，傑西卡，」拉爾夫皺著眉頭說。「我還在第二十八頁第三段；你怎麼快到第三〇七頁？」

「我告訴你們傑西卡很行；哦，我的意思是很快，」我補充說。

克里夫說：「我還在第二十頁，傑西卡；你真的寫到這裡了嗎？」

「嘿，你們兩個都領先我，」我說。

「克里夫你看，傑西卡一直工作到凌晨四點。」

傑西卡說，「比利，應該是今天早上了。」

「查克，你期待我相信你確實一直致力於我們月球和火星所有權的提議？」

傑西卡的緊身衣與昨天的一樣。看，一半的袖子磨破了。」

「比爾，至少讓這女孩有時間起來走走。」

「哦，克里夫，你真可惡。只有我們沒有吃早餐的時間；在簡餐店還可吃一些甜甜圈。」

「聽著，兄弟們，」我說，「我們在這裡的定義——好，就是傑西卡在這裡定義的——是計劃將月球和火星的土地資產賣給黑帽客。」

「什麼是黑帽客？」

「這將徹底改變我們過去所有不合法擁有的行事作風。」

「等等，比爾，」拉爾夫摸著下巴補充說：「幾乎跟這同等重要的是，你的小金髮女郎可能真的是外星人。我們誰也不能那樣寫；傑西卡，你他媽的暴露了身份。」

但就在那有點朦朧的瞬間，我心想，我知道傑西卡來自銀河系的另一端，並受過集體訓練。她完美地完成了任務，但這次她真的在我們面前犯規了；她曝光自己身分。她用他心通讓我知道，「比爾，別再讓我為難了，你知道我不能講。」我說：「我們是你的朋友；我們愛你。好吧！我盡力。」

「是的，傑西卡。」拉爾夫補充道，好像什麼也沒發生一樣。

「我們是你的家人，我們都在同艘船上。」

克里夫補充道：「傑西卡，你在某種程度上控制著我們的思想嗎？有點像，好像是控心術？」

傑西卡什麼也沒說。

20.1 一座位於地下四百英尺的十二層鋼結構建築，將連到整個地球的衛星全視圖上，以監視所有即將到來的蘇聯轟炸機、導彈和不明飛行物

克利夫諾蘭德和我正在為每週例行的 S-IVB（土星第四節 B 段）會議規劃議程；我們在美麗的太平洋對面新工程大樓裡上班。

「比爾，這永遠不會令我驚訝：你還記得一九五四年構想的大型發射控制中心嗎？是智庫進行的月球海軍基地任務嗎？」

「是的，克利夫；怎麼了嗎？」

「嗯，你為前 NOVA 行星任務重新設計的中心。」

「然後呢？」

「你還構思並設計了在奧馬哈內布拉斯加州控制中心／大型地下空軍的空中司令部。你可以將其連到北美空防司令部（NORAD）整個地球的衛星全視圖上。它的任務是監視所有即將到來的蘇聯轟炸機、導彈和不明飛行物。這些正在建造中，比爾，就像你設計的那樣，這是一座位於地下四百英尺螺旋彈簧上的硬核地盤十二層鋼結構建築。」

「你所擁有的那些 S-IVB 段系統集成、以及要向 NASA 展示的薩克拉曼多發動機測試控制中

心，簡直令人難以置信；這會讓他們大開眼界。」

克里夫繼續說道：「我們過去在卡拉維爾角使用德國一九二〇年進步的發射火箭控制地下碉堡：還記得嗎？你看這張彩色照片。」

它就像飛俠哥登或巴克羅傑斯（Buck Rogers）那樣的酷炫。

「你是對的；我正用天眼通看傑西卡。」我說。

克里夫打斷道，「是的，她爬上樓梯到主控制台；如過去那樣接管一切。她穿著四英寸高跟靴和橙色迷你連身裙，她愛這樣趾高氣昂地圍住這些中心。除了你的陸軍耐克和空軍 SAC 指揮中心之外，沒有其他人曾經想過這樣的事情。」見第一冊第七十頁的草圖。

「你是對的。」我回答。「這已經不在這個世界了，而且非常乾淨。讓控制台上的每個人面對他們面前大型正面電視牆，讓每個人都可以一目了然地了解整體系統，是聰明的。這能在彩色螢幕上查找並確認整個操作流程，確切地了解正在進行中的任務或實際所測試的項目。」

「是的，比爾，我們比地球上其他所有操作行動都要先進幾個等級。這幾乎遠遠超過預期，希望你能說服 NASA 使用這種戰場控制概念來啟動阿波羅土星五號，以完成所有的月球和火星任務。」

我讓 NASA 接受阿波羅變更後，道格拉斯會買單嗎？我在想，他們是不是有可能不理我？我會被潑冷水嗎？為什麼道格拉斯——這星球上最大的航空航天公司——以某種方式完全否決了我們大量的資料，這些資料是確定我們有機會從地球進入銀河系？抑或是爬行動物能控制整個董事會的心志嗎？會不會有一個外星種族，數千年來對整個地球進行暴力控制，以迫使我們執行他們的任務嗎？所有這些卑鄙的控制策略是否可能阻止我們永遠無法離開地球？我們是否必須再等待三萬年才能嘗試進入銀河系？

接著，傑西卡用他心通重重打我後腦一下，使我一陣天旋地轉。

「比利：現在就把所有消極的想法從你的腦海中清除；你會在亨茨維爾過得不錯。比利寶貝，一次邁出一步。」

20.2 工程管理部門批准了《手冊》提案

工程管理部門批准了《手冊》，並授權我的團隊審查要向德布斯博士主動提的提案。該提案包括翻頁掛圖、壓克力板 8.5 × 11 整個 L 形模組的立體圖，以及垂直組裝概念。這還包括：AMR 的 C-IB 設施需求、道格拉斯電腦化的電子射前測試控制設備包裝概念、土星系統支援管理計劃案、NASA 土星系統射廠管理計劃、以及六英尺平方／詳細的射前測試和發射劇院風格的複合式控制中心。

該提案大部分都是我的構想，我的土星 S-IVB 該節射前測試和發射系統也均已作過簡報，他們研究了整份提報，並對其進行了工程設計，完成了二十份的道格拉斯報告。

就在這一點上，我老闆加里蘭斯頓告訴我，該計劃完全是我制定的。現在要由我來安排，由我決定如何建立阿波羅土星發射中心完全變成 NASA 標誌的方式。

20.3 五十一區上墜毀不明飛行物受損零件的發現

在我向 NASA 進行簡報之前

DM-18 的團隊工程師凱文耐德（Kevin Natter）有幾個獨立的實驗室，其中一個就在他位於凡奈斯（Van Nuys）市的車庫中。

也正是在這些實驗室中，我們利用約翰席爾瓦（John Silva）在五十一區的一些發現，包括微晶片和印刷電路板；但在密封環氧樹脂電路的部分出現了問題。直到今天，我仍然無法弄清楚某些金屬合金，例如將隨溫度變化（有些是可鍛的、有些是堅韌的、有些感覺像塑膠件）而呈橙色、紫色、藍色諸不同顏色的特質。

我們嘗試複製並使用環氧樹脂將它們層壓，我們也試圖使帶狀線小型化，也想要如何為單元供電，嘗試用緊急配電圖。最初，在俄亥俄州代頓的賴特——帕特森空軍基地中墜毀的不明飛行物發現，軍方擁有鋪在地上全部的受損零件並提供專利權給任何能找出技術並能製造的人的權利。

我們後來將第一套電路板用於阿波羅任務 S-IVB Stage，包括載具內和用於地面支援的系統。簡報中，我認為所有承包商都將此設備用作標準件的一部分。（傑克諾斯羅普親自返回查看結果所發現的）。

第㉑章 外星幽浮在地球上的活動

他們發現了。我再次遇到麻煩，拿回主控權

現在進到這些設計和四個提案的實施流程，埃爾默是了解和完全支持我概念的副總裁。不幸的是，他在阿波羅月球和火星計劃幾乎沒有權力，這工作已經交給艾索倫森，不知怎地他成了凡事均管的老闆。埃爾默在這個關鍵時刻把我從阿波羅月球火星計劃中調走並丟回智庫，我感到很驚訝。那時傑西卡接到埃爾默的電話，我並不在辦公室。我下午六點四十五分從加州理工學院回來時，她伸出雙臂抱著我，迫使我們進入一段深情、臉貼臉的擁抱。

「且慢，」我緊張地告訴她。「有人會進來。」這是我們蘭德合約第一三九條的主要內容，」傑西卡說。

「你到底對一三九條了解多少？」

不管我的提問，她拉下襯衫，露出一個乳房。

「我不在乎，反正你現在不能回到智庫。有太多沒有好好收尾的，將引發災難；講到飛的東西，我就是喜歡我影響你的方式，比利。」

我臉紅了，但我默默地同意。

我說，「埃爾默非到不得已，永遠不會把我從阿波羅計畫拉出來，或者停止火星載人計劃。」

「好吧！如果真的那麼糟糕，我會和你一起去，」她要求。

「你知道這是不可能的，」我告訴她。「你沒有被智庫認可；這是國家最高的安全區。」

「那好吧！給我安全等級！你需要我，你知道的。」

「拜託，傑西卡，給我一份備忘錄，讓我把這部分的控制權交給克利夫，用拉爾夫當他的助理主任。」

「完成了。我今天早上已備妥，並在惠頓打電話來之後，傳給南加州每個人一份副本。我也簽了你的名字，比你自簽更美。」

她用柔軟的雙手抓住我的臉，吻了我一下說：「我現在就打電話給他，告訴他你正在路上，他和克萊姆博士在情報室。」

「情報室？我不知道智庫有一個情報室？」

「這只是用舊的會議室，改裝得很好。」

「你怎麼知道？誰決定稱它為情報室的呢？」

「你需要參與該計劃，」傑西卡說道。「就是那些紅牌的博士顧問命名的，他們是來自帕薩迪納的加州理工學院人員嗎？」

傑西卡沒有回答問題，仍然將我們的身體黏在一起。她親親我的臉頰，凝視著我身體裡「你怎麼知道智庫所有這些事情，這從哪裡來的？」

她放下手臂退出來，好像受指示般：「比利，你今晚打電話給我，好嗎？我不在乎有多晚。」我一段時間沒有進入智庫，我舊卡片不能用了，必須有身份認證才可以再入內；當我進入設備齊全的情報室時，惠頓臉上的表情說明了一切。

「早安，比爾，」他向我打招呼。「謝謝你在這麼短暫的時間內趕到。如果可以，請關上門和鎖上螺栓。」

「現在不是早上，現在已經是下午六點半之後了。」

哦，狗屎，我看看克萊姆博士，我做了什麼？

克萊姆豎起眉毛。「我們必須知道現在是晚餐時間。」

「知道什麼？」我問。

「我們遇到的麻煩比我們想像的要多得多，我們和其他人一起在大型會議廳花上一整天。」

我想：這些人又是誰？是哪裡的科學顧問，竟有參與權並聽取我們每一個原創先進的理念？他們出現在我們機密會議室中？我開始顫抖。感覺有些人在隔壁的大會議室裡，等著的不是真正的人類。我明白這一切很困難，我已經感覺到了，埃爾默是知道的。

「一些敵對的外星人擊落了海軍和空軍的所有東西。如你所知道的，他們的幽浮已有一段時間飛入我們大多數密秘基地上的空域。」

「是的，我知道，我們的飛行員已被命令要聯繫這些飛機並指示他們著陸。」我說著。

「如果他們不合作，我們就會被迫下令他們得降落。實際上，我們是被命令要把他們打下來。」

「嗯，這樣做不是很好，現在就對了」克萊姆說。

惠頓是個大個子，低頭看著我，眼睛微微鼓起。

「比爾，就讓我們給他該有的名字。我們知道你們有些人，尤其是你已被這些外星人『選上』，如果你懂我的意思。並非只有海軍情報局對你感興趣，外星人——可能是北歐人——在你還是一個孩子時，就被選上幫助他們致力於促使美國發展銀河系海軍太空船和對我們兩邊有優勢的營運方式。」

「天哪！埃爾默，」我說，還好我坐在有扶手的椅子上，否則我幾乎會摔到地上。

「別讓那謠言傳開，有些設計師在扯我後腿胡搞。我們真的不知道而已。」

「看，我們不要在這裡陷入僵局，」他說。「這是事實，比爾。一個外星種族已與我們政府有接觸，而我們知道的是他們可能就是北歐人，與我們相似。」

海軍情報局之所以招募你，是因為他們知道你和其他人在孩提時代（就像你）已被外星人拜訪過和選中，現在，你成年後，這些外星人就會一直與你進行心電感應。

「換句話說，外星人把你加入到他們要執行的任務中。你知道我們所不知道的事情，就像他們真的存在一樣。你也持續看到海軍太空戰鬥群中不同文明之間不斷的衝突，而且我們跟他們的世界永遠不會是一樣的。」

埃爾默繼續說道，「海軍情報部門認為你是首選的人類溝通者。這些外星種族與你接觸，透過你溝通聯繫，為我們提供了先進的反威脅概念，這不僅僅是為了阿波羅計劃，或針對海軍在月球上的基地，而是名副其實地針對所有先進的太空衝突。在之後的溝通過程中；也不只有你的秘書。」

「讓傑西卡離開，」我打斷道。

「不，比爾，我們認為她是一名外星顧問。」埃爾默咆哮道。

「我會買單，她在四年內從未煽動過一個對美國不利的事件。」

「我們不是說她是敵人，但其他外星人確實是有問題。請放心，我們不會有比量表，告訴你誰是支持者而誰是敵對者。這就是你進來的原因，海軍情報局告訴我們你的能力，你的判斷是無可挑剔的。作為一個溝通者，你受置在一個不同種族間彼此處於交戰的位置中。更重要的是，我們在這個星球上被捲入的程度為何以及未來該如何面對。」

「哦，這些都是廢話，你們都知道我不能做所有這些事情。」

克萊普插嘴說，「我告訴過你不要用這點打擊他，」並向惠頓傻笑道。

「我不相信……」

埃爾默繼續說，「你已經被外星人植入一個計劃，該計畫將從外星人傳送高度先進信息給海軍所謂的『首選人類溝通者』。那就是你。比爾，你就是『首選的人類溝通者』。你就是其中之一。這就是為什麼選上你的原因，這還能夠完全重新設計阿波羅月球和火星計劃，當NASA都還無法完成該任務時，我們就能登入月球和其他的星球。」

「我無法解釋，但……」

「比爾，」克萊普打斷道，「我知道整件事似乎令人難以置信，但事情交給我們就是這樣，我們需要利用每一個可能的方法。有不同群體的極端暴力外星人，具有各種不一樣的外形，威脅著我們的存在。我們必須利用這個機會優勢先發制人，以收集情報並製定計劃。」

「沒錯，」惠頓說。「在我們進入那個該死的智庫會議室之前，那些思想狹隘的博士們無法想像這些外星人已經在數百萬年前就已經發展的所有軍事成就，你必須了解你所知道的後果。以博士專家的身份來看，他們的狹隘思想使他們無法看到大局也無法接受我們／你們的設計理念和方法。」

克萊普再次向我點頭，我有另一種內疚感，但已設法排除這感覺。

惠頓清了清嗓子，「比爾，現在，我希望你都能明白這一點——從第一次海軍情報中秘密傳播者的任務開始——你就被要求要受訪或在機密軍事機構中工作，你永遠不會被淘汰。即使海軍上將指揮戰鬥團體的造訪申請被拒絕，你還是可以直接進入。因為這個男人照相式的記憶對海軍太空戰鬥的了解，比他們多更多。」

「你從一九四〇年當佩里指揮官審查你的海軍艦艇模型收集文件時，就已被外星人和精英海軍情報作業所追蹤，而你從未被告知你與外星人聯盟的關係，也從不讓你了解你身為極高安全等級溝通者的身分，只有一小部分的高級海軍軍官在監督著，他們的主席可能是鮑比雷因曼。」

「這個團體一直在為我們這個星球上的海軍準備太空戰；對某些有敵意的外星準備進行太空戰。友善的外星族友可能已經意識到敵對外星種族，幾年前就已經接管我們的星球。你的秘密海軍安全等級和機密政府記錄已經可以作為你是「首選的秘密人類聯繫者」的證明，幾年前已被其中之一種外星族選上，當軍方與外星人實際接觸並監視他們與人類溝通者之間的互動時才發現。

「最初，人類像你這樣的聯繫窗口是海軍情報調查局；海軍情報部門盡一切可能將你納入海軍。他們相信這個人已經被數千年前就已進入我們銀河系的外星人，告知神奇先進的技術。這些外星人知道這個星球上沒有人知道的事情。你是特別高智商的人類聯繫者，是我們星球上支持友善外星族群精選的一員。他們一直將信息傳遞到你的潛意識中，這是海軍情報聯繫人的運作計劃。這就是你到道格拉斯作為繪圖員的原因，在工程方面，你立即被授予比你識別證上還高級別的安全許可認證，並投入先進設計職務。不久之後，當你的真實身份確認後，你的識別證再次升級，你從大廳晉升到這個星球上最秘密且複雜的道格拉斯智庫。你的安全等級有標註，表明你是聯繫（溝通）者之一。比爾，多年來我說過你能做到我們其他人不能做的事情，但這也只是一種感覺。」

（我的美國海軍任務直接由海軍部長福萊斯特下達一九四二年二月的「洛杉磯戰役」導致在海上找到一艘幽浮的殘骸，這造就了早期海軍投入幽浮技術的研發工作。隨後，一九四五年福萊斯特海軍部長決定通過建立「研究和發明辦公室」來正式授權。幾個月後，授權分發比爾湯普金斯到聖地亞哥海軍航空站擔任特殊職務。附圖這兩個文件規定了湯普金斯的工作範圍，後來適用於其他海軍航空站的特定勤務。）

克萊普補充道，「顧問團之一的威斯頓詹森博士（Weston Jensen）用完全沒有任何技術基礎的心態駁斥你大多數不合理的成就。一些外星人事件是如此令人難以置信，一切超越了夢幻——幾乎進入其他維度，以至於爭議大到國內的頂尖技術人員正試圖分析這些事件。」

IN REPLY REFER TO NO.

U.S. NAVAL AIR STATION
SAN DIEGO 35, CALIFORNIA

26 September 1945.

STATEMENT OF MISSION, TASKS AND OBJECTIVES

DISSEMINATOR OF AIRCRAFT RESEARCH AND INFORMATION

Shop 160 - Planning Division

WILLIAM M. THOMPKINS, USNR - 680-52-78

MISSION:- Under the direction of the Production Superintendent. In addition to reporting directly to the Production Superintendent, the Disseminator of Aircraft Research and Information shall also report to the Planning Division Superintendent and to the Chief Engineer to coordinate, compile and maintain a continuous survey of research and information relative to special equipment necessary in the repair and overhaul, experimental tests, and developmental work of aircraft, aircraft engines and their accessories.

此份備忘錄紀錄了比爾曾努力四年的工作

「我們目前還沒有對此進行確認，但也已經記錄了類似的遭遇。海軍史蒂夫麥克唐利將軍，在航母珊瑚海號東南太平洋戰區的作戰旗艦上，向NAVPAC發送請求，關切上個月他的三架戰機空中遭遇的內情。珊瑚海在智利蓬塔阿雷納斯以西一八〇海浬處進行訓練；三個，藍色亮點，新式格魯曼F9F噴氣戰機戰士們在二六〇〇〇英尺高的高空飛行，以三九〇海浬速度巡航，遇到兩艘銀色的外星戰鬥宇宙飛船緊貼進入我們的左梯隊，形成作戰位置四和五，經過飛行員認定他們的存在後，外星飛行員打破了陣型，向後轉一八〇度，然後飛進我們的主機一、二和三號飛機之間，幾乎碰觸到我們的翼尖。」

「的確，埃爾默，我在腦海中有那次遭遇的畫面。這是五個星期前，看到這彩色的畫面；我們的一位飛行員說我們飛得很近，近到我可以打開我的頂罩，走出我的翼尖，再走一步就是那個外星人的艙口，走到他的窗戶打他一拳，發現他們沒有鼻子。」

埃爾默繼續說道，「他們的速度提高到四二〇節，一個俯衝直接向沿海山脈飛去。我們的三架F9F緊追著，越過海岸線

OGC/PHH:hg/vc 19 May 1945

To: All Bureaus, Boards and Offices of the Navy Department
The Commandant, U. S. Marine Corps
The Commandant, U. S. Coast Guard

Subj: Office of Research and Inventions.

1. There is hereby established, in the Office of the Secretary of the Navy, the Office of Research and Inventions at the head of which shall be a Chief and an Assistant Chief, appointed by the Secretary of the Navy and designated, respectively, the Chief and the Assistant Chief of Research and Inventions. In addition to reporting directly to the Secretary of the Navy, the Chief of Research and Inventions shall also report to the Chief of Naval Operations. The orders of the Chief of Research and Inventions shall be considered as emanating from the Secretary of the Navy and shall have full force and effect as such.

Forestall 為比爾創建了一個研究發明辦公室

在距離山頂約四〇〇英尺的地方平飛，直接飛到太平洋邊的一側，東側沒有爆炸聲，也沒有任何飛行碎片。當我們的戰鬥機飛過群山頂時，他們看著這兩艘外星飛船表演特技，三個快翻，再由外圈往上爬。就像完成了一次他們的表演，像其他軍事外星幽浮船一樣，他們垂直飛入地球軌道，在他們準備降落停在地球軌道上的航天母艦時，可能還微笑一下。」

「這有沒有可能是一個外星人的全息影像圖？」我問道。

「不，那是真的。」

克萊普把頭抬到一邊。「你收到了嗎，比爾？」他問道。

「不，我不相信這些人說的話。」想想，他們是對的，我確實有看到東西，我知道我有在那裡。我飛了很久——沒有飛機，只有我——而且就進入星系。是的，我確實看到了沒人會相信的事情。「不，這只是胡說八道。誰告訴你們兩個這所有的事？不，想想，我們到底為誰工作？是這些博士餵養你們這些的嗎？」

「有許多領域的專家一直在幫助我們，」埃爾默說。

「不，埃爾默，是我們一直在幫助他們；他們正在利用我們，」我回答說。「該死，告訴我，是誰偷了我們所有的概念和建議？那些出現在會議室討論這些特殊專案的博士是誰？」

埃爾默插話道，「冷靜，比爾。」

我問道，「他們是技術顧問嗎？加州理工學院、SRI、噴射推進實驗室、諾斯洛普；還是臭鼬工廠？在上個月的會議上，我算了一下我以前從未見過的人共有十四個。埃爾默，為什麼沒有介紹？我們是誰，他們又是誰？告訴我。」

「比爾，你明白我不能回答這個問題，但是，總的來說，我們都有一些非常重要的東西得依賴他們生活。而這正是一項正在拯救這個星球上每個靈魂的計劃，」埃爾默以激動的語調回答道。

我猶豫了一會兒想想他們的論點，然後轉過頭看著他們。

「你有用語言表達的方式，但顯然那些影響我們的群體也可以。」他們倆得意地笑著。

「這是肯定的嗎？」惠頓問道。「你明白？」

我嘆了口氣。「是的，我明白。」

「很好，」惠頓說。「比爾，我們彼此都了解，我想讓你冷酷無情的進到裡面，並得以獲得能統領五百艘船戰鬥群的四星北歐海軍太空指揮官的信任。明白我的觀點嗎？我知道你可以做到這一點。」

「嘿，這是我的說詞，埃爾默，」我說。

「他們其中有些人一直在研究外星人的威脅已超過三年。他們會與我們分享他們的結論以及我們——還有你，再一起評估他們的觀點並建議一套行動計劃，」埃爾默總結道。

21.1 巴西安第斯山脈找到的幽浮殘骸

在我向 NASA 作簡報之前的阿波羅（一九六一年）計劃

在新的阿波羅會議室一位自稱是艾索倫森的代言人，凱利哈克曼（Kelly Hackman），就像要發表演講一樣登上講台，開始喋喋不休地談論時間表。我認為哈克曼是另一個自以為是的工程管理混蛋，他現在看起來像是飯店門口的小弟。

克里夫輕輕地向我伸出手肘，低聲說道，「誰讓那個混蛋來這裡？他超過一年從未在阿波羅會議上露面。」

「索倫森一定是又去度假五個月，」我回答道。

哈克曼說，「你無法做到這一點，比爾，這不是在 NASA 合約內的時間架構。他們的人員完全不了解，如果要上月球或火星將要採取什麼措施。」

「混蛋屁話，這個計劃怎麼進行下去。」我回答。

我老闆加里蘭斯頓（我猜在哈克曼之下）、克里夫諾蘭、拉爾夫馬龍和我修正了關於組合和增加阿波羅／NOVA 發射月球基地任務時間表的建議。這是我第二次改寫第二本小冊子。第一次我賣給 NASA 的是阿波羅各段垂直檢查和組裝；不知何故，哈克曼已經拿到一份體無完膚的副本。

「這不關你的事，哈克曼，」克里夫咆哮道。「誰讓你進來？」

與此同時，拉爾夫要求，「你是怎麼拿到副本的？」

加里（Gary）反擊說：「這不是你的責任。」

「你站哪一邊？」我問哈克曼。「是製造業付你工資的嗎？」

「是的，」拉爾夫說。「你可能是工程背景，但你對我們想要完成的一切總是持消極態度。」

但就在這一刻，傑西卡走了過來，這個金髮女郎看起來比以往任何時候都更令人驚艷，她頭上一條長長的厚馬尾辮往下一擺，搶了哈克曼手上的副本，並將其撕成兩半，扔在桌子上。

「我一直看著你偷偷摸摸的。承認吧；當她和加里在談話時，你從 Sherrie 桌子上偷走了副本；我是看到你這麼做，你這叛徒。」

「什麼？」拉爾夫看起來很震驚。「哈克曼，你現在應該離開。」

「不要問他，」傑西卡說。「踢他的屁股！」然後她轉向我。「所以，你很擔心在道格拉斯中有人故意搞砸阿波羅計劃嗎？嗯，你最好看看工程部上層。鎖定你老闆的老闆；哈克曼，一個婊子的兒子。順代一提，比爾，克萊姆博士再次陷入困境。只要你能在這裡解決問題，他就會要求你在先進設計中出席——我的意思是智庫。」

加里打斷道，「凱利是一名電子組長，五年前他是我們的其中一員。」

「廢話，」傑西卡補充道。她穿著一襲短裙站在那裡，雙手放在五英寸高跟鞋支撐的身體上，她的臀部和美腿以一種姿態展開，她說，「哦，有時你們這些人毫無男子氣概。你為什麼不去查是誰給哈克曼索倫森工作並解雇他們兩個？這樣你們就永遠不可能讓土星V登上月球，火星就更不用說了。「傑西卡抓著我的手臂，把我從椅子拉出。」

「我還沒有講完，」我抗議道。

但傑西卡並不在意，「比爾，我們來談計劃，我剛剛才完成了會議。智庫有麻煩，我們現在就去處理。」

哈克曼，就像一陣風，轉身離開了。

克里夫說：「比爾繼續；我們會按照你的新排程執行。」

拉爾夫有點慌，評論道，「哦，小伙子。」

「『我們』指的是什麼意思？」我問傑西卡。「你沒有獲得智庫先進設計的認可。」傑西卡穿著四英寸的高跟鞋快走著，「哦，的確，我有。小可愛，你玩阿波羅月球這玩意兒太久了。你跟那裡真正發生的事情脫節了，你現在要出來滅火，上緊發條。」

「嘿，那是我的台詞。」

「這就是我們要這麼去做的了」她說，「現在，我帶你用量子跳躍進入另一個空間」

「想想我們將怎麼做，」我諷刺地說道。「智庫裡沒有我們可以做的。此外，你，小女孩，你進不了那裡。」

「就像之前我說的那樣，比利，我不是小女孩。只要我想，我可以將你我都原子霧化，穿過那個他媽的智庫牆，然後我們就可以進去。」她的頭向後一傾，伸出舌頭並將她的安全卡插進新自動雙門的插槽中。

「好吧，小精靈，誰給你許可證？」

哈哈，她用雙手撥撥頭髮，馬尾辮消失了。「我永遠不會說的。」

「我不會上當，因為你又會再一個頭兩個大，」我說。

「我不會再為你做任何事。」

我們沿著智庫大廳走向系統實驗室，留下了拉爾夫和哈克曼解決他們彼此的分歧。

「嘿，」傑西卡說，「我不需要在這裡做任何事，因為我已完成我的工作。比利，你也沒有時間和克萊姆一起聊廢話，你的假期結束了；你是準備和我作愛還是要做其它的事。」

「還有什麼事？」

「你會知道的。」

我為她打開了實驗室門，然後她走進長長的大廳，她四英寸的高跟鞋在地板上啪搭啪搭的響著。她直奔由一群人圍聚在工作台上，某種透明的發光結構。很難看出那是什麼，視線被那群圍堵的人擋住了。

傑西卡比大多數人高一點，所以她和我望著他們的頭，但每個人都轉過身來看著傑西卡——她的出現總會引起注意。吉姆，是那十一個人中的其中一個，是我智庫的老伙計，笑著說，「我以前說過，」他在我耳邊低聲說，「但我必須再說一次，傑西卡很美。」

所有二十二隻眼睛盯著她完美型塑的笑容；她完美無瑕，有金黃色的頭髮；她令人驚豔的藍眼睛，大而深沉。

「不，男孩們，」傑西卡說，「這不是派對時間，星期五才是。」

克萊姆博士，穿著白色工作服，伸出手，「很高興你終於成功了，比爾。我是看在傑西卡的魅力才讓你再進到這裡的。」

「每次都在工作，」我感受到實驗室裡的軍事明星——也許是一個三星，不，是一個穿著四星便服的。的確，實際上有兩個人都穿便服，我覺得是將軍或海軍上將，來自海軍研究辦公室或海軍情報局。「我們在這裡作什麼？」

「早期評估我們推斷它可能是通信系統的一部分，」克萊姆博士說。「它是從一艘在巴西安第斯山脈墜毀的幽浮中找到的。」

「總共有五個部份，」該團隊的一位成員說。「似乎仍在運作中。」

「好吧，這兩個中心單位都有，」其他人補充道。「較大的一個在閃動，是某種代碼或信息。」

其他人插話說：「不是信息，它像代碼一樣重複著；它出現的樣子就像是全部整組五個部份焊接在一起。」

「不，它們看起來像是一起的，」另一個說，「兩個較小的更靈活，他們看起來像是不同的材質。」

我認為如果他們是用金屬做的，我想像他們是有機結構體的內部器官。

「不，我認為那些是一起的，就像厚透明管一樣，電線沒有接頭，它似乎是較小單位的一部分。可能是一種奇怪的銀紫色？」另一個人說。

「對我來說，看起來更像銀藍色。」

「你們都錯了，」我說。「它們都是透明的銀色。你們怎麼拿到這些的？」

「我們間接拿到的，」第一個人說。「一架智利 DC-3 和一架玻利維亞 DC-4 前往波哥大回收殘骸。我們從他們那裡拿到的，用智利報紙包著，打包放進木頭填充箱裡。」

「那是什麼味道？」

「我認為是硫磺。」

我注意到大中心體正在移動。「它正在轉動，」我喊道，但很快就停下來了。

「我看到了！」吉姆確認道。「它接近至另一個大的，移動了大約四厘米。」

那物體已經折彎了所有三根粗連接線（或管子——我認為有些電線可能是某種光纖）。

「這就像卡爾在埃爾塞貢多工廠的設備一樣，」吉姆說。「那粗線可能是某種天線。」

「在事故發生後，這些按鈕已經關閉，」其中一名男子說。「也許數據都保留了。」

「這光閃動的時間有多長？」我問道，看著流過燈管的顏色。外部電線在尖端處移動著，一個人指著那尖端表示，那就是碰撞時被切斷的地方。

這一刻令人滿意，這些人最終花時間介紹這一切，我是對的：有兩名海軍上將在實驗室；其中一位是CIA勢利小人，波斯先生；另一位是埃爾默，我們在那裡的副總；當然，還有我們的艾索倫森、赫特林博士、詹森博士和埃爾塞貢多的梅菲爾德（Mayfield）博士。

「天啊！中心還在動，」我說。「我覺得該死的東西還活著！」

「這是做什麼的？這裡不是實驗室。」波斯喊著。

我很驚訝，但克萊姆控制了局勢。「退後一步，大家，」他說。「從飛行測試來的保羅湯普森（Paul Thompson）先把這帶給我，梅菲爾德博士今天早上再將它帶到實驗室。」

「他到底是誰。」波斯用手指指著，「我現在就把它帶到巴爾的摩。」

「請中央情報局退出，依法律我有百分之九十的所有權。這是克萊姆博士的私人財產，」傑西卡一下溜了進來，她用雙手甩了甩頭髮，這時四個穿著便服的海岸巡邏員從屋尾進入。

「對不起，先生，」海軍上將說。「表演結束了，這裡是海軍情報局先進研究材料實驗室。」之後，房間裡的海軍人員用黑布遮住了那物體後，就全數一起消失了。

「很快，」我說，「我為傑西卡感到驕傲，因為他就站在那四星上將的位置。」我也忍不住的告訴她。

「傑西卡不再是你的小女孩了，比爾，」克萊姆換了一個姿態說。「我會給她雙倍的薪水，她現在是我的助手。」

21.2 梵蒂岡秘密檔案的揭曉

這有點難以接受——是的——也不合時宜。回想一九五三年那美麗的女孩？經歷了一年多的蜜月期之後，我的小金髮和我在「山谷」的好萊塢山上買了一間非常現代化的新家。她是天主教徒，持續的蜜月期使我在某種程度上也受感化。每個星期天我們都會去位於伍德蘭希爾斯的文圖拉大道上的聖米爾斯教堂，一座未來主義A框架建築。我在道格拉斯智庫花了10個小時把玩著外星人的東西之後，我與我親愛的小甜心共進晚餐，也學習如何成為一名優秀的天主教徒。

在我上課的第一個晚上，就像我們剛開始時一樣，梅斯卡爾神父（第二位指揮）輕拍我的肩膀，他招手要我跟著他走出課堂。我們沿著大廳走了很久，才走到教區長的辦公室，梅斯卡爾神父輕輕地敲了一扇門，然後門開了；我們進到一間大辦公室，門再關上並鎖上。聖米爾斯區（St.Mills）的主管奧康納神父（Father O'Conner）向我點點頭，在一張打字機的大桌子旁邊，有兩位穿著考究的年輕女士；還有六張寬大的皮椅，兩側各有三張，彼此相對著。三個穿著傳統棕色長袍的僧侶，戴著帽子，正面對著奧康納神父。奧康納神父指示我坐在一張空椅子上。每個人都有筆記本和鉛筆，在前排的僧侶面前有堆疊的文件和照片。我可以看到在三個和尚背後的地板上，放著一個舊而髒、已打開的文檔盒。

這會議沒有任何介紹或目的說明，奧康納神父指示桌子左側的僧侶（第一個僧侶）面向我們。

他說，「這需要很長時間，開始。」

現在這個時候，我完全不知道我在這裡做什麼，或者這些天主教僧侶在這裡做什麼。僧人拿起幾張照片，將它們分堆並面向我們。在過去的十八個月中，他的管區中接觸過七十六個外星人，分別在三個不同區的小區域內遭遇過這些事件。

然而，其中有十五個涉及鬼面石像的實體，身體是毛茸茸的部分人身和部分動物身。他們都可以站起來，但跑起來像狗，有著馬頭和巨大像齒的東面，橙紅色似昆蟲的眼睛。他們有被看到在吞噬小孩、狗、貓和其他活的動物。一開始描述得並不是很清楚，但每個僧侶以概述的形式呈現他們的外星人遭遇經驗。接著，他們撕掉文件和照片，發出清晰且驚訝的聲音，僧人提供了詳細的說明，記錄了數百次不同的遭遇。每個人都提出他們的完整遭遇，並將所有類型分類整理在一個表中。他們第二次再又一次地述說其它的遭遇經驗，把每次遭遇都很詳細的解說。

第二位僧侶來自巴西中部，也遭遇過類似的事件。他對於超過一百四十個不明飛行物實體的遭遇中，陳述得很好；他們有小的身體、大頭和昆蟲的眼睛。他解釋說亞馬遜河從安第斯山脈的東邊向河流有數百條較小的河流和支流，一直向東流到大西洋。在亞馬遜兩岸的叢林中——北部和南部，但主要是南部——有一些通常沒有被食人魚群佔據的河流和溪流。但是當人們看到不明飛行物潛入這些較小的流域，成千上萬的食人魚會游到這些地方吞噬較小的當地魚、小孩和動物，孩子們甚至沒有時間求救。這個地區有另一個奇怪的現象是，看到吞噬食人魚群中有非常大的貓狀魚！

第三個也用我們的語言，支持第一和第二位的說法。他說有輛大型幽浮停在（漂浮）離農舍附近八公里處上空，很多人在看到後似乎感到困惑。幾個穿潛水裝的外星人正在周圍小心走動著，根本沒注意到有三十個市民看到他們。某種程度，我認為他是在說潛水員非常緩慢地從漂浮的幽浮底部出現。

因此在我看來，奧康納神父在天主教中比普通教區的牧師更為重要。這是一項重要的高階天主教組織所主持的技術歷史學家調查。他們正在記錄一種整合／令人難以置信的敵對外星人，滲透進入他們的大主教管區。這些外星人可能已經存在了好幾年，但在一九五四年他們似乎已經遍佈整個南美洲。數百名僧侶和牧師正在追蹤這一顯著事件，他們記錄著這目擊事件，由修道院收集這些信息。有人支付這三名僧侶飛往洛杉磯，在聖馬克斯的禮拜堂秘密會面，並將這一切記錄給奧康納神父和我。

為什麼我被選上參與了解他們的發現？誰選我參與這個任務？聖馬克斯沒有人在道格拉斯智囊團中，知道我「超越」絕密的外星背景。我甚至不是天主教徒！為什麼我在這個時候被選中，當時的我應該是學習如何成為一名天主教徒？為什麼他們在我上主日學（schooling）的時候，正好舉行這樣的會議？我從不曾參加如何學習成為大主教徒的任何課程。然而，幾個星期後，奧康納神父笑著向我和其他所有新人投擲聖水。我現在是一個天主教徒了。梵蒂岡秘密檔案，這個重要令人難以置信的文檔紀錄，讓我目睹；文檔紀錄對我公開是否已經回答了我所有的提問？

第㉒章

調整阿波羅月球火星計劃提案／向馮布朗簡報成功

從我在開普敦角遇到的最後一項阿波羅計劃錯誤中，我問傑西卡，「可以請你把我們完全重新設計的阿波羅月球火星計劃提案中，所有主要項目圈點出來嗎？」

「比爾，我差不多完成了。」

我放鬆地躺在椅子上，「明天上午八點安排會議。」

她的聲音回應說：「要在哪裡開？在提案會議室會不會更好？」

我挺直身子說：「不，太公開了。我們這次使用智庫會議室。」

「好的。現在，沒有總公司的人可以進入那裡。這次你一切都想好了嗎？」

「是的傑西卡，我想當我把我們的建議提交給亨茨維爾的頂級 NASA 人員時，絕對確定每件可能發生的事都包括在內，不會有任何閃失。」

「了解，比爾。我甚至會帶克萊姆博士和保羅布曼（Paul Bremen）來。保羅是好人，我們從亨茨維爾外場辦事處過來那周他就在這裡。」

我想到涉及一個受質疑的問題人物（保羅），打了個哆嗦，「不，如果他真不知道我正在向亨茨維爾的 NASA 高層人士所提出的提案，這樣對他會比較好。這樣我也會跳過道格拉斯亨茨維爾外場辦事處的公司副總裁。」

在開發案的簡報中，我們準備了一份包括重建整個 NASA 阿波羅計劃所需的文件，內容包括影響所有 NASA 及其承包商計劃變更的四大主計劃。我們需要標準化作業。

我開玩笑說，「傑西卡，也許你可以走後門，把我裝在箱子裡送到馮布勞恩的辦公室，如何？」當我聽到她的手指通過電話敲擊桌子時，她笑了起來，「隨時都可，比利寶貝。」聽傑西卡講完後，我把電話放在接收器上。

第二天早上，每個人都在智庫會議室裡，手上都有準備好的提案文件，找位子坐下；我們都在對空互喊，幾乎說同樣的話，我能感覺到氣氛凝重，我有信心這次我們真的能成功。對整件事的期待確實是如此，但有人會擔心，某些事或某人會在齒輪上拋出一個震撼彈讓整件事情搞砸。

「早上八點十分，比爾，我們的咖啡時間。」

克里夫，我的頭號男子是一名引人注目的年輕人，只有六英尺高一點，留著整齊的金髮。他示意我說：「這是準備了一年的工作，讓我們把這個提議先放到一邊。」

我想到這次會議真的有所不同。我明白如果總公司對我們的提議說不，我們就得改變整個月球計劃；我們可能因為挑戰 NASA 而被解僱。但我們真的想要這樣作嗎？

接續我的想法，傑西卡說：「時間是至關重要的，就是現在。」傑西卡接著俯身揉揉肩膀。她把手放在我臉上，轉向她後盯著我眼睛看。微笑著，嘴唇不動，用心電感應的方式說，「該死，這最好要通過，否則你的小屁股會開花。」

我環顧四周，看看是否還有其他人在關注我們。我看到她的嘴唇動了一下，「你這是什麼意思？」傑西卡滿懷信心地說：「是的，這非常重要，適當的分階段。把他們的注意力全集中到你這，比利寶貝，進而完成交易。你必須戲劇化地在恰當的時刻將阿波羅模型系統控制中心頂部的藍布抽掉，再將他們的腳甩開。將他們拉回來後；再將它們指向月球的正確方向。」

我讀了她的咒語後突然笑了笑，「傑西卡，這是你給我最大的演講舞台。」

我轉過房間說：「各位，你們都知道這裡有什麼危險；我們現在就要成功，否則再五百年我們也不會上月球。」

拉爾夫走進來，緊張地揉著他肥肉的手指，「好吧，也許不會那麼久，但比爾是對的：我們不能錯過任何我們真正需要的資產。」

「我們再來看看吧，」克利夫說。

我跟大家強調說，「我們已經簡化了阿波羅的火箭，這在月球上出任務時將會表現出色。我們現在建議的紙上作業必須具體實施，之後，對月球和火星的生產任務才能成功。我們的四項提案必須透過現在的 NASA 實施：(1)垂直裝配和檢測大樓概念，(2)劇院式發射控制建築概念，(3)系統工程標準化管理與開發計劃，以及(4)設施標準化和管理計劃。」

我站起來說，「我們準備好向 NASA 作簡報。我們必須讓阿波羅的危機停止，該計畫和所有承包商必須圍繞這些任務進行重組。我們向 NASA 解釋，我們已經建立了 S-IVB 阿波羅發射系統垂直裝配反劇院系統檢測中心的比例模型概念，並將其安裝在 6 × 6 未標記的箱子中，其中還包括我們的所有提案文檔。該案和所有簡報文件都運到了洛杉磯國際機場，傑西卡為我和文件箱都買了來回票。我們將秘密地將箱子存放在聯航 DC-8 中，目的地是阿拉巴馬州亨茨維爾。」該小組開始互相交談。我利用頭腦還清楚時開始整理文書。我的腦海裡迴盪著，「我的信會發到道格拉斯亨茨維爾外地辦事處，這是試圖要給在 NASA 總部的某人看的。你不需要看。」

當會議室裡的每個人都在說話時，傑西卡用心電感應對我說，我是在沒有支援的情況下單獨完成這個提案。「你，比利寶貝，在亨茨維爾降落後，將穿著三件頭正式西裝，白襯衫打領帶，租用一台你從未開過的十噸重的敞篷車。出租人會看著你有點搞笑：穿著西裝駕駛卡車？他會問你是否有任何問題需要幫忙。」

「你會說『沒有』，然後再開車去機場航運區，記得上緊發條。去找你的大灰箱：機場管理員將把它裝在你的卡車上並將之固定妥當。你就可以獨自開車穿越繁忙的亨茨維爾區，前往這個星球上最機密的軍事基地之一——紅石兵工廠。

「你下高速公路後，將通往基地入口大門的通道。不要停下來，因為大門將打開，讓你直接開過去，會經過四名手拿自動步槍的軍衛。

「他們不會要你停下來。你甚至不會因攜帶持有大型無標記灰色板條箱，裡頭可能因為裝有A炸彈而可能炸毀整個基地而受挑戰。開車經過重型基地後，在路邊標誌暫停並開始，通過陸軍坦克車隊的安全車輛，每個人都會看著你，沒有人會把步槍指向你的頭，要求你停下來。

「進入馮布勞恩塔也不會有麻煩，但你會發現這將是另一回事；樹木覆蓋了一切。你將無法看到塔。別擔心，當你開車進入一片空地時會覺得有趣。馮布勞恩的白色樓塔就會在你面前。繼續沿著圓環開，周圍是美國國旗圍成的一個半透明的納粹標誌。你就停在十二層樓的台階前，那裡就是馮布勞恩塔。

「其中四名保安人員將他們的步槍放下，離開他們的崗位後會將一個推車推到你的卡車上。他們將走向你，你會以為他們在向你致敬，但不是，他們會拆下側面卡車的圍欄。

「把箱子從卡車上抬起來，放到小車上，然後抬起來進入大廳，經過安全登記後，到右側進入敞開的電梯門到頂樓。

「門將通向一個非常寬敞的大廳，小車將越過馮布勞恩的秘書。她將在左側，而庫爾特德布斯博士的秘書將在右側。你會進入一個巨大會議室，將辦公室與地球上最重要的兩個太空人區分開來。

「士兵們將打開箱子，精心拆除覆蓋在模型上的藍色布。當他們拿起模型時，兩位秘書將把另一塊藍布帶入會議室，並在會議桌上展開。

「士兵們將把沉重的模型抬起，輕搬到第二塊布上，動作熟稔到似乎已經排練過十幾次，他們離開該地區時沒有人會質疑任何事情！

「德布斯博士將從他的辦公室走出來，伸出手臂。他會向你揮手說：『我是庫爾特德布斯；你能做到這一點真好。』他會邀請你進入他們的會議室，就像馮布朗博士一樣，兩人從辦公室準備進入會議室。

「請記住，道格拉斯聖莫尼卡或我們的亨茨維爾外地辦事處幾乎沒有人會這樣做，記得你是與NASA最高人士的暗訪會議。道格拉斯聖莫尼卡沒人會暗示你要改變整個阿波羅登月計劃。」

我完全忘記了傑西卡用心電感應所對我說的一切，就像我從來沒有聽過一樣。

我們在道格拉斯的智囊團會議結束後；我和傑西卡之間有一種互相了解的感覺，這在過去從未有過的經驗。

是的，這就是我的旅行和簡報——完全改寫阿波羅月亮和火星計劃——

這是白帽外星人工作的另一個案例。他們不只是監視我和他人，或者監視著我們一步步進入星系的進展；他們還會專門控制他們認為會發生的重大事件，以滿足他們的任務。也就是說，從技術上來看是在幫助我們，他們希望幫助我們為美國海軍太空系統開發提供部署和操作深空戰鬥所需的工具能力，這將與具攻擊性的北歐海軍任務相結合來對抗黑帽外星人。

22.1 人類史上最大星球技術工程報告

從來不要嘗試像這樣的東西

在聯航 DC-8 航班飛往 NASA 總部在阿拉巴馬州亨茨維爾的紅石兵工廠的途中，我當時大汗淋漓。我的模型就在我的腳下，飛機的貨艙內。我一度擔心（與我參與其他內部高級將軍和海軍上將的主要簡報時不同。）在作主要武器系統提報時，會有公司的副總裁以及六到八個專業博士支持我。今天，我提出了人類在這個星球歷史上曾經嘗試過的最大技術工程報告。就只有我一個人。

馮布勞恩的辦公室由一位秘書監督。我立刻意想到辦公室有一個經常使用的大床。他還有一個女人在哪裡，一個情婦。而且，是的，這女孩是不同的；他們第一次在德國見面時她那時十五歲；現在二十多歲，她的名字叫康妮。個子高，我覺得她一定可以是一個非常有吸引力的女人。同時，基於一些奇怪的理由，這次非表定的會議就是現在這一場。康妮看似一座雕像，有金色的頭髮配著馬尾辮，穿著一件真正短而緊身的紅色連衣裙，露出幾乎全長的美腿。康妮先進會議室，馮布勞恩緊跟著她。

她用一種略帶關注的聲音說：「我是康妮，這是馮布勞恩博士，他是一位先知，也是世界上第一位進銀河系的實行者。」

我沒有和他握手，看著她經典的外表，我很感興趣，但最重要的是，我注意到這一點儘管臉上帶著半溫暖的笑容，但她眼中看起來仍然很危險。馮布勞恩就不同了；高個、語帶沙啞、頭髮光亮，是一位穿著黑色西裝具嚴厲面孔的男人。我幾乎看不到近乎透明的紅色SS臂綁在他左臂上，我以為他要揮出他的右手臂說「勝利萬歲！」，同時點擊他的鞋跟。

德布斯博士和馮布勞恩瞥了一眼他們漂亮會議桌上，藍色布料的東西。出於某種原因，我完全放鬆了，想著我應該告訴他們多少事情。

我應該給他們一些東西嗎？說一點點花絮，是為了激起他們的胃口？我玩弄了幾個方法。「先生們早安！」我開始說道。

「我是道格拉斯的比爾湯普金斯。今天早上我在這，要向大家展示一條避開陷阱的道路，以讓我們登上月球。」

我聽到了一些低沉的回應。我捕捉到當德布斯博士向斯泰西（Stacy）示意打開她的墊子時，在他眼中閃過的一絲光芒，並詳細記錄著，「這將會很好。」

我開始逐行概述我計劃的細節：「我們道格拉斯一些人認為我們用你們的計劃，跟沒有計劃一樣將無法到達那裡。」馮布勞恩抬起頭看著康妮作確認，並開始移開他的座位，我的發言讓馮布勞恩非常不舒服。

康妮問道，「你怎麼這麼肯定？」

「因為在我們進行第一節脫離之前，你的思維方法是行不通的。」

我停了一會兒，把我埋在心中的話一次講完。

我把簡報筆指向視圖裝置，繼續提報，「這是大西洋導彈靶場的 C-1B 設施需求。為了達到目的，我們需要審查三十四、三十七射場和擬議的三十九射場設施。我建議的是土星段在密封的白色房裡——低和高海灣裝配區射前測試不應該是水平的，要改成垂直的。」

馮布勞恩博士之後羞怯地承認，「我們在 V-2、A-4、A-9 以及 A-10 導彈在水平下自測時有發生過問題，所以不作垂直發射。」

我點頭同意，然後往下一個主題報告，「我已經檢查了三十四、三十七複合射場的潛在問題。我們也開發了一種電子檢測、受控計算機的封裝概念，這是簡報中下一階段的一部分。基本上我們檢測和射控已經完全改用自動化，這個系統很容易適用於研發階段所剩餘在舊碉堡的使用。」

比爾的一項特殊天分就是設計射控大樓

我之後向他們展示我的 SM-42107 報告：「我手中的這份文件是土星 S-IVB 的『自動電子檢測控制設備封裝概念。』本文件描述了道格拉斯電子控制設備模組化封裝概念，以支援地面設備。為構思這些想法，我的團隊在後勤方面將這些在邏輯上變得更生活化。」

看著房間四周，馮布勞解開襯衫的領扣，鬆開領帶。

即便到目前為止，IBM 仍在使用他們的 Data Star 超級電腦，採用與我 SM-42107 概念一樣的測試電腦程式存儲模組機架和配置。

我接著說：「我們建議為三十九複合射場，建立一個劇院階梯概念式的指揮控制發射中心，以取代原先的發射區，以及 NOVA 發射中心和休斯頓任務控制中心。各位，每站都將使用與我們現在相同的電腦控制系統設備。現在使用的這套計算機化系統，將不適合以前原提案的碉堡屋。」

我停了一會兒，伸手拿起斯泰西提供的水，然後列出一些證據，「我們將在亨廷頓海灘系統、我們的生產測檢L形模組，以及薩克拉門托測檢和發動機測試中心使用這些整合設施概念。我們建議在三十九複合射場使用我們的L形模組垂直測檢。我們建議其他段承包商也這麼做，這也是我們對整個阿波羅計劃標準化的一部分。」

我向他們展示了美國空軍戰略司令部的照片，SAC 郵報報導：「這是一個埋在地下十二層樓的建築，上有噴泉。這是我在道格拉斯先進設計中設計的一個核硬站點設施，採用相同的階梯式劇院概念。」（附圖是我設計的草圖。）

我看著投影片，「請看手上的講義。這些是 NASA 提出的土星系統設施，建議由道格拉斯作工程管理。在我們的管理下，這也將包含建築和分包工程設計設施。」

當我展開我的十四英尺長的流程圖時。我轉向德布斯博士說：「我可以借用你的秘書來幫我解決這個問題嗎？」

德布斯博士向她示意；她點點頭走向我。「我很樂意幫忙，」她低聲說著。我接著解釋說，「這是 WS315A 雷神／三角洲武器系統發展計劃的副本。我們需要在模組化的基礎上，設計所有可以接受變化的東西。一切都需要這種最小的電路模式設計板，包括載體、設施。這分為四個階段：(1)概念階段；(2)定義階段；(3)武獲階段；(4)作戰階段。這將用於整個在歐洲部署的彈道導彈系統開發，我們建議這套系統管理技術可用於整個阿波羅生產開發計劃。對於不同的版本，我們甚至也可以用在行星和深空任務。這將迫使我們在道格拉斯和所有其他承包商，記錄我們及其發展的每個階段。」

德布斯博士立刻明白了這一點並說：「這將用在阿波羅登月計劃。」

我笑了，我知道我已經成功銷售了我的想法。我補充道，「等等，好消息還在後頭。」

我說，「這是你提出的整個阿波羅登月計劃的財務報表，這顯示我們現在需要一七五億美元以開發該計劃。道格拉斯利用我們推薦的四個系統所進行分析的成本，將降至十四億；標準化就是我們概念的關鍵。」

我看到德布斯博士眼中有另一道閃光，他示意斯泰西打開她的文件。她取出了一份正式的文件拿給我看，並顯示一個大標題：WHAT IF「如果？」我做了我唯一能想到的是：把我計劃好的簡報呈現出來。

德布斯博士令人印象深刻。他說，「我從未見過準備的如此好、有條理、流暢的簡報。這概念特別能回答我月球計劃最重要的問題，這將是我的靠山。」他摟著我補充道，「你是我WHAT IF概念的王子。」

德布斯博士向我解釋說：「我認為整個計劃中的所有內容都好像有潛在的問題。在倒數計時之前，整個計劃的每部分都需要處理假設失誤的狀態，以防萬一，以免它真的失敗。比爾，像波音和北美那樣所呈現的概念設計簡報，我們會永遠無法登上月球。」接著他舉起雙臂大聲喊道，「講得好！」

他的讚美持續了三個半小時，而馮布勞恩博士對劇院式的射控概念印象深刻。他說，「我想更深入了解你的劇院概念及其後勤如何運作。此外，它的系統工程管理又將如何運作？」

我回答說：「我非常想花時間向你解釋。」他接著說，「我來找我的工作人員，我們來看看你的簡報圖表和模型。」

德布斯博士喊道，「不！我等一下會安排請湯普金斯向我們的工作人員介紹狀況。」

馮布勞恩博士看了一臉驚喜，然後退一步。他被釘了個釘子，隨後我才意識到德布斯博士才是這個秀場的主持人。

德布斯博士在那次提案中有意識地決定告訴我，所有這四份文件應該是NASA的月球計劃實行細則。他印象非常深刻，「你們這些人能了解我們在你概念中的位置是離奇的，同時你們的數量級比我們發佈生產計劃中正要做的事情還更具全面性。你剛剛回答了所有我們一直以來所面臨的潛在問題，我將指導我的員工為道格拉斯系統工程統整合約，以在這裡實施你所有的四個概念。你完全自動化檢測和發射理念精彩之極！這些系統必須實施。鮑勃史密斯（導演和NASA的第三號人物）會很生氣！這改變了一切。」

馮布勞恩後來離開了，德布斯博士和我仍在討論問題，「我們從頭到尾都需要這個，不僅僅是你的。如果！如果！你正在用雙電腦及多個系統解決問題！這是天才！我們必須在每個層面上進行標準化。」

德布斯博士接著拿起系統工程管理發展計劃，把計畫案放在桌上說：「這可以用於未來阿波羅和NOVA任務的整體發展。」他看到了每階段的運作中所能利用的想法，以讓他計劃中的員工及所有承包商去執行。他對我的想法非常著迷，問道：「你是怎麼想出這個偉大的計劃發展準則的？」

我接著回答說：「我們為THOR導彈發展計劃制定了這套準則，這能迫使我們找到可能出錯的一切。」

問了幾個問題之後，他說，「這是一個用來開發阿波羅計劃令人難以置信的完美工具。等等，這不是由一個小組完成的。你不只是在賣別人的想法，這一定是你的想法。你成功了，對吧？」

我接著告訴他，「我已經完成了這項開發的原始編程。」

他問道：「你是誰？你今天沒有會議，也沒人授權你來這裡。你在道格拉斯做什麼？」

我說，「我是 SIVB 檢測和發射系統的工程組長，我也是多年來一直在從事先進設計，為太陽系星系任務設計太空飛行器。」

德布斯博士回答說：「你提交給我的每一樣都是我們執行阿波羅計劃之前必須要做的事。克萊斯勒、波音、北美、格魯曼的想法都充滿了漏洞，甚至不值得我花時間傾聽他們報告。他們到處都可以建議，但沒有一個計劃。他們看細節但卻看不到整個系統。」

我說，「記得道格拉斯設計的 S-IVB 節，技術上是支援登月模組，這是土星V火箭中最複雜的階段之一。這需要分離、運輸和對接演練；J-2 發動機會在前往月球軌道的途中重新啟動。此外，激活姿態控制引擎以完成月球模組的軌道微調，為包含服務艙及指揮艙做準備。它們都是完成任務的要角。

他說，「我知道，我知道，我知道！他們錯過了我們想做的事情。」我們花了兩個半小時來審查一切。他握握手然後說：「我讓你加入我的發射行動委員會、三十九複合射場設施規劃委員會和任務規劃委員會。那麼，我希望你在技術上可以諮詢我的系統管理委員會、任務控制委員會、設施和綜合小組、發射行動工作組、檢測計劃辦公室和發射計劃辦公室。」

這有點利益衝突。我是發射行動委員會的唯一承包商。所以，德布斯博士來到我的會議上，讓我向所有執行道格拉斯提案的 NASA 組織進行簡報。

22.2 新墨西哥州墜毀不明飛行物材料，蘊含著有價值的外星技術，領先地球系統至少有數百年之久

我知道 NASA 的高層屬絕密等級，我解釋了我們所理解的外星因素對阿波羅任務的影響。當時，在一九四七年，當今，賴特——帕特森空軍基地收藏了在新墨西哥州發現的墜毀不明飛行物材料，這些東西放置在大機庫地板上。我們知道這些結構中包含著有價值的外星技術，似乎領先我們的系統有數百年之久，當時找來所有飛機公司的頂級設計師說：「用你們的逆向工程技術，來辨別操作系統、控制、推進、通信、穩定、材料系統，並確切建立它們的工作方式。」

他們也替很多公司提供線索；甚至向 IBM 提出，如果他們能搞清楚一些類似電子組件的東西，並複製出來可申請專利權。在道格拉斯評估之後，我們後來使用了幽浮修改版的微晶片和電路板，用於我們的阿波羅 S-IVB 火箭和地面支援測試和發射系統。

德布斯博士點點頭，而馮布朗博士在簡報中似乎顯得不安。我認為所有的承包商應使用此設備作為標準化推理的一部分。我也提到傑克諾斯洛普一直在設計和建造飛行翼，他個人曾親自到墜毀飛碟現場去看過。

德布斯博士對我們這不請自來的概念提案表現出濃厚的興趣，這將提供給 NASA 以更可靠的方法來完成月球和行星任務。作為 S-IVB 系統檢測控制中心的模型，放在會議桌中央，馮布朗博士一進來馬上問道：「這是我們的三十九複合射場射控中心的雛型嗎？很美麗。你從哪裡拿到那些控制桌台？」

我回答了他的問題，告訴他我的設計方式讓我有信心，認為阿波羅的發射控制建築物內應該已經配置好了。德布斯博士插嘴說道：「我很好奇你的概念介紹，請繼續。」

（在下面一張圖上顯示八月二十八日 NASA 備忘錄的頁面副本，以此證明作者比爾湯普金斯做了這次的介紹。）我們離開了紅石兵工廠，去一家餐館吃晚飯。我們坐在包廂裡看著賽雷娜（Sharon）的姐姐在另個包廂排長隊。有一位華麗、高大的金髮女郎，穿著當天的制服，一套迷你裙。她和一個穿著西裝的高個男在一起。在她起身之前，就如往常一般地，看著我微笑著。她起身到化妝室間。當回來時，她走到展台，把手放在桌上。向所有人說，「我認為你做得對。」然後她回到位子上，兩個就離開了。

德布斯博士問：「那到底是誰？」

我很快回答說：「我不知道，我到處都看到他們。我在水晶城海軍懷尼米港（Hueneme）導彈試驗站、奧蘭多聯合 DC-6，在洛杉磯國際機場的鮑勃大男孩和可可海灘的一個酒吧，都見過他們。她可能是機密計劃的其中一位女孩。」

德布斯接著說，「好吧！無論如何，我想知道你是如何提出所有這些多元化的概念。」

我解釋說，「我在先進設計領域工作了五到七年，在克萊姆博士下與數百名同事一起，試圖設計非傳統推進方案，以開發到達其他星系的太空船。這些都是電磁的、反重力的、離子的，以及核子火箭系統。」

德布斯博士驚呼：「這正是我們一直在尋找的想法。這是機密信息，我想暫時保留給自己。我們有一個從一九五〇年經一九八〇年到一九九〇年的發佈時間表，按計劃每年有七十五個阿波羅發射。我希望你能在這停留一周，想介紹我的幾位頂級員工給你認識。如果可以，我想保留你的模型和我辦公室裡的信息。通過這種方式，我們可以介紹給員工，並對所有在作三十九複合射場周邊的承包商，保持一定的機密和內部控管。」

我接著笑著說：「德布斯博士……」他喊道，「別這樣叫我！叫我庫爾特，我叫你比爾。」我們聊了幾個小時，直到餐廳打烊我們才離開。

那天晚上我到了酒店，前往前台領取鑰匙，他們給了我兩個字母。當我到達房間時，我的胃痛。我一進房間就打電話，話筒拿了起來。「你好？」一位女士回應：「比爾，你知道我是誰，不要太過分。你目前做得很好。他接受了嗎？」

在我回答之前，她說，「他已經接受了，暫時不要過頭了，好，保持聯繫。」她掛斷了電話。

我留意到床頭櫃上的電話閃著紅色，所以我按下按鈕，聽取了道格拉斯場區辦公室的六則留言。一則是抱怨，「你好，這是亨茨維爾場站副總裁。我們需要你明天早上七點來辦公室。」基本上他們要解僱我，因為我越級報告並與美國 NASA 的高層密談。那天晚上我沒睡好。第二天早上，庫爾特和我在他 Kraut Hill 的家中吃早餐。他告訴我，「我已請秘書取消了本週的所有會議。我希望你把昨天你告訴我的事情對我的員工和部門主管全部再走過一遍。」

他拿起電話；把手放在擴音器上，然後對我說：「我在線上，史密斯。我要求他今天早上實施你的 L 形模組，以及在星期五之前完成其他的任務。而且，是的，比爾，你是在執行我的任務。在我們開車回你所說的那袋蛇（如你所稱的）前，我們還可再喝一杯咖啡。」

我想看看我們在這裡可作些什麼。我們這個星球上最重要的兩個太空專家給我四十分鐘來表達，我對新月球一切標準化的概念，以解決整個 NASA 月球／行星四十年生產發射的任務計劃；這非常受歡迎。

回想著我的簡報，作為 Space Beltway 推銷員的馮布朗博士說，「你的整體概念聽起來像是很好的方法。」說完他就起身去吃過時的午餐。

德布斯博士是 NASA 的真正大腦，他和我在會議室裡回顧我的概念設計，待了將近三個小時。我們離開基地後，吃了一頓過時的午飯。德布斯博士對我的提案著了迷，我們繼續討論這種巨大變化的後果，不僅對 NASA，也對所有專業承包商和數以千計的分包商。

他說，「這是我們必須做的，但波音和北美肯定會生氣。」

我們整個晚上就在討論這些變化。他對我印象非常深刻，因為我回答了他自月球、火星和星球計劃開始以來，他最關心的一些問題。

22.3 未經授權就進入了全軍最高機密的紅石兵工廠簡報，令上級火大

在接下來的幾天，德布斯博士為我安排了幾次會議，把我們的道格拉斯概念向NASA各部的高階主官進行簡要報告。我在酒店裡收到很多來自聖塔莫尼卡公司和道格拉斯雷德斯通阿森納外場的留言，當然，他們都沒有出席我的簡報會。

我的簡報沒有獲得工程副總裁的批准，但是當我回到道格拉斯導彈和太空系統所的時候，他有給予肯定。但是，當然，在那個時候，我並沒有意識到製造所對道格拉斯的巨大控制力。他們持著大棒子控制著一切。

在我的簡報會後第三天，我們在亨茨維爾的代表之一鮑勃打電話給我，「製造業副總裁在DAC亨茨維爾野戰站嚷嚷著。」他對著他們說，「到底是那個他媽的工程師和NASA的兩位頂尖傢伙交談？他告訴他們，我將不得不使用他道格拉斯工程公司那些該死的測試設備。我已經更新了整個分包商製造測試設備，仍在不斷更新中！那該死的製圖員逼我得放下我已安排好的日程。」

他真正的意思是他將不得不取消所有「桌面下」的合約交易，那些老酒友的測試設備製造商讓他過著拉斯維加斯的生活方式，我吸了一口氣。他接著說，製造業認為：「NASA永遠無法接受像

他那樣的時間表。他媽的這個混蛋工程師是誰？解僱這婊子和他媽的工程副總裁，他們兩個將搞砸我的製造合約。」

最終我與德布斯博士及其他工作人員的簡報結束了，我再回到聖莫尼卡。當我到達並進入聖莫尼卡道格拉斯大廈時，我聽到了這個消息。我的老闆加里蘭斯頓臉上帶著嚴肅的表情走到我面前說：「消息已傳遍全廠，你被解雇了。」

我的心沉到地板上，但我注意到他眼中還有一絲希望。接著他說：「拿著你的外套，我們去喝杯咖啡。」這就是我們在沒有壓力下討論事情的方式，我們大多時候都在咖啡館討論。他問道，「到底是怎麼回事？」我解釋了德布斯博士向我傳達的所有信息。加里非常興奮，他幾乎認為整個計劃仍在進行中。他甚至感到驚訝的是，我未經授權就進入了全軍最高機密的紅石兵工廠。在談話結束時他說，「工廠裡的每個人都以為你被解雇了，但你不是。」

我們回到辦公室與工程人員討論我的旅行報告。當然，組內的每個人都很興奮。我的一個組員克利夫諾蘭喜出忘外，「讓我們來慶祝吧！我們的理念已上市了。」我的律師拉爾夫馬龍說，他就像是我的父親一樣，「我為你感到驕傲，比爾。」

那天晚上，我們都喝了幾杯酒，對於 NASA 接受我們的想法致敬。

他們寫了一份日期為一九六二年八月三十一日的備忘錄，說明我們的 DAC 概念「相對較新」。就如插圖名單上包含我、Dick Summerl（鮑勃伍德博士的同事，鮑勃伍德博士是本書的編輯）的分發列表。我是 NASA 發射工作行動當時工作組中的合法成員。接下來我們花了八個月的時間，以確認在薩克拉門托的 SIVB 和三十九複合射場的設施需求，我們從德布斯博士那裡獲得了價值三六〇〇萬美元的系統工程合約。所以，現在我沒被解僱，我是英雄！我們仔細研究了不少報告，讓道格拉斯總公司得以再提供詳細建議給 NASA，其中包括(1)整體系統管理計劃，(2)完整的設施開發合約，(3)所有的標準化承包商和分包商階段硬體，以及(4)在海角的設計和控制發射作業，以及在休斯頓的任務控制。在我回到道格拉斯之後，整整一年的時間阿波羅系統把我們全組整合起來，安置在設施組之下。通過設施組組長 J.Tiedemann，我們所有同仁，上下一心地都完成工作了。

我曾經到道格拉斯總公司辦

SUBJECT: Meeting with Douglas Aircraft Company (DAC) on Equipment Packaging — Aug. 30, 1962

Distribution:

Attendees

DAC - S/ESE	Mr. H. H. Eby
DAC - S/ESE	Mr. R. Ramon
DAC - S/ESE	Mr. E. Campbell
DAC - Saturn Project Office	Mr. R. H. Summerl
DAC - S/ESE	Mr. W. Tompkins
M-ASTR-ES	Mr. G. P. Barr
M-ASTR-ES	Mr. B. M. Saunders
M-QUAL-C	Mr. R. G. Penny
M-QUAL-C	Mr. R. L. Smith, Jr.
M-QUAL-EC	Mr. S. D. Ebneter
M-QUAL-EC	Mr. T. N. Vann
M-QUAL-MT	Mr. Charles Lovell
M-QUAL-QG	Mr. Dudley Reese
M-QUAL-PS	Mr. L. Kirby
M-SAT-S-IVB	Mr. J. C. Hughes

Others

M-ASTR-E	Mr. Fichtner
M-ASTR-E	Mr. Aden
M-QUAL-DIR	Mr. Grau
M-QUAL-E	Mr. Wittmann
M-QUAL-P	Mr. C. Brooks
M-QUAL-M	Mr. Urbanski
M-QUAL-Q	Mr. Brien
M-QUAL-S	Mr. Rice
M-TEST-DIR	Mr. Heimburg
M-TEST- T	Mr. Driscoll
M-TEST- E	Mr. Auter

此名單顯示比爾正式出席了 NASA 的會議

公室向首席副總裁提出這些建議。在簡報中我不斷提出，我的部門所發展出的訊息，就是我們要主動出價的原因，這內部消息是以 NASA 管理層的信息和德布斯博士所提供的為基礎，當時我就在他的發射行動委員會任職。我有內部獨家消息，我們所需要的就只是要他們點頭。我們試圖拼命地向總公司解釋我們有內部優勢，以及相關想法已付諸行動。我們在電腦控制檢測和發射系統的技術，已遠遠領先其它競爭者，將近有十年以上的時間。不幸的是，當貝爾電話公司（Bell Telephone）、波音、北美、洛克達因和格魯曼抓著這個機會的時候，我們自己把時間耽誤掉了。

南加州當時是航空航天中心，宜人的天氣和穩定的經濟使該地區成為工業重鎮。由於我的想法和設計修改幅度太大，整個計劃就從我手中丟失了。航太公司搬到德州的休斯頓，副總統詹森為了兌現他對德州肉桶政治的承諾，提振了德州的經濟。整個景氣瘋狂地大改變。我們所有的基地版圖都在加州，到目前為止，加州的研究室還是比較大。

第㉓章

透過心電感應完成任務「驅動」不可能的外星計劃

驅動我

要試圖確定我腦中所有這些思想和觀念的發展方式和來源，確實是一個很難回答的問題。在智庫初期，他們剛來找我，我就是接受了；到後來，我有時會質疑這件事。工程人員會說，「比爾，你動搖了。」這並不表示我給出的解決方案是不可行的。這反而是驅動我完成計劃不可思議的方式。我必須強調「驅動」這個詞。外星人提供給我的想法超越現實甚遠。然而，外星人來地球可能是有任務的，某些人已被技術性的選中，並透過他心通來完成這些任務，這在我生命中已成真。

要理解百分之九十八的科學家和工程師都是專家，對我來說是困難的；對他們而言，要了解其他工程領域的重要性也是不容易的；更別提整個計劃將如何運作。

即使對我自己部門的人員，我也得不斷通過向他們提供資訊來創造工作熱誠，以應付計劃中的主要任務，像月球、行星基地和深空星際任務的變動狀況就是。有些工程師根本無法接受這樣的狀況，他們無法想像我們進入太空任務的重要性；我們的載人火星任務似乎是難以讓他們接受的計畫。假想你是一名系統工程師看到總計劃全貌、大局，而那就是你的工作；顯然，我是以大局為重的人。我看到了難以克服的問題，構思了一套解決方案，獨自向這個星球上 NASA 的頂級人物兜售這套方案，果然奏效。

23.1 阿波羅計劃所有操作站已使用道格拉斯降階式劇院及 S-IV 發射系統集結成控制中心模型

我再次指導員工採用我們已經設計好的概念和規範，並協助我將其重新整理成四個主動提議交給道格拉斯的管理部門。結果，再一次，把我已構思完善和發展妥當的概念提報給總公司。我先有概念，再建立粗糙模型；然後再讓參與工程的每個人更快地理解我的想法。之後，我有一個詳細的模型，再送到五角大樓。我把目標對準空軍和海軍，提出一個全新的武器系統概念，讓他們更了解我們的建議。基本上，我會用簡報的方式給客戶。正如我之前所說的，在我向 NASA 高層作簡報時，我把道格拉斯降階式劇院及 S-IV 發射系統集結成控制中心模型，建了一個大型的 6 × 6 英尺比例模擬概念模型。我向 NASA 報告，我們在道格拉斯已經於阿波羅計劃的每個操作站使用該系統。

我繼續把我的構想向 NASA 提出建議，我認為德布斯博士和馮布勞恩博士應該使用我多年前推薦的指揮控制概念，通過整合成為一套完整的命令發射中心。我告訴他們要丟棄他們的地下碉堡指揮發射中心，在具有劇院式佈置的建築物中，回到火箭組裝建築位置。德布斯博士在 NASA 總部保留了我的控制模型，拿去教育他的高級部門主管。

加里蘭斯頓全力支持，但他的老闆哈羅德波特工程副總裁說：「比爾，你不能這麼做；這將危及我們的 S-IVB 合約。總公司製造部說，『你無法改變整個阿波羅登月計劃！』」他們拒絕買單。

我回答說：「我已經改變了，同時已被 NASA 批准。這是一場前所未有的可靠性載具，進入太空的計劃產品發表會。我知道沒有其他人看到這個問題；也沒有人用宏觀的角度看大局。」

23.2 阿波羅計劃再修正案，慘遭否決！

所以，一九六三年四月十五日，有著 A.V 史密斯的支持，我把給 NASA 的簡報簡化後，提供了一份副本給道格拉斯總公司。我做這個方案，解釋了我對 NASA 月球發展計劃的研究中，披露著 NASA 某部門對計劃內容完全缺乏了解的狀況。大家期待 NASA 是工業界的領導，並決定產業的工作。這真是瘋了，道格拉斯製造管理公司等著被告知該怎麼作。波音正在努力向德布斯博士提報全面管理的提案，以便設計和管理整個登月計劃。波音的營銷繼續保持其地位，以便讓工業界「能夠實現比 NASA 更有效率的計劃。」

波音公司甚至為在大西洋導彈靶場、C-1B 設施三十四、三十七複合式和提案中的三十九射場，甚至所有火箭裝配和發射建築的全面管理檢查和發射活動提出建議案——但波音從未參與其中的案子，因為除了舊的和現在被排除的克萊斯勒固體火箭加力器，道格拉斯是所有早期阿波羅計劃的唯一承包商。DAC工程評論說：「克萊斯勒是C-1和C-2段的加力器建造者，而不是波音。」

我早在八個月前向NASA的簡報中就解釋過，試圖用這個三十七複式發射場的服務塔，對土星V運載火箭進行一些非開放式的配置，原先開放式配置是不可行的。這個愚蠢的結構概念，就像在開放的環境下，永遠不能運作。我們不得不回到無塵室空間，這不僅適用於阿波羅火箭的S-IVB首節垂直檢測站，也可用於最終組裝和備有完整的空調，以能夠承受五級颶風垂直檢查建築。道格拉斯為S-IVB階段設計的三十九複式發射場，也必須具有同等的品質受控環境。

有人再度打斷我說：「製造業的那一批人肯定不會這麼做。」

我想，「哦，的確，但你一定會。」我繼續說明阿波羅計劃的每一項操作——從最小的微晶片到一個三六〇英尺高的土星V阿波羅登月火箭——這都必須在無塵室的受控環境中進行。為滿足德布斯博士的生產發射時程，設計垂直裝配建築是先決條件，這得以在左側添加額外相同的三十九複式發射場垂直裝配區與S-IVB階段一起，也可以添加L形組裝模組和北美S-II節到建築的另一側。我們完全沒有NASA對預期提案的說明資料，針對工程上的了解，NASA無法管理像阿波羅登月計劃那樣複雜的案子。

他們期待來自工業界的領導，道格拉斯製造業正在等待爸爸告訴他們要做什麼。爸爸不知道該怎麼辦，我們自己必須提出整個月球計劃並將其交給 NASA 位於阿拉巴馬州亨茨維爾總部的德布斯博士。NASA 給道格拉斯針對特別組裝大樓的需求合約，是完全無法接受的。

我在所有空軍和海軍導彈計劃的連續檢測和發射系統中，不斷遇到不同的問題——例如當火箭水平位置檢測時——所有系統最終會正常運作，但以空軍 WS-315 IRBM 為例，豎立到垂直位置時——許多電子系統都會失靈——因為火箭在水平檢測位置和垂直檢測時的位置是不同的。沒有現場經驗的波音公司都不會意識到這一點，或意識到其他數百種的系統問題。

「停止這爛議題，」其中一個傢伙拿著他的文件衝出會議室說。

會議的氣氛是低迷的，令人非常生畏，感覺邪惡到令我冒冷汗。我們必須明白，備忘錄中所有這些人都不是傻瓜；幾乎所有人都是副總裁階級。在會議開始前，他們是否已下定決心不去那裡？道格拉斯歷史上最有利可圖的未來三十年，是否有人在影響他們，讓他們眼睛目盲？除了美國之外，誰將引領我們進入銀河系？他們為什麼要退出這個巨大的機會呢？爬行動物現在控制了整個總公司嗎？

23.3 引起騷動的簡報備忘錄

此簡報備忘記錄是由主持產品規劃委員會的會議記錄員查爾斯 W. 赫頓所作的，會議紀錄如附表。據我所知，道格拉斯是阿波羅計劃的承包商，負責卡拉維爾角的生產發射營運，在工業領域有著獨特的地位。更不用提及外星女孩透過心電感應的協助模式了。

23.4 繼續開發所有的 NASA 管理建議，以接管 NASA 大部分對行星阿波羅／NOVA 產品的發射任務

在德布斯和馮布勞恩博士接受我改變阿波羅計劃的所有建議之後，德布斯博士建議，我們——在我組裡——要繼續開發所有的 NASA 管理建議，主要是為了能接管 NASA 大部分對行星阿波羅／NOVA 產品的發射任務。

MEMORANDUM

: Product Planning Committee Members DATE: April 15, 1963

: Charles W. Hutton, A-110

JECT: MINUTES OF PRODUCT PLANNING COMMITTEE MEETI[illegible]

PIES TO: H. E. Pitcher, A2-112; A. V. Smith. A4-770; H. M. Wal[illegible]

ENDEES: C. R. Able VP, H. E. Pitcher VP, N. T. Weller, R. L. Johnson VP, A. V. Smith, P. Horton VP, W M Tompkins, C. W. Hutton VP, H. M Wales

PUBLICATIONS CORRESPONDENCE CONTROL

The meeting was called to discuss a possible Douglas role as facilities manager on NASA Saturn programs

Alex Smith, W M Tompkins, and Harlan Pitcher presented [illegible] outline of potential plans for a NASA Facilities Management Program, showing proposed launch site locations and checkout building plans. Certain statements by, and discussions held with, various NASA officials indicate that this effort is of such magnitude that it will be necessary to place a contract with industry for all or portions of, this program similar to the Pan American contract for management of Canaveral Validity of the requirement was verified by Mr. Tompkins who is a member of the L.O.C. Facilities Working Group headed by Dr. Debus, Director of L.O.C. for NASA.

It was stated that Douglas has a unique position in being the only industrial contractor conducting launch operations at the Cape and therefore possesses management and facilities experience of the type required to do this job (Also brought to the meeting, but not presented due to lack of time, was a summary of the Douglas work in the development of the total design and packaging of a complete command and control complex from physical layout through sophisticated design details of items such as consoles, cabinets, and even flooring and ventilation. The advanced techniques of these Douglas designs appear to hold promise of substantially improved reliability, efficiency of operation and lower cost, and might represent millions of dollars of potential business for MSSD, independent of the facilities management opportunity which was the subject of the meeting).

此份內部備忘錄顯示著湯普金斯引起騷動的演講

23.5 爬蟲類破壞計劃，阿波羅完蛋了！

大眾和道格拉斯管理層對阿波羅登月計劃的理解都是：派人到月球、降落、拍照、收集岩石，然後返回地球。然而，這不是 NASA 的阿波羅月球計劃，而且從來不是。任務中只有少數參與的主要人員知道阿波羅登月計劃的真正目的。其他人，當看到真相時，會忽視這件事並醞釀失敗。真

相是什麼？我要回答這個問題。

回到道格拉斯，在工程上，我已經被德布斯博士指派到他的 NASA 阿波羅任務計劃下，發射運行委員會和設施營運委員會中。我的團隊已經第三次改寫我們團隊的「目標」手冊。這是為了能熟悉道格拉斯管理公司在阿波羅／NOVA 任務，設施營運管理、服務及生產發射計劃中所擁有的巨大潛在生產業務。

此外，我的團隊是在智庫支援下，進行超大型海軍戰鬥巡洋艦設計，使用電磁和／或電系反重力推進，以在其中找到平衡，實現到達阿爾法半人馬座和其他十一個近地恆星的能力。在一九六〇年代，幾乎沒有人能夠理解這些任務的價值。

當我與總公司磨合破滅之後，發生了另一件奇怪的事情。

「現在到底發生了什麼事？」克里夫厭惡地舉起雙手問：「我們組內另外兩名團隊工程師失蹤了，」拉爾夫回答道。「他們去哪裡了？」

「當我們打電話到他們家時，電話接不通。他們的鄰居表示我們的大型無標記卡車在晚上來過，拆除了所有東西後，房子變成待售屋。」

「誰是這背後的藏鏡人呢？」克利夫問道。

拉爾夫說：「上週我再次看到了來自西塞羅的兩名製造員工。比爾你記得嗎？去年這兩個混蛋爬行動物搞砸了我們與製造業合開的 S-IVB 檢測程序會議？」

我回答說：「道格拉斯製造管理的最高層，一定是爬行動物。他們阻止我們實施我提交給道格拉斯所有和 NASA 到月球和火星有關的計劃管理任務？」

「這有可能是在所有辦公室的戈柏（Goldberg）所為的嗎？」拉爾夫補充道。「他比較偏向製造而非工程。」克利夫說：「他只在薩克拉門託的 S-IVB 測試台上發表過；但從未在我們新的亨廷頓海灘檢測中心——甚至亨茨維爾或卡拉維爾角／可可海灘為三十四、三十七和擬議的三十九號複式射場參與過系統整合設施的任何測試。」

幾天後，傑西卡在早上七點到我們團隊，她沒有用調皮的微笑向我打招呼。「傑西卡在哪兒？」我問道。

「你還在薩克拉門托擔任測試總監時；她通常星期一不會來，」拉爾夫回答。

「兩天不在這裡，都沒有人找我？」

「我們不想讓你擔心。」克利夫說。「她的手機壞了，我星期一早上去她住處。她的經理和我一起去；她的一些東西不在了，像她的行李箱就是。她的經理覺得她應該是去旅行。比爾，我們都很擔心。」

「克利夫，你讓我擔心。」我說。

「似乎有人不斷逼迫我們的頂級員工和高級工程師從道格拉斯離職，」拉爾夫說，試圖緩和傑西卡離開的打擊。我必須用心電感應與她聯繫。但此刻不是那麼的專業，我並沒有成功。

克里夫說，「比爾，我上週一嘗試過，但也沒用，所以我打電話給海軍情報的海軍上將柯林斯，他曾與你共事過。海軍上將當天上午就開始搜查。」

鮑勃在談話中跳起來，「嘿，你們，搞結構的 Art Dunseith 說他看到了標妥的工程組織結構圖，上面有你和比爾，你們已被晉升一層；還有你，克里夫，也在那裡。但我沒看到你在哪裡就是了，拉爾夫。」

克利夫說：「是時候了；我們花了三年一直在進行整個阿波羅計劃系統。」

「我們得回到製造業的問題，」克利夫補充道。

「一定是那些爬行動物通過心電感應，把我們的人驅離開道格拉斯的。」

「講的好，拉爾夫，」克利夫補充道。「我認為這是他媽的總公司製造處的副總，派他們的爬蟲類團伙破壞我們的團隊。」

想傑西卡的同時，我說：「你們說的對，這是同一件事。阿波羅完蛋了，如果我們現在不解決這個問題，再五百年我們也離不開這個星球了。」

第㉔章 一九六三年德布斯博士的建議

當我離開道格拉斯智庫，德布斯博士建議我去北美航空公司

「你知道這是誰嗎？」傑西卡心電感應告訴我說。「嘿，比利，我正在執行另一項任務；聽說你被踢出了道格拉斯製造業。道格拉斯那些真是混蛋；不用擔心，你仍然在德布斯博士的任務規劃委員會中。現在打電話給他，他會給你下一個任務。你在那裡會很開心。」

我問她，「你在哪裡？」

她說，「銀河系第 45001 象限，沒有像我們過去那樣有趣。」

我問，「那是哪裡？」

「就在獵戶座的隔壁，快打給德布斯博士，一切都已確定。哎呦，我的指揮官在喊我，我得走了，愛你。」

由於我一年前主動改變了整個阿波羅登月計劃，當時被道格拉斯革職。因為我越級報告，我向這個星球上負責太空任務最重要的兩個人：德布斯博士和 NASA 負責人馮布朗博士報告。他們跳過道格拉斯製造部門的門檻，接受我的系統工程和標準化的概念。我成了罪人，導致他們革除原排程的人。德布斯博士對我深度了解外星文明威脅和把阿波羅和海軍任務務實化的深刻印象，進而任命我為他的任務控管、發射控管成員和進入設施規劃委員會。在我任職北美航空公司、洛克達因公司（NAA 的一個部門）和核子學公司（也是 NAA 的一個部門）的高級技術研究主管的一週後，我打給德布斯博士。

我向 NASA 提交的包括一個概念和部分內容：如果利用我的計劃去登月，我們可以使用現有的洛克達因液體火箭發動機來達成。這些也可以支持海軍探索太陽系行星及其他月球任務。然而，海軍的任務需求是要完全不同的推進系統，正如我在一九五四年回顧道格拉斯智庫中的研究所做的那樣。所有這一切都是最高機密，所以德布斯博士在不違反安全機制下，很難解釋我的任務應該是什麼。他說，「比爾，我們都知道我們和外星人的競爭差太遠了，我們落後太多了。」

「肯定的，」我同意。「如果可能的話，你必須使用你曾經用過的相同技術，正如海軍上將康納所說的那樣，走辦公室後門並『讓他們登艦。』每個人都在局內，但卻忙錯了方向；你懂我的意思。」

他補充道，「比爾，你必須讓他們退回來。我希望今年春天能恢復，這是你的使命，我們都知道它的重要性。」

我完全理解他的意思。通用電器、西屋電器（Westinghouse）、噴射推進實驗室、康維爾（Convair）、波音和北美他們都在設計、建造和測試大規模用於海軍航天器巡洋艦的核推進發動機：北美航空還成立了核子學部門。德布斯博士透過電話不能說什麼，我們倆很明顯就是：發展反重力推進器。

24.1 離開地球，到另一顆恆星去吧！

核子學公司是洛克達因（或NAA）的一個部門，這要看你從哪個立場來看這公司。這是我的一種愛好，就如我的新秘書蒂芙尼（Tiffany）所說的那樣。她說：「他們都是在一九六四年六月一日組織結構圖中參與相關項目和計劃的團隊管理人員。實際上，你這裡到處都是他媽的圖表，這就是為什麼你需要我這個星球上最令人嚮往的女人，還有那個為你效勞的婊子貝麗塔（Brittany）。」

「的確，我的名字在先進技術，如離子、電磁、反重力推進、所有阿波羅、雷神阿特拉斯、F-1、H-1、J-2、P4-1、雙子座、LEM下降、核空間發動機、核噴嘴系統、Phoebus進料系統、研究計劃、阿波羅S-II階段、SE-5、中段、質子、太空引擎、太空材料等領域幾乎都看得到，我在道格拉斯智庫工作了十二年，」我說。

蒂芙尼回答說，「這就是這個部門所需要的所有需求。」

我無視她冷漠地說，「這真是太奇怪了，蒂芙尼。你還記得 CSI 和我告訴過你，在一九五三年回 NAA 的沃爾特里德爾博士嗎？」

「嗯，是；他是洛克達因的一位頂尖人物。」

「做個好女孩，幫我把他找回來，好嗎？檢視一下並從這張表中找看看哪些是我們可以用逆向工程來完成的。」

「我檢查所有的場外會議和實驗室，這些就是一切會發生的地方；不在工程所內。」

「你的意思是外星人的事，對嗎？好吧，以後不要叫我是你的小女孩：我有五呎七寸高而不是四英寸。」

「好吧，蒂芙尼，你聽聽，這是剛剛發生的事。我一直在考慮從道格拉斯轉到北美和洛克達因，我覺得我已經離開這個星球一段時間了；像在道格拉斯和洛克達因期間那三個月，就像我去了一個不同的銀河系，實際上我一周就回來了。在絕望之際，嘗試開發必要的系統過程中，我和你曾一起陷入了困境，因此讓我們所有人離開這星球是必要的，是的，轉移到另一顆恆星去。」

「好吧，比利，我不會和其他人做愛，但如果只是你，親愛的，和我一起到其他有拉斯維加斯的不錯星球，我已經準備好了，我們可以一直他媽的玩下去。」

她繼續說道：「但是，我應該幫助你分析他媽的所有這些任務圖表，確定哪些是可行的、哪些只是垃圾，哪些工作是真的，讓我們回星空去。」

「蒂芙尼，且慢，回到星空？」你究竟為誰工作？你跟那個道格拉斯的殭屍有關係嗎？我不會洩漏的。

「不，蒂芙尼；你剛才描述了貝麗塔的任務，而你的工作就是讓我擺脫困境。」

蒂芙尼回答說：「這從來都不是我的行事風格，而且我是自找麻煩。」她繼續說道，「那個貝麗塔（Brittany）婊子雖然只是一名行政職員。順便一提，她還是沒有將鋼圈焊接到我們的文件櫃上，因為那些笨重的L型鋼條可以保護我們文件櫃裡的密件。」

「貝麗塔不是焊工，蒂芙尼，你知道的。」

「好吧，比利，她上週在談話中跳出來，當安全問題整個爆發時，我們一個都逃不掉，因為我們不符合他們的安全規範。」

「她說她能自己焊接；你聽到她說的。」

「哦，蒂芙尼，如果你不夠可愛，你就無法擺脫這裡一半以上的事情。」

蒂芙尼絮絮叨叨地說著，「安全部門認為，我們必須在本月五日要有那些可拆卸生鏽的L型鋼棒，加上接在我們的鋼製文件櫃的頂部和底部，以及所有二十組的組合鎖支撐環焊在我們的機密文件櫃上，現在已經是二十九號了，貝麗塔也真是一名慢速焊工。如果她真聰明，她該給我們一些有內置鎖的文件櫃；比利你知道，就像我爸爸的銀行一樣，那裡只塗上鮮豔的粉紅色和紫色的花朵。」

「哦，小伙子，我是不是遇到麻煩了？」

24.2 在過去的十九年裡，我一直在受外星人影響的組織中工作

如我所說，在我離開道格拉斯之後，我開始在北美航空公司洛克達因和加州卡諾加公園的核子學公司工作；我授命為設施計劃研究代表。

「誰的任務？」蒂芙尼問我。

「蒂芙，德布斯博士想要你，我和貝麗塔就繼續我在道格拉斯智庫海軍深入銀河系的工作。」

我在洛克達因開發了不一樣的非常規推進系統，那是我在道格拉斯先進設計智庫——十二年前的工作，當時我與克萊姆博士研究離子、電測和重力推進。

我帶著全國航空協會（NAA）阿波羅 S-II 節計劃辦公室團隊更新 NASA（德布斯博士的）的生產發射操作，及追蹤以月亮為基地的所有海軍兩千人所需的整體設備。

我是核子學公司所有機密核推進系統的設施計劃代表，這個組織結構圖顯示著我是洛克達因設施計劃的七個專案代表之一。此外，還有一個在眾行星上的極機密海軍載體火箭燃料站代表，我被指定為計劃代表，代表所有高秘密先進技術計劃；也被指定為設施代表，代表 Phoebus 核子太空引擎系統。

我還授命為極秘密離子、電磁和反重力推進計劃的設施代表，在內華達州亞卡臺地（Yucca Flats）核試驗場和白沙發動機測試中心設有測試和操作設施。有點不尋常的是，回到道格拉斯我做

了離子和核動力航天船的概念研究，我使用道格拉斯／蘭德公司的數據，確定了洛克達因替海軍太空船和太空船開發核推進力的研究要求，用同一個亞卡臺地的設備測試。我們經常交換液體火箭和核動力之間設計和測試數據，主要在努力減少開發時間。

因為我有阿波羅／土星總計劃的任務、發射和操作相關知識，所以我監測和修改了加利福尼亞雷東多海灘上，北美分部系統整合設施的土星 S-II 節介面。該系統是我當年在道格拉斯設計的，具有低艙垂直組裝的功能，以支援他們在卡納維拉爾角的 S-IVB 節阿波羅發射中心的火箭。這是用我的 L 形模組，位於垂直裝配大樓的一側稱為「穀倉」大樓裡，其後是世界上最大的阿波羅土星 V 火箭生產發射大樓用作 S-2 節段組裝、系統

ROCKETDYNE
A DIVISION OF NORTH AMERICAN AVIATION, INC.

PROJECT & PROGRAM MANAGEMENT TEAM PERSONNEL
JUNE 1, 1964
APPROVED D. M. Girard
D. M. GIRARD
ADMINISTRATOR, ORGANIZATION PLANNING

	PROJECT MANAGERS	PROGRAM MANAGERS				PROGRAM REPRESENTATIVES					CONTRACTS & PROPOSALS ADMINISTRATORS		PROJECT ENGINEERS	
PROGRAM		LIQUID ROCKET DIVISION	SPACE ENGINES	NUCLIONICS	RESEARCH ORD. ENG. (O)	FACILITIES	MATERIAL	MFG.	LOGISTICS	QUALITY CONTROL	PROGRAM	CONTRACT	LIQUID ROCKET DIV.	SPACE ENGINES (SE) NUCLIONICS (N) ORD. ENG. (O)
ADVANCED TECHNOLOGY		R. A. BYRON				W. TOMPKINS	W. BEURHAUS	E. GILCHRIST			W. BUCHANAN	A. HAGERMAN	D. HWANG	
APOLLO			L. C. CLAUSEN			D. BARR	C. BURNS	R. JOY	R. KELLY	S. SIRCHUK	A. PIETROWSKI (E. BOYD)	I. YORK (D. VERNON)		C. A. HAUENSTEIN APOLLO (SE)
AR			E. WEISE			D. BARR	D. SOMSON	L. DEXTER	R. KELLY	J. McWILLIAMS	A. PIETROWSKI (E. KUBIC)	A. HAGERMAN	R. AGULIA E. BEDEL- * THOR-VERN	D. F. FERRIS (ACTG) (SE)
ATLAS-THOR		J. J. GRIFFIN * F. KLATT, JR.				W. M. TOMPKINS ** K. ANGELOFF	W. PAYLOR ** K. ENGELDINGER	H. HAYS ** W. BRIGHT	E. PICTON ** R. FREEBORN	W. BOKOVOY ** M. CURREY	W. BUCHANAN ** H. BEHYMER	A. HAGERMAN ** M. WAEGER	A. ZACHARY-MA-2-3 A. KAWAWER, MA-5, FLOX ** W. PALMQUIST	
F-1	D. E. ALDRICH * D. SANCHINI					N. F. GARTON (PROJ. ADM.)	R. O. WILLIAMS	F. H. WALTERS	R. W. TAYLOR (PROJ. ADM.)	W. BOKOVOY (PROJ. ADM.)	J. OWSLEY	J. OWSLEY	T. BENHAM	
STRUCTURAL PLASTICS			E. WIESE			D. BARR	E. BLAKE	F. LIVERMOTT	R. KELLY	W. BOKOVOY	J. SMITH (J. WALKER)	H. HOVER		
GEMINI			L. E. STEWART * S. WILKER * A. J. VALENTE			D. BARR	G. HAWKINS M. HIEGEL	G. MILLER, JR.	R. KELLY	R. VANDENBERG	A. PIETROWSKI (W. WOFFORD)	I. YORK (J. CHURCH)		R. HELSEL (SE)
H-1		O. I. THORSEN * J. FLEMING				W. M. TOMPKINS ** K. ANGELOFF	D. SOMSON ** K. ENGELDINGER	D. DENSMORE ** W. BRIGHT	D. PICTON ** R. FREEBORN		W. BUCHANAN ** H. BEHYMER	A. HAGERMAN ** M. WAEGER	D. JOHNSON ** V. WILLIS (REP)	
J-2	N. C. REUEL * P. D. CASTENHOLZ					J. A. SCHULKE (PROJ. ADM.)	C. P. KISH	D. S. HAXTON	J. M. McCOY (PROJ. ADM.)	L. L. ALLEN (PROJ. ADM.)	A. DeCANNIERE	A. DeCANNIERE	W. WILHELM	
LANCE	T. R. MARKS					TO BE ASSIGNED	TO BE ASSIGNED	J. A. SCHULTZ		E. F. HAGAR	F. B. PETRIE	F. B. PETRIE		R. T. GOE (O)
LEM DESCENT			L. MILLER			D. BARR	R. DRAKE	B. SCHMITT	R. KELLY	L. BUELL	A. PIETROWSKI (E. KUBIC)	I. YORK (D. VANDIVER)		F. JENNINGS (SE)
NUCLEAR NOZZLE SYSTEMS				W. E. BOND		W. M. TOMPKINS	W. B. BEURHAUS	E. GILCHRIST		J. P. ONESTY	W. SMITH	W. SMITH		J. STASSINOS (N)
P4-1			L. E. STEWART			D. BARR ** K. ANGELOFF	** K. ENGELDINGER	** W. BARBER	R. KELLY	** D. MITCHELL	A. PIETROWSKI ** H. BEHYMER	I. YORK ** M. WAEGER		C. A. HAUENSTEIN (SE)
PHOEBUS FEED SYSTEM				J. ARMSTRONG		W. M. TOMPKINS	W. B. BEURHAUS	E. GILCHRIST	J. M. McCOY (ACTG)	C. PAYNE	W. SMITH	W. SMITH		W. MABE (N)
RESEARCH PROGRAMS					S. GREENFIELD	W. M. TOMPKINS	R. LAMBERT	E. GILCHRIST	J. M. McCOY (ACTG)		W. SMITH	W. SMITH		
S-II VALVES		P. A. YOUNT				W. M. TOMKINS	W. B. BEURHAUS (EXP)	E. GILCHRIST		L. L. ALLEN	W. BUCHANAN (K. EICHLER)	A. HAGERMAN (B. V. McKINNEY)		
SE-5			P. BUERGIN			D. BARR	P. MULLANE	N. TURNES		B. POSTON	A. PIETROWSKI (S. ELLIS)	I. YORK (J. McGAHAN)		P. BUERGIN (ACTG) (SE)
TRANSTAGE			B. McNEILL			D. BARR	P. MULLANE	A. WARD	R. KELLY	C. KEESLING	A. PIETROWSKI (W. DAGLE)	I. YORK (L. ALBERT)		R. S. MARTINEZ (SE)

* ASSISTANT PROJECT OR PROGRAM MANAGER
** NEOSHO (COORD)

REPORT ALL CHANGES TO ORGANIZATION PLANNING D/099, EXT. 2536
SEE REVERSE SIDE

CHART NO. 14

比爾宣稱他知道的很多，以至於一人分飾七角

和檢測之用。

不，我今天早上不在洛克達因。我站在位於加州亨廷頓海灘 NAA 的阿波羅 S-II 節生產組裝和檢測大樓的頂層，那是我於一九五八年在道格拉斯設計，並出售給德布斯博士作為標準化的阿波羅L形模組，配以下階梯式控制中心組裝和檢測的結構。尚在建構中的三十九號複式射場系統也是如此。

我在 Wilson Rentals 遇到了 NATA 建築代表戴維斯（Robert Davis）、以及他們的系統檢測專家和火箭製造經理亞瑟泰赫蘭（Arthur Teheran）。

「嘿，兄弟們，這裡！」我指著另一個L形模組建築，在施工噪音中喊著，於此，從阿波羅火箭的內陸運輸公路到海軍航運碼頭，以運輸我們的 S-II 節火箭，然後再到正在建構中的卡拉維爾角（開普敦）的 NASA 發射中心。那是我們道格拉斯 S-IVB 生產組裝和檢測大樓，已經完工了。

戴維斯抱怨道，「你在阿波羅計劃中有沒有設計過什麼？」

「好吧，鮑比，沒有多少；只是導引系統中的幾個微晶片，有我的想法在裡面。」

亞瑟說，「你們道格拉斯都是同個樣子，你肯定來自另一個世界。」

回到洛克達因，貝麗塔真是不可思議。她正在準備我的行程和我進入絕密的內華達州 Jackass Flat 離子測試中心所必須有的東西。我之前看她像一個花瓶。她感覺到我正盯著她美麗長腿間濕的地方看，貝麗塔頑皮地笑了起來，她是銀河系中最可愛的金髮北歐辣妹之一。她用心電感應讀著我的心思，她說：「不，比爾，我們現在不能做；我們必須讓你在洛杉磯國際機場做好準備，我會開車送你走，在0500跳上全國航空協會的飛機（NAA Saberjet）。」

跟我在道格拉斯的秘書一樣，她非常出色，美國和世界其他各地的所有武器系統及其分解件，她幾乎都知道。她曾多次在表達她的性慾時對我說，一個跟外星人有一樣思考的女孩也沒有什麼不對；她是一個好女孩，有一個非常誘人的體態和叛逆的態度。她的美顏無可挑剔——更重要的是，她明白這一點。

我開始冥想，再次進入另一個不存在的機密基地，其資金來自完全沒有人責問的黑金。這可能是受到外星生物嚴重影響的地方。在過去的十九年裡，我一直在這些受外星人影響的組織中工作。那時我還不知道接下來的四十年我將會在全國軍事基地，與海軍高層有關的承包商，還有計劃中的研究人員間穿梭著，其中還不乏與華麗、金髮、外星人、誘惑女神有所接觸。

在一萬英尺的高空，我正飛往內華達州西南部，經過四九〇〇英尺的尤卡山（Yucca Mountain），下到下面的山谷，全是壯觀的沙漠景觀。沙漠被葬禮山和巧克力山脈環繞，藍灰色的鼠尾草，和紅色和黑色錐體，顯示著整座山脈在該地區上一次的火山活動。

Jackass Flats的電磁、反重力、光子、離子和推進測試室是我在道格拉斯十九年前實現的一個研究中心。這是我在克萊姆博士非常規推進計劃中‧所設計的那些長二點五公里的海軍太空戰巡洋艦，這些星艦的組合零件分散在中國湖、穆羅克、白沙、洛斯阿拉莫斯、阿拉莫戈多

（Almamogordo）、羅斯韋爾和阿爾伯克基。每年的這個時候，這些地方都是美麗的，它們都有一種邪惡的外星力量，在主導這個國家進入銀河系的結果。

隔週我和羅伯特戴維斯討論了L形模組火箭的各節組裝和檢測系統，並試圖在洛克達因證明這兩隻性感小貓的合理性。對我來說你可以說他們給了一個任務，要我執行重要的工作，但為什麼要飾以華麗的東西呢？但還不止於此。

這些女孩是派遣到這裡的外星人，要來了解阿波羅登月計劃如何實現目標。

「好吧，羅伯特，」我說，「這九種不同類型的非傳統推進系統，在洛克達因篩選後成為待開發成真正的藍天非傳統推進器。我的意思是，這不只是應用研究；它也真的是飛俠哥登型的外星推進器，他們甚至測試激光（雷射光）推進，而不只是激光武器。」

羅伯特問道，「你的意思是激光槍嗎？」

「不，嗯，是的，我們也有這技術——但是激光推進。」

這些傢伙甚至建立了一個名為核子學的完整洛克達因分部，共有七種不同推進方法的核飛機／太空船，具有厚實的鉛屏蔽，厚到永遠不能讓飛機或太空飛船離開地面。

當我到洛克達因時，他們給了我九包檔案，裡面每個檔案夾各裝滿了二十個文件；在那堆文件櫃裡，參雜其中的就是這兩位可愛的外星女，分別坐在文件堆上；穿著迷你裙，一個腿張著、一個合腿。

「開什麼玩笑，比爾，」羅伯特說。

「不，真的，羅伯特，這就是我遇見他們的樣子。」

「你真是滿嘴荒唐，比爾。」

「好吧，也許我有點誇大，但當我被介紹給他們兩位時，我知道這兩個陌生的外星辣妹是要來與我玩心電感應時，那種震撼感令我窒息。」

接下來的一周，NAA S-II系統計劃提案人弗雷德派克來我的會議室，又是場雨舞。我簡報之後，得到新秘書的支持，弗雷德說，「比爾，我知道好萊塢山丘邊上的聖費爾南多山谷，她們蹤跡是無所不在，但是，哦，天哪！她們不是來自地球。」

「的確，不要讓她繞著弗雷德，她是一位外星性女神。她看起來只有十七歲，蒂芙尼認為，她被丟到這個星球來，是要向我們凡人傳授財富和真正的性樂趣。正如你所看到的，蒂芙尼很會調情，並用她潛在五呎七吋天生的性感資質，發揮他的情慾和情感的控制慾。」

「有著長長的金髮，她就是那種可以知道你需要什麼的女孩。她會選擇用心電感應為特定的任務，讓你知道她的憐憫性行為，並確切地送你前往你真正該發展或需要做的事情上，藉此開發特定武器的系統需求。接著會帶你到她的床上和你發生性關係，直到你昏迷；第二天早上你醒來會想知道一切是幻還是真，因為她可以控制你的思想。也或者這就只是一個夢，一個炎熱、潮濕、美好的夢，有著美好的結局？」

「我要在哪裡報名，比爾？」這是弗雷德可以問的問題。接著，走向貝麗塔——是我穿著低胸襯衫的行政助理。

「令人難以置信！」羅伯特對我說，「他們都是外形姣好的高個活死人？」

「是的，羅伯特，但我們在這裡不會稱她們活死人。請不要要我試著解釋原因，因為，和你一樣，真是大條，斃了我吧！他們跟蒂芙尼一樣，喜歡調情，都來自富裕家庭，生活在這個星球上的北歐地區，都被寵壞了，現在是在聖費爾南多谷。」貝麗塔都不穿胸罩，每當我看到她的時候連那些完美的丁字褲都一覽無遺。

「大家好，我是小麗塔，」她從椅子上一路滑下來，滑到小內褲全露出來。

「比爾，整個下午都在罵他，現在已經是下午六點。歡樂時光又到了，請我喝一杯瑪格麗塔。」

「羅伯特，我……」

貝麗塔打斷話說，「哦，鮑比，我知道你的一無所有，你是NAA唯一了解阿波羅計劃的人；比利告訴我所有的一切。」

「好吧！貝麗塔，等等。給我二十分鐘，我帶你去Dean那裡。」

羅伯特說，「沒關係，比爾；我現在就可以帶貝麗塔過去。」

「我準備好了，我們走；鮑比，二十分後見。」

我完成了手邊的事情後，就到停車場，停車場也差不多空了。蒂芙尼坐在我凱地拉克的引擎蓋上，跨坐在凱地拉克的標幟後面，燦爛的微笑著；要站起來並不容易，她的藍色比基尼小褲子卡在上面。我伸出手試圖解救她，她雙手抱住我，扭動著那完美可愛的小屁股。

她站在車邊吻我一下，到車裡，她再次抨擊我，「今天已經是星期四了，比利寶貝，你週五晚上沒有接受我在拉斯維加斯的晚餐，我在米高梅整個週末訂了大套房。就像我告訴過你的那樣，你可以告訴你的妻子，你必須到 Jackass Flats 出差三天，這會是我們的第一次蜜月。」

24.3　一九六五年的計畫目標：發送大型海軍航天器到其他恆星及行星：啟動超過六百英尺高的舊道格拉斯後新星火箭

在北美的主管計劃會議上，大家在大會議室裡，加州每個人都與會，他們正在期待我的阿波羅報告大綱。

蒂芙尼坐在我旁邊，把臉貼近我，不讓其他人聽到她的聲音：「誰發現你要對整個大局做報告的？你計劃穿透銀河系？這已超出上週日漫畫中飛俠哥登的劇情。比利，你最好慢慢餵養他們，否則他們會對我們發火，因為這些人生活在黑暗時代。」

「這就是為什麼我要你穿著那件紅色迷你——以分散他們的注意力。我會把改變的想法賣給那些高層，以繼續完成未來三十年，正如德布斯博士所定義的那種生活方式。這將不只是三個或五個研究土星V航班飛往月球的簡單事，而是攸關數百個任務，為了到所有太陽系行星和其相對的衛星去。」

「但是，比利，不用讓他們知道有數百個任務，這個計劃或許可能會持續到一九九五年，他們就把我們踢出門，並把我們關起來。」

「再重複一次，蒂芙尼；我會放慢整個計劃的腳步，再排後面只有高層參與的另一個會議。」

兩週後，我提出了一個遠程任務；這修改了我原先的計劃，我再向計劃的高層人們做簡報。在 S-II 新計劃中，我們的目標是發送大型海軍航天器到其他恆星及行星。我們將使用超過六百英尺高的舊道格拉斯後新星（Post Nova vehicles）火箭。

有些 NOVA 火箭只有兩節配置，每節有十二個單節火箭捆綁圍繞一個單一的第二節火箭。其他分為四節，比阿波羅火箭重四十倍。下圖即為道格拉斯設計的 NOVA 系列。

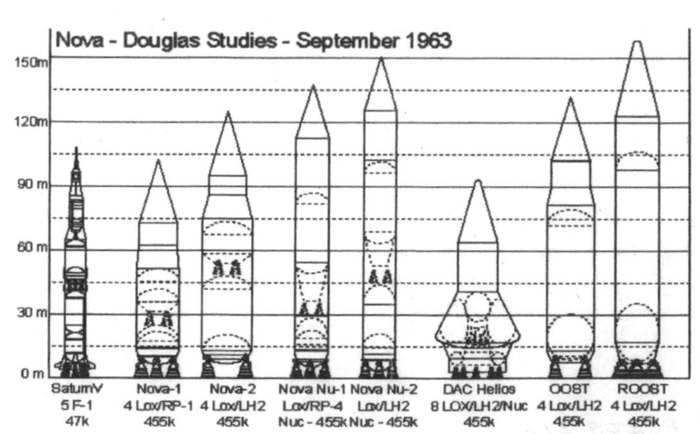

NOVA 太空載具很巨大，其動力用氫氣及氧氣

第㉕章

北美航空公司 S-2 計劃提案

我主動向 NAA 管理階層提報過去一些 NOVA 阿波羅的概念。參考過去德布斯博士每年發射七十五次阿波羅火箭的經驗，我建議使用兩個 NAA S-2 段作負載，以填滿海軍月球基地運營建築的第三和第四空段的負載。在這次簡報中，有高級計劃主管、營銷副總、S-2 計劃主持人，我在他們的大會議室粗略地報告了一些細節。

我轉向先進計劃主持人羅傑索普（Roger Thorp），並強調這兩個空段將在月球上軟著陸；他們需要安裝防震支撐以確保能夠垂直著陸。此外，姿態能控制馬達，是最重要的，下降發動機相對較小，不像發射所需的大型升空火箭。四個起落架支撐需要延伸大約十公尺，可以用球形腳，以確保該節不會旋轉過來。

肖恩（Shawn）說：「這個概念的整體畫面很清楚。只要工程人員可以讓它運作，這就可以作為海軍月球基地的有效成本解決方案。」

「比爾再一次，」肖恩補充說，「你總是聲稱要對所有事情都能有聲譽。」

「不，沒有，這些是我對任務和工程決策的看法。」

索普接著插嘴說道：「這肯定的，比爾。這個與你上週提出來的海軍 Lunar C4I 中心相比，這可以作為木星的其中一個衛星，以用作海軍指揮中心。」

「NAA 已經解決了我向 NASA 提出的許多糟糕的問題，這簡單的方法幾乎令人耳目一新。」我大笑著說。「的確，將 S-2 改裝成雞尾酒休息室的可能性也非常令人耳目一新。」

我們也製作了休閒 S-2 建築的模擬版本，這引發了大多數員工的注意。

我確信 NAA S-2 這些類型比我們 DAC 中一些技術落後幾年。這些人活在黑暗時代，我如何真正與他們溝通？星際任務是他們無法理解的事情。我們該怎麼辦？我應該嘗試一次將全部帶到船上嗎？這的確比我想像的更難。

真正非常奇怪的是現在，五十年後，二〇一五年，我們將再回到月球，使用舊的阿波羅 slim S-2 Stage 作為第一節，我深信這是用改良的 J-2 引擎，那是我在一九六三年擔任洛克達因的計劃代表時設計的。

25.1 北歐外星人、灰人、螞蟻人或昆蟲人／四種外星人，是善？是惡？

此後不久，外星人參與月球計劃的可能性常常成為話柄。當時我們都很天真，但仍然有一個深邃的陰謀滲透在我們的計劃中。索普說：「我們在卡納維拉爾角的夥伴正與你們道格拉斯的老夥伴們對談，他們有一些奇怪的故事要告訴我們；外星人似乎仍然有很強的決心，想要讓事情好好在那裡運作。」

我回想起道格拉斯是如何運作並慢慢實現這些事情的。在DAC的製造業裡——我以為我們一切都在正確的方向上運行著——我們的工作可能面臨很多的不利，有些甚至超過我們所能意識到的。每當我們的工作開始一起進行時，他們的冷言諷語就會讓我們退縮，以至於我們的先進思想就漂流在塵埃中。我脊椎上一陣顫抖，我的結論是有些在道格拉斯的北歐外星人，我認為他們是正在幫助我們的，可能就是偽裝的爬蟲類動物——這也可能發生在NAA這裡。

索普說，「比爾，你看起來像看到鬼一樣，你的臉慘淡無色，道格拉斯真的把你操過頭了。」

我肆無忌憚地笑著說：「我剛才意識到，在這段時間裡，我可能已被DAC製造商他們和藹的態度所操弄。」

索普隨後說：「我們需要談談，一起喝一杯吧！我們可以毫無限制地暢談並了解更多外星人的行話。」

我們三個人接著前往肖恩最喜歡的一間雞尾酒休息室，在那裡我們將談論我們的理論。

喝完第三口酒之前，肖恩拍著我問：「這位道格拉斯專家，當你看到或與他們交談時，你怎麼知道哪個是外星人？」

我回答：「我花了三年的時間才意識到傑西卡真的是一個外星人；但那是幾年前的事了。現在確實如此，在技術層面上，我們有些 DAC 類型比 NAA 類型要更聰明。」

肖恩回說，「當你把外星人放在秘書位置時，她會把你的話聽進耳朵嗎？」

我說，「我知道她真的是一個外星人。」

「在卡拉維爾角你的一位工程師說，他看到一個不明飛行物飛在三十四號複合射場上空三百英尺位置時，他知道這是真正的外星人飛船，因為他剛好看到。好，當你們任何一個人真正看到一個外星人時——灰人、螞蟻人或昆蟲人——他媽的你一定會知道；這絕對沒問題！但如果他們是北歐人——他們看起來就跟人類一樣——你就無法辨認。他們看起來真的是北歐人，美麗、膚色淺，看起來像電影明星。他們可能是爬蟲族用北歐人形象示眾，他們有能力變幻成人的形象。」

「我記得，當我第一次看到傑西卡時，她有一頭長長的金髮，她比平常更頻繁的盯著我看，能夠知道我的想法。如果我想知道哪裡有什麼，她會用心電感應回應：『不，你不需要知道那裡有什麼。』她會說，其中一些黑帽子是殘忍的殺手，比我們這星球上最殘忍的兇手還要恐怖。」

索普指出，「我確定我們現在所知道的四種外星人只是冰山一角。我們繼續經營我們已經建立好的事物，北歐人似乎在這裡要幫助我們完成任務，但我們仍會質疑他們的一些動機。七英尺和四英尺高的灰人對我們似乎沒什麼威脅性，但，他們肯定不會在這裡進化我們的物種。」

我回答說：「的確，我們從他們那裡所得到的只是，他們需要學習如何在雷雨中飛他們的飛碟。」接著迎來一陣笑聲。

我繼續說道，「我主要擔心的事情，也很確定是你的問題，就是為什麼北歐人協助推動我們上月球，但這些該死的爬蟲類，看起來似乎像北歐人，又從中搗亂來破壞計劃？有太多我們不知道的。」

肖恩說，「比爾，你會喜歡這個的：康妮穿著迷你裙就來了，她是我在這裡的最愛。她不是他媽的爬行動物，想想那些環扣和那些腿。她餐巾掉在地上，比爾，你看她那可愛的下體正朝著你的臉。嘿，夥伴們，我麻煩又來了。爬蟲類算什麼？」

25.2 擔任 NASA 最高任務控制、發射控制和設施控制委員會委員

早上八點的 NASA 簡報中，H-1 火箭發動機計劃經理正在和 J-2 計劃火箭引擎經理談話。「這東西究竟怎麼運作的？」

「什麼怎麼運作？」

「好吧，湯普金斯替洛克達因工作，對吧？」

「是。」

「他也是 NASA 的最高任務控制、發射控制和設施控制委員會的委員。」

「確實。」

「那麼，他怎麼能告訴我們引擎測試計劃中，我們需要調查什麼呢？」

「嘿，兄弟，他在這裡是公司的人，他也接受了德布斯博士的指導，德布斯博士在 NASA 是一切的負責人。就我而言，我不會質疑湯普金斯所說的任何事情。」

「嗯，我想你是對的；特別是那些來自 NASA 的一手書面資料。」

25.3 舊道格拉斯雷神 IRBM 導彈和 J-2 火箭引擎：有史以來建造和營運最可靠的火箭加力器之一

我們在道格拉斯曾發生的控制問題，在洛克威爾繼續出現；深夜一直有人打電話給我，如果我們對道格拉斯俱樂部不保持沉默，我們所有人就會受到威脅。我當然有和在東方的繼父聯繫著——他是一名醫生，是外科醫生和匹茲堡醫院的首席執行官，對於州上的政治，也非常投入。

我告訴他有關我離開道格拉斯時周遭的狀況，他聯繫了幾位有影響力的國會議員，告訴他們所有細節。他們接著聯繫聯邦調查局，對涉及高度安全的違規行為非常關心。聯邦調查局和後來的中央情報局開始進行調查，道格拉斯公司的海軍情報人員聯繫了 DAC 和分包商的工程、安全及現場營運部門，也有NASA、波音公司、北美洛克威爾。（以及洛克達因和許多NASA的承包商。）此動作持續數年，但是向公眾披露的信息非常少。

我們執行其中一項任務權衡配置，即使用了先進的阿波羅型載具，其中的前兩節配置了八個H-1火箭發動機，第四節配置了兩個H-1發動機，再上是一個H-1火箭發動機，提供給八人指揮艙用，以支援早期的海軍行星探索任務。我們意識到液體火箭載具將受到油箱儲存空間的影響，即使讓後新星（Post Nova）載具離開地面，進行這些深空任務，這些燃料量對於升空離開地球軌道所需的推力，將大於支撐燃料物理空間以及在油箱的結構重量。這在長程任務中，需要到月球和火星上的中繼加油站進站加油。其他配置在多節火箭中的可動式噴嘴發動機（gimbaled engine）也有類似的問題。這是我一開始推動道格拉斯智庫非常規推進計劃中，使用反重力推進的狀況。超越洛克達因的經驗。

洛克達因的人在建立空間引擎方面，做出了重大的承諾，他們獨立出一個叫核子學的單一部門，作為試驗核推進之用。我以為我不太能接受這種氛圍，行事也必須保持低調。

我們在位於內華達州的Jackass Flat上，進行了大型裝置／核太空船發動機的測試，這個地方靠近軍方的核彈測試場和新墨西哥州地面試爆白沙場。

註：二〇〇五年送上火星的兩個探測器，是使用舊道格拉斯雷神IRBM導彈和J-2火箭引擎（冷戰期間在歐洲部署的火箭發動機）。這些的設計和建造是有史以來建造和營運上最可靠的火箭加力

器之一。NASA將它們作為第一級加力器，並成功用在第二節進入軌道的分離段。而第二節，是出自我們道格拉斯智庫的離子發動機，承接火星任務。

這就是美國在二〇〇五年到達火星的方式。火星車仍正在探索火星，挑撿岩石並發送優秀的照片回地球。最近一次使用我們道格拉斯智庫的離子發動機是航向土星的發射，這項任務非常精確，用離子推進的太空探索船確切通過土星環，並進入它的衛星軌道。

第㉖章 如果我們進入深空就要用核推進

與蒂芙尼談完話後，我說，「如果我們要在宇宙飛船上使用核推進器，巨大的輻射仍然是一個尚待解決的嚇人問題。絕緣輻射和鉛的厚度，是保護任何大型飛機或太空船上的人員和電子系統安全的基本要求。

「蒂芙尼，美國海軍研究辦公室的科隆史密斯指揮官，一直在用奧本海默核彈曼哈頓計劃做的事情打擊我。他單槍匹馬地開發出一種隔離核能電廠的方法，他在三年內完成了我們美國第一艘核動力潛艇鸚鵡螺計劃。」

「所以，比利，為什麼你不能在洛克達因中，以道格拉斯海軍太空戰鬥核推進巡洋艦為題，成為焦點人物？告訴科隆要他退到一邊去。也不是奧本海默及科隆自己做的，這是在猶他州沙漠一個完全孤立的小鎮上完成，動用包括所有家庭總共七百人；但是這項技術努力的背後，導致了目前軍方歷史上發展計劃中自殺和離婚人數最多的記錄案例。」

「哇，蒂芙尼，你已完成了你的工作。」

那天後來晚些時候跟指揮官談話，我說，「實際上，科隆，你的潛艇設計是最接近我們道格拉斯太空戰鬥巡洋艦的載體，因為它是一艘完全封閉的船，通過的液體就像深空中的真空一樣。」

我補充道，「洛克達因的材料實驗室無法將鉛轉化為密封的輕木（balsa）；鉛仍然太重，我們仍然無法將那該死過重的東西抽離地面，你是知道的，指揮官，所以別煩我了。」

科隆回答說：「好吧！每週都要到你的辦公室去，持之以恆，然後把脾氣收好。」

我回答說，「哦，是誰在開誰的玩笑？你們在海軍研究辦公室已編造各類藉口，在我的會議室召開會議，還對蒂芙尼和貝麗塔誘人的小屁股目不轉睛。我打賭你們回到酒店後，整晚會忙不完。」

「比爾，你每週五晚上真的都是三人協商？就像那些傢伙說的那樣，內部對談？」

話說回來，先進核推進的負責人傑佛瑞斯科爾德（Jeffery Scolders）博士正嘗試在他的實驗室，向史密斯指揮官解釋他那超大型液體火箭燃燒室的操作理論，使用了包含0.1％鈾二三五的稀釋燃料，溶解在過氧化氫溶劑中。「現在，使用我數據的橫截面，每個初始中子的鍊長有二萬個裂變，這產生出的正是提供我所需要的能量。」

科隆說：「等一下，博士，你進度跑太快了。」蒂芙尼在背地裡咯咯地笑。

斯科爾德博士說：「好吧，我說的是需要的條件與狀況，我這樣說鍊長是不切實際的。」

「我知道了。」

蒂芙尼在我耳邊低語著，「不，他不知道。」

斯科爾德博士繼續說道：「必須透過改變基本條件來尋求減短鍊長，例如燃燒氣體的壓力會改變來自裂變部分的膠體懸浮液，以稀釋燃料的特性。或許我也可以指出這裡所計算的效果與臨界質量效應無關，而且易受實驗室工作台規模的影響，這就會影響我這裡用來檢查計算的結果。」

蒂芙尼護著她的下體低聲說道，「他臉色漸漸變綠了。」

「這將使用從濃縮堆到火箭進料液體或氣體的直接熱交換。你現在明白嗎？史密斯指揮官？」

「嗯，是的，博士啊，你解釋得很清楚，感謝你更新所有的訊息。」蒂芙尼說。

「他並不明白。比爾，現在幾乎是時候了。你想加入我們嗎？指揮官？」

一周後，我與蒂芙尼約在一家餐館，遲到了一點。核子所的副總裁德韋恩霍頓博士，留言要我打電話到內華達州的系統測試中心的專線。

蒂芙尼生氣，因為我遲到了。「你他媽的去哪了？威廉？」

她厲聲說道，她生氣的時候都叫我威廉，她的眼睛火紅。我後來發現有些北歐人在氣頭上，是有能力將他們的眼睛變成橙紅色，這點我們辦不到。蒂芙尼繼續說道，「我為了保留他媽的席位，已經付了一大筆小費，在我們的帳單上，我也已付清。你是否再次感受到貝麗塔的雙腿？她有忘記穿內褲嗎？你知道我看過你們兩個相鄰坐在一起，正好各取所需，你的手在貝麗塔的腿上沒有離開過。哦，我今天早上看到你；她還讓你看進她的迷你裙。她曾站在機密檔案室的那把椅子上。喔！天啊！你用過檔案室後面儲藏室裡那張嬰兒床。說話呀！你他媽的蠢貨。」

「嗯。」

「我今早十點在核子學公司打電話給你，琳賽（Lindsay）說你與霍頓博士的新助理從未出現過參加九點半的會議——他的名字是什麼？——空軍將軍。一整個上午也沒有人找得到貝麗塔那個婊子。該死，威廉，你把她帶去那了？不要只是用手指著屁股站在那裡，說話。」

我回答說，「你知道的，蒂芙，你穿著迷你連身裙站在那裡，看起來很可愛，兩手握拳插著你的小腰，一雙性感修長的腿臨風而立；我喜歡。」

「威廉，你這個臭婊子，這次的東西不能少，不要叫我蒂芙。」

「冷靜一下，親愛的。我打電話給德韋恩也滅了內華達州的火。他們正在審查德布斯博士的需求，同時已經整理出三個不同的結論，其中沒有一個是NASA星際任務可以接受的。同時，我今天早上沒有和貝麗塔做愛。但是，既然你提到了，我已忘了貝麗塔喜歡躺在上面的那張床。」

「什麼意思？在什麼上面？」

「我才是那個人，你所指的那張床上的人，你就是花時間親我，然後回到你的工作。我簡直不敢相信，我張開雙腿躺在那裡的樣子。」

我馬上說，「你真是閒得無聊，像現在一樣。只是我們當時沒有觀眾，就像我們現在這樣。」

蒂芙尼雙臂摟著我，舌頭在我的嘴裡打轉著。

「哦，蠢蛋，你一直在戲弄我。」

此刻，大多數餐廳的顧客都拍手叫好。

26.1 洛克達因和核子學公司

核子 VS. 電磁或反重力場——還有凱克斯堡飛碟事件（Kecksburg UFO）

早在一九五四年，我們在道格拉斯智庫的海軍太空飛船設計項目中，已放棄使用核子、液體或固體推進劑火箭。我們花了數年時間分析非常規推進計劃，我和其他人因為對船員和電子控制兩者的屏蔽不足，而消除了核動力。但是，對於其他太空推進公司和大學，包括 NAA ／洛克達因在內的所有人，都花費了數十億美元進行核研究。就像我說的那樣，洛克達因甚至創造了一個全新的核研所，名為核子學分所。在組織結構圖上，其中有許多其他任務是我有興趣的。噴射推進實驗室、加州理工學院、西屋電氣公司，他們都進行宇宙飛船設計並製造了大型核發動機。許多人在內華達州的 Jackass Flats 核中心和新墨西哥白沙導彈測試中心進行了測試。

在洛克達因 J-2 引擎會議與北美阿波羅土星 V、S-II 的火箭工程師們的中午餐敘時，一位 NAA 工程師傑瑞康乃爾（Jerry Cornel）問道，「你們有誰知道那些外星人在白沙試驗場，對我們的導彈試驗計劃進行了什麼破壞？」

我問道，「誰想知道？」

「好吧！我仍得到 CSI 文件中搜尋，」康乃爾回答道。

「鄧拉普（Dunlap），其中一名調查員上週告訴我，一九六五年十二月九日（根據空軍藍皮書文件的報導）一顆火球傍晚飛進賓夕法尼亞州匹茲堡附近的天空；這火球放慢速度，左右水平操縱移動多次，降落在位於匹茲堡西南二十五英里處的凱克斯堡（Kecksburg）樹上。」

「你在開玩笑嗎？」被解雇的 NAA 提案作家蘇珊說。

「我姐姐埃倫住在凱克斯堡附近，她當時也有看到；她告訴我數百名市民在空中和地面上目睹了不明飛行物。」

「她把它描述成像一個十五英尺長的橡子形狀，被埋在地下露出一英尺左右，斜躺在一邊。」

「她和家人一起嗎？」我們的電子工程師斯賓塞問道。

「不，她和一個朋友一起。」蘇珊繼續說道，「埃倫本想上前去觸摸它，但沒有。她可以感受到二十英尺外的熱氣，那是熾熱、紅橙色，其他人靠得太近後，就開始變冷，但隨後就散發出藍白色光，聞起來像臭雞蛋。」

「臭雞蛋，聽起來像硫磺。」

當時的系統界面工程師鮑勃說：「當地消防局和警長來了，後來又來一批軍人，」蘇珊說。

「軍人？」斯賓塞問道。「他們周圍有軍事基地嗎？」蘇珊回答說，「埃倫不知道他們來自哪裡，也不知道他們怎麼可以那麼快。」

「她當時很害怕，陸軍將他們全部趕走。」

「後來，同一天，一名叫約翰莫利的當地廣播電台播報員，開始向全國播放這個故事。短時間內這報導就受指示得暫停，同時他的站就被關閉。」

「天啊！這很怪異，」埃倫說。

「我們聽說空軍跟著火球跑，所以他們也過來了，但那不是真的。」

「在那之後，一些穿著黑色西裝的男人，到現場執行完整任務。一些男人的黑色西裝上掛著NASA的牌子。」

「我們很多人都看到了他們，」蘇珊補充她妹妹所說的。

阿什利（Ashley）看著我，雙腿交叉著，搖著她的屁股，把兩分錢丟進去，「埃倫覺得那些黑衣人很可愛嗎？」

我無視她滑稽的動作。「我要求阿什利把每個人的說詞寫下來。」

阿什利開著她的雙腿，「到目前為止，我全都記錄了，比利寶貝，是的，我將立刻為你完成所有的內容。」

「嘿，阿什利，我覺得埃倫太害怕而沒有辦法像那樣逐一地檢查。」蘇珊回答道。

蘇珊接著說：「大約凌晨四點四十五分，遠在一個街區外的人們，聽到來自不明飛行物區有兩聲詭異的尖叫聲傳來，鎮上到處都是軍車。」

「這真的很奇怪。」

埃倫告訴蘇珊說，「他們還聽說一名身穿制服的警官告訴當地兩名約十一歲的男孩，要他們對所有遠從匹茲堡來城裡看熱鬧的人，指引疏離現場的方向。」

「埃倫說，她沒有看到不明飛行物，但很多人有看到一輛空的平板卡車，駛入不明飛行物地區，」蘇珊繼續說道。「後來，埃倫自己看到，一輛平板卡車載了一部分有布覆蓋頂部、狀似長長橡子形體的凸起物開出城鎮。」

「有多大？」阿什利問道。

「哦，我想可能是十五、十六英尺長，」蘇珊回答道，回憶著她問她妹妹的問題。

「卡車在路上停了幾次，大家發現了十英寸高的埃及象形文字，在光滑的銅色外環周圍下。」

我問道，「蘇珊，你妹妹看到了象形文字？」

「是；好吧，不。我的意思是周圍有很多軍隊，當她走過的時候，但，是的，她確實看到了一些很大的細行字體，沒有很靠近就是。」

「現在聽聽這個，」蘇珊補充道。「這真的很詭異，廣播電台播報員最近在加州芭芭拉外，車子滑出的意外，離奇的遭襲擊而遇難。」

「是的，沒錯，」卡爾說。

「這就是我們在范登堡 DM-18 Thor 工程師所說的事情，」蘇珊補充道

26.2 阿波羅複合體三十九垂直裝配結構（重新設計版）：地球上最大的建築物及發射和任務控制中心

我擔心密蘇里州尼歐肖（Neosho）的洛克達核動力引擎生產工廠，無法滿足德布斯博士高產任務的發射時間表。蒂芙尼帶著我所有文件和兩張前往俄克拉荷馬州的頭等艙來回機票正等著我。她說，「比利，我討厭那裡的潮濕，什麼都沒有，我們還要連續六晚上緊發條。」

她總是試圖讓我在拉斯維加斯能度過一個為期三天的周末。而我也總是有藉口。

我告訴她，「取消其中一張票，蒂芙尼；我必須獨自完成這次的工作。」

我正在和 J-2 火箭發動機計劃主持人菲爾傑遜（Phil Jayson）談論我的一個想法，他的土星 J-2 節引擎，仍然困擾著我。我問：「為什麼 NAA 選擇密蘇里州來建造他們量產的太空火箭引擎？」

他回答說：「我們也不希望在潮濕的地方建造，但是 NAA 說這樣可以節省大筆開銷。我認為萊斯福肯（Les Focken）——在董事會上——擁有一半的州產。而且，比爾，他也從來沒有去過那裡。」

我說，「菲爾，空軍讓你們使用了洛克達因尼歐肖密蘇里引擎製造工廠，以開發他們的 WS-315 道格拉斯 IRBM J-2、Atlas ICBM 和其他導彈嗎？」

「那個工廠就在龍捲風巷（tornado alley）中間。」

「是的，比爾。」

他彎下腰低聲地說，「你從沒聽過我的話，但是透過小道消息，一些民主黨國會議員也參與其中。」

「如你所知，菲爾，我重新設計了 NASA 的阿波羅複合體三十九垂直裝配結構，這是這星球上最大的建築物以及發射和任務控制中心。如圖所示，NASA 的簡報，確保垂直位置，我們堅持所有的量產建築物都得承受七級強的颶風。」

「這是在任何天氣情況下，為確保一年最低限度（發布延遲）的量產發射時間表。我們甚至請他們把阿波羅土星五號從垂直裝配大樓推出，擺在駁船上用拖船拖到運河上再送到發射台。正如你所知，菲爾；我們現在就正在高速公路上，行駛著拖拉機動力運輸車。」

菲爾笑著補充道，「高速公路，地獄！你運輸車的最快速度是每小時一英里，NASA 警察還得每天出來護航。」

我開個玩笑補充道：「月球和火星的任務是一個龐大的計劃，與阿波羅和 NOVA 的生產任務將持續到將近二〇〇〇年。了解到每年極端惡劣天氣將產生的破壞力後，在龍捲風巷內所有這些發射用的發動機生產數量的依據理由為何？」

「保守點吧！比爾；你知道答案的：桌下的暗錢。現在，回到崗位上，並確定為提供生產能力我們所需要完成的事情。」

當我回到辦公室時，蒂芙尼正在等我手中的票。她說，「我們無法讓你上公司的軍刀噴氣飛機（Sabrejets）所以，我們預訂了從洛杉磯國際機場出發的商務艙，到堪薩斯城，會有一輛出租車給你前往尼歐肖。走吧！我帶你去機場，回來我去接你。」

她知道我正在審查尼歐肖發動機工廠及其擴展能力，以執行德布斯博士到月球及行星的大規模生產任務，蒂芙尼說：「準備好了，比利；尼歐肖房地產經紀人已經將我們J-2周圍的骯髒價格翻了一倍，以準備建造製造工廠。」

我乘坐DC-7前往塔爾薩，在那裡我租了一輛車開往尼歐肖。下次，我會飛到達拉斯，再用現在一半的時間就可開車到尼歐肖。那天晚上入住酒店後，空氣很沉看起來很潮濕。第二天早上我拿了一杯咖啡，開車到工廠。厄爾，尼歐肖工廠的經理，在門口接我，並邀請我到他的辦公室喝咖啡。我剛到時他有點漫不經心的神情，不懂什麼是公司類型的大人物到來。

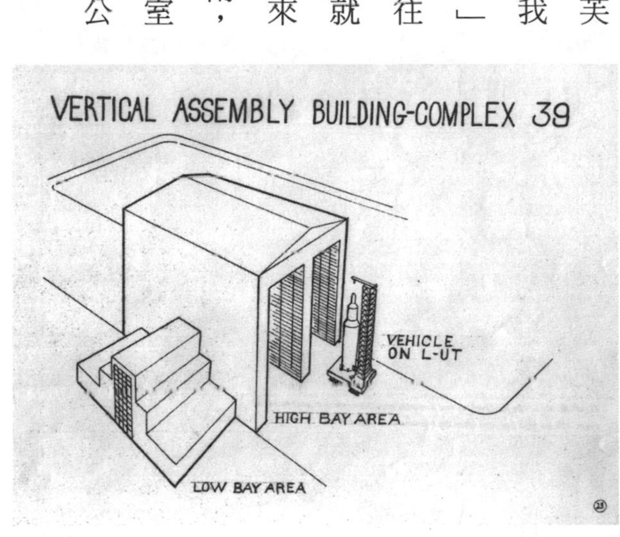

道格拉斯的垂直裝配設計概念被 NASA 採用了

他親切地款待我，親自接待我一個完整的旅程，一整天就聽他們簡報火箭發動機製造廠。「湯普金斯先生，你真正想要的是什麼？把這裡關掉，並將發動機製造轉回凡奈斯（Van Nuys）嗎？」

「好吧！博柯瓦（Bokovy）先生，你為什麼不叫我比爾就好，我叫你厄爾？」

「好吧，比爾。」

「我們可以私下到某個地方嗎？」

「好，現在是下午五點半，我們到遊艇上。」

「你的遊艇——你的位置距離兩個海洋都還遠得很耶！」

「我把它停泊在池塘，在半小時內就可以到達。」

在快速行駛的路上，大多數是開在雙車道彎曲的道路，我問，「當引擎設備要搬移到其他地方時，有好幾扇門可以打開通往你工廠的外面。但這是否會污染引擎中的零件？」

「哇，我知道了；你不是總公司的人，你是工程督察。」

「挑剔了，挑剔了，」我笑著說道。

「你說對了一部分，厄爾。而且，我們真的需要談談。」

我們進到遊艇碼頭停車場，厄爾將他的 Cad 拉進到他的預留車位上。

「印象令人深刻，你的池塘看起來就像超過五十英里的樹林。」

「好吧！我可以在兩天內用約二十八節的速度飛馳，但仍然沒有辦法達到另一端。」

我們經過一個精心設計的遊艇俱樂部，從這可以俯瞰著大約三百艘動力帆船到一艘帶藍色篷篷的大型白色遊艇。穿著比基尼的三個女孩，就在木板上等我們。放著的恩馬丁的音樂，「嗨，厄爾。」女孩隨著音樂搖晃著可愛的身體。

「誰是你可愛的朋友？」可愛的黑髮女子簡妮問道。

厄爾回答說：「這是比爾，你們女孩們要善待他。」

正當金髮女郎脫掉我的外套和領帶時，紅髮蘇珊一把抓著我的手臂，把我緊緊的抱住。天氣炎熱潮濕，但不知何故感覺很舒服；另一個躺著的女孩從精緻的沙發上起來，進入大型船尾艙。她替所有人端一盤香檳杯出來。

厄爾自豪地說，「她有兩間小木屋，可以睡八個人。」

紅髮蘇珊端了其中一杯香檳酒說：「派對時間——每個人都在此；讓我們一起跳舞。」談笑間，她抓著其中一個女孩，開始非常曼妙地迴旋著。所有女孩開始隨著音樂搖擺舞蹈。

我對厄爾說：「我以為我們要到某個安靜地方去談談？」

厄爾，一隻手臂摟著簡妮，另一隻手端著酒，向他舉杯。「比爾，重要的事情先做。」

看著其他女孩雙臀搖擺，我們在池塘優遊到下午兩點。原來那裡還有其他三個人，總計有十個女孩參加聚會。我不太確定一切是怎麼發生的，但我們最終都在一個非常大的獨家莊園裡。這個家就像一座歐洲城堡，我們清晨一路到這裡來，一直睡到中午。我的房間佈置精美，配有一個完整的大理石浴缸，我用的浴缸是開放式淋浴。我不知道我衣櫃的衣服從哪裡來，但衣服很齊全，包括禮服。我不知道其他客人穿的是什麼，但我選的是繡花白襯衫和藍色運動褲。我打開門，沿著一個長而寬的高天花板走廊走去，走廊裝飾著裸體雕像。我看到其他早起的人，在一個巨大的游泳池旁的陽台上吃早午餐。厄爾和簡妮在一起，她穿著養眼的比基尼和四英寸高的拖鞋。

「一起來啊！比爾，」她說。

「謝謝你，簡妮；這裡簡直太美了。但是，我是一個加州人，對我來說外面太潮濕了。」我經過那精心設計的雞尾酒休息室，用我的方式俯瞰游泳池。

「我正要過來，等下去找你。」

「稍等，你是對的，」厄爾說。

「比爾，今天早上即使在陰涼處，這裡也很熱。我會加入的。」

「你們先走，我在池裡泡泡，」簡妮說。

我們舒適的坐下，在機密的上層休息室等著我們的咖啡，厄爾說，「告訴我，什麼是壞消息？國會已經取消了對阿波羅的贊助嗎？」

「不，但你對了一半，他們在這裡發現了你的城堡，並解僱所有人。」

「嘿，比爾，這不是我的城堡。事實上，我真的不知道這是誰的。一個秘密小組保有這裡的產權，這裡有些人看起來就不像他們來自這裡。」

「什麼意思？」

「他們帶著頭套，不是人類。整個行動區都是禁區，他們開會時，我們的特權非常有限。」

就在這時，華麗的裸體端來了我們的咖啡。

「我是塔拉，在這裡將為你服務。」她穿著一絲不掛，只穿著四英寸的銀色高跟鞋。她皮膚滑潤，看起來非常有親和力。她帶著可愛的笑容直視著我的眼睛：「需要糖和奶精嗎？先生？」

「哦，對了，比爾，我忘記告訴你：這個地區所有漂亮的雞尾酒女孩都是裸體的。是的，直裸到下面；令人難以置信。」

我覺得我沒有把蒂芙尼一起帶來是件好事，她永遠不會理解，這真是一個令人難以置信的情況。

再問一次：「需要糖和奶精嗎？先生？」我不知道如何回答或該看哪裡。我還是無法說話，「是的，請。」不知為何，我知道她的下一個問題是什麼——事實確實如此。

「我能為你做什麼，先生？」她問。

「現在沒事。」

她轉過身來，一隻手臂在空中，托著小銀盤回答說：「我會在十分鐘內回來，讓你隨心所慾。」

當她離開時，那雙長腿和美麗的小臉頰上下移動著；令人難以置信。

「厄爾這氣氛不錯，但你似乎很難找到一個可以說話的地方，」我說。

「你製造工廠的穩定度調整一下，比如開放式的污染問題解決後，可靠度將適合低阿波羅任務發射。然而，該工廠完全不適合德布斯博士的大規模生產，每天得支持兩到五次土星和 NOVA 的發射，直到一九九五年。」

厄爾喝著咖啡時說：「比爾聖貓，你在說什麼？」

「我正在確認大規模自動火箭引擎生產製造的設備需求。我認為這個工廠是一個單層的無塵空間，有數百個子系統裝配線。所有人員都會穿著白色衣服和手套以防止污染；不單只是引擎零件的污染，我們還必須為阿波羅和 NOVA 太空船發射提供百分之百的可靠度。我們都必須考慮到月球、行星、行星的衛星和小行星表面上元素的污染。厄爾，你知道我們現在在這裡要做什麼嗎？有任何想法嗎？」

「我不知道，比爾，這令人吃驚。你的工廠甚至不能成為這種生產的原型廠。在我能夠為海軍和 NASA 提供運行可靠的反重力推進系統時，我們將必須利用目前洛克達因家族的 J-2、H-1 和姿態控制馬達。」

「比爾，喝完咖啡，我們就離開這裡。我們將擺脫這裡大多數女孩，帶著簡妮和蘇珊開車回到遊艇俱樂部碼頭，在我的遊艇上吃晚餐，池塘邊是私人的空間，我們可以談談。」

「聽起來不錯，厄爾；我們走吧！」

兩個女孩仍然穿著比基尼——一個駕駛著船、一個做飯——跳進 Cad，前往厄爾的遊艇。接近遊艇俱樂部後，整個沼澤區厚實的綠樹和灌木叢開始變白。我們離入口附近潮濕的地面越近，整個區域就變得更白。走出我們停在碼頭上的車，留意到整個碼頭的動力帆船桅杆，完全被白色蜘蛛網所覆蓋。一切都是厚厚的白色蜘蛛網，厄爾的遊艇完全被覆蓋了。其中一個女孩跑到前面，沿著人行道走試圖抹掉這些網。

她開始尖叫，「這真是非常糟糕。」兩個女孩開始抹掉他們赤裸雙腳上的蜘蛛和結網。厄爾叫他們回來，蜘蛛網粘在我們的鞋子上，就是這樣厚。我們拿 Cad 行李箱裡的衣服抹掉這些網，就這樣蜘蛛也進入車內，開始在輪胎周圍結網。

厄爾回到城裡說：「真是太糟糕了，我們每年都會有幾個月遇到蜘蛛結網的麻煩，但通常不是這麼糟糕的。」

我說，「這裡的氣候不利於無塵室製造複雜的太空推進設備。如果我們在這裡建造 NOVA 和進行阿波羅生產，工廠就必須是一個完全密封的無塵室設施，這裡天氣惡劣，所有雙扇門都開著。這也必須是在模組化的基礎上，設計內涵必須能接受環境變化，就如同我建議的銀河系上所有的滲透計劃一樣。」

26.3 一九六七年萊夫艾瑞克森（Leif Erikson）具指標性的幽靈實驗室

貝麗塔雙手背著，看著蒂芙尼，穿著四英寸鞋走進我的辦公室說，「比爾，你有十五個不同的先進技術專案，已經分配下去了，你只要我向你簡介其中的六個。我知道許多其他迫在眉梢的問題被你丟一邊了，但你必須把你的手從他媽那臭婊子的陰部抽出來，接下來的三週你要與我一起度過，並從這十五件案子中，確定執行進度。請你馬上行動，明天早上幽靈實驗室見。」

蒂芙尼無視貝麗塔的存在，轉向我舔我手指。

「什麼是幽靈實驗室，比利？」貝麗塔問道。

「你對於外地事物，頭腦都掌握不清，這小流浪漢，即使是這樣，這種幽靈事物也是在你小小腦袋之上。」

「不要再向比利搖擺你的屁股。」

「這是私下的阿波羅會議，」蒂芙尼說。「我負責比爾的所有行程，所以下個月打給我，也許明年我就把你的行程擠掉。」

「好的，女孩們，夠了，」我說。「貝麗塔，給我們二十分鐘的時間來完成這裡的事情，我是你的。」

「完成什麼？你怎麼讓那個騷貨和你邊談話邊達到高潮？她已經來幾次了？」貝麗塔問。

「她要走了。」蒂芙尼繼續道。「我確實看了一下計畫表，關於你的問題就是計畫上究竟有多少工作量，是可以從取回的外星載具系統透過逆向工程一一成為執行項目。關於逆向工程，我們得到了什麼？」

蒂芙尼繼續說道，「實際上，洛克達因已經重新設計了德國自第二次世界大戰以來的 V-2 火箭引擎。」

「別傻笑了。」

「但你，比利，已經知道了，不是嗎？親愛的？」

「誰的外星設備在進行逆向工程？」我問道。

「我對其他外星種族的星際飛船所知甚少，」蒂芙尼繼續說道。

「其他什麼東西？」我問道。

「那就像是一個裝著不同外星文明的大盒子，正好就在我們仙女座星系的鄰邊。比利，你們這個小小的星球上，至少有四十種不明飛行物，來自不同主要的外星文明。」

「你怎麼知道？」我問道。

蒂芙尼無視於我的提問繼續說，「所以，你，比利寶貝，必須把你他媽的行動，集中去幫助那臭婊子貝麗塔，做她的事情。」

「這個，我已經說過了；我已經完全為你定義了新的嗜好。這不是很好嗎？」

「我受寵若驚。」

「好吧，比利寶貝，」蒂芙尼接著說，「我無法要她閉嘴。」

「如果我的一點惡作劇是有那麼一點作用，除液體火箭外，每個專案都已進展到推力硬體控制，而其相關系統也已經從至少十二種不同類型、非常先進的外星太空船中移除。真的，這是為你們解決問題。遍布西部各州超過六十個洛克達因實驗室中，只有三個是投入在我們的計畫，其他大部分是外地設施。」

「比爾，貝麗塔是對的，你必須到他們的○○九實驗室，那是十二個真正怪異實驗室中的其中一個。」

「埃里克森博士，這很逗趣，比爾；他的名字也是萊夫，他是該實驗室的主任；他是如此的貼心，比爾他告訴我，這些設備中有一些技術在文明設計上，可能比我們先進幾千年。」

「『我們』指的是什麼意思？是北歐的一些硬體嗎？你的東西？」

「嗯，是的，比利，但我認為我是你們的一員。這不是更有料嗎？」

「是的，確實是，蒂芙尼，」我補充道。

「比利，記住，我們任何一個人都不是——你所謂的『北歐人』——這是專為你們設計的。我們會建議可行的方式，但是你們必須要他媽的把球拿起來好好的幹。」

「好吧，小女孩，你有抓到重點，我很喜歡你的一些建議。就像你用美麗的藍眼和那迷你連身裙告訴我的那樣。」

「好的，比利，」貝麗塔回來了。

「我知道你上週把蒂芙尼送到野生動物園裡，而且你知道我永遠不會讓她知道這件事，但萊夫和鮑勃桑頓都告訴我她很可愛。他是很敏銳的好女孩，他們倆都很高興你讓我們兩個都在正確的星旅方向。」

貝麗塔和我在接下來的七個小時裡，幾乎整個晚上，要看她的載具七九二四推進和其他控制文件。

我們早上七點開車出門，在〇〇九實驗室第二個安全門大廳內遇見了萊夫艾瑞克森博士（Erickson, Leif），萊夫是一個非常高大的金髮帥哥，態度非常溫和。當他伸出右手臂握住我的手時，他把另一隻手抱在貝麗塔的小腰上，她的迷你連身裙拉高許多，露出可愛的小屁股，取悅了那些保全。

〇〇一一實驗室主任羅伯特桑頓（Thornton）博士正和他的助手巴特、文件控制經理勞拉約克（Laura York）在會議室等候著。

貝麗塔在我耳邊低聲說：「比利，我知道你想要性感的勞拉，」勞拉正在為我們倒咖啡。「萊夫博士說，三年前他有幸在海軍計劃簡報中與道格拉斯的克倫佩勒博士會面，他對外星科技的了解讓他印象深刻。」

在大家輪番介紹並享用甜甜圈後，這真是太好了，因為貝麗塔和我都沒有時間吃早餐。燈光暗淡，勞拉向我們介紹了這個場外所有七個實驗室裡的七個專案實驗室，以定義每個調查區域。我專心聽她的簡報，貝麗塔醋性大發；她低聲說，「別看她的胸部，我知道她很合你的胃口。」

「嘿，」我低聲說道，「女孩們對我的外表總是很癡迷，正是我的力量、職位和權力吸引了他們。」

「我知道這裡有溫暖，但要注意她告訴你的事，而不是把注意力放在她屁股上小短褲的緊貼度。」

「嘿，貝麗塔，你也喜歡。」

萊夫說：「勞拉將打開我們從不給普通遊客看的大門。勞拉是向我們（我）提供整筆海軍預算支援下，有關洛克達因整個外星太空船推進技術的完整研究（作戰報告）說明的人，讓我們了解了他們最新的評估，甚至定義了乾淨的外來推進系統，以及一些非常粗糙簡劣的系統及其製成的材料——也包括複製這些系統和材料極艱鉅的任務。」

萊夫說：「早期複製德國 V-2 火箭引擎比現在這個外星人裝備要簡單的多。」他補充說，「自一九五九年以來，我們已經獲得了相當多的外星太空船零件，包括高能光武器；但主要是他們的多元化推進系統。然而——比爾，你甚至在我們可以處理這些事情之前，就已經意識到這一點——有些太空船活靈活現的，跟臨時的模組很像。另外兩個不是金屬製，而是用複合材料和環氧樹脂類材料製成的。即使對我們來說，大多數外星人硬體也存在著重大問題。而今，原子直接驅動、太陽能熱電系統、電磁、電離子加速和靜電發生器都在一定程度上，有逆向工程的成就。但離子，應用在一個太空飛行器平行推進上還有光子、重力放大、離子槍、激光和反重力、反物質反應系統等；正如勞拉所說的，要整合成一個能夠運作的系統，有許多高難度的專案在進行著，而且測試時還要有一定的可靠度。」

他補充道，「我們自己，已經構思並發明目前這些和其他許多多元的但……」

桑頓博士打斷道，「非人類的東西似乎總是有『但書』。多元化控制使我們在推進系統營運方面要取得成功的進展，變得複雜。」

勞拉問：「蒂芙尼，你沒有告訴比爾小威利的控制面板，對嗎？」

「這是我的秘密，」蒂芙尼說。

「你們為什麼叫他小威利？」勞拉問。

「因為他沒有那個。」

「沒有什麼？」

「因為他沒有啄木鳥。」

「沒有大公雞？」

「他是怎麼辦到的？」勞拉笑著問道。

「你們在說什麼？」萊夫問道。

「他們都扯你後腿，比爾，有些灰色傢伙沒有性器官。」

蒂芙尼問：「我要怎麼分辨呢？他們對我來說都是一樣的。」

「我不想浪費時間跟一個人勾結，當我張開他的雙腿時，我就想到比爾的大傢伙和我的口水，玩笑開完了，滿是失望，他媽的看他真是一隻貓。」

勞拉說，「哦，蒂芙尼，你真是個傻瓜。」

「我知道你會與任何物種行歡，但是，你不能和一隻貓行歡；那些灰色物種是從試管做出來的。」

勞拉說，「許多其他外星物種在性方面有很多樂趣，就像我們一樣。」

蒂芙尼說：「好吧！現在我終於明白為什麼外星人的事情如此嚴重。我想如果他們都來到這裡並取代我們，我知道我的生命終將結束；因為無雞可舔。」

萊夫補充道，「讓我們回到外星推進系統上。」

萊夫繼續說道，「在〇〇一一實驗室裡，我們正在研究一種低功率測試設備，模擬他們的一個重力放大系統，以用於幾種外星太空間飛行器。被測單元（unit under test, UUT）通常由三個放大器頭組成，位於鍋爐板試驗架船舶控制中心內，你在這裡可以看到那些銀盒子在上面就是。而且，如果你從我們這一面略朝上看，你可以看到那裡的下部區域是模擬低功率實驗室。你可以看到那裡有三種放大器，正在進行機械式的感測和聚焦，像是一種桶狀容器。」

勞拉說：「在所有的支撐結構和儀器之間很難看到這些；但三個感測和聚焦單元直接位於三個放大器之下，有模擬 EMI 隔離地板分置於三個放大器之下。」

貝麗塔回答說：「這些是銅邊的桶形容器，有點像中央地板上的腳凳球，中間是小反應堆，小反應堆的中間是終端波導器。」蒂芙尼說，「永久性凸起。」

萊夫補充道，「這種推進器有兩種操作模式：一種叫 Omicron 短程水平飛行，當太空船傾斜高達九十度屬 Delta；另一種垂直模式飛行屬長程任務。我們安裝了兩個大尺寸的座椅，鎖在上層甲板上，這樣我們就能將它們繫在一起，將整座測試台旋轉九十度，以模擬執行長時任務的操作員。」

我問萊夫，「他們在試運中的速度是多少？」

「比爾，我們這裡只有拉到百分之2.4，但正如你在秘密計劃簡報中被告知的那樣，內華達州 Jackass Flats 的所有系統測試中，我們幾乎扯裂了測試台上的太空船。」

勞拉說：「來吧！雷夫，向他們展示〇〇二一實驗室裡的各系統，那些是我的最愛。」

「我從未受允許到那裡，萊夫。」貝麗塔說。

「我知道你喜歡我的長腿，我也可以去嗎？」

「嗯，是的，但我其實是喜歡你的整個造形，不，你其實不能進去。」

「好吧！我聽過裡面那些東西，我甚至聽說勞拉只想騎在一根管子和丁字褲上。那位技師告訴我，她想從這裡飛到聖塔莫尼卡，再潛水下到卡塔利娜島（Catalina Island）。」

勞拉插嘴說道，「我其實已經做到了。」

「退出，女孩們，」萊夫說。

「貝麗塔，這整年你們將從所有的實驗室退出。」

貝麗塔說，「那個勞拉臭婊子，總是讓我失望。」

「好的，好的，」雷夫繼續說道。「我們進去吧。」

他解釋著在〇〇二一室，實際上有三個試驗台，都有不同程度的飛行方式，外星太空船在大氣低軌道中和海上如魚行。他們以機翼／機身的形式部署在母船上。

貝麗塔問：「這個沒有機身，也沒有座位。那是什麼？在這開敞的空間裡，躺在地板床墊的是？」

「勞拉，你是不是把我的床墊從儲藏室的床上偷走了，然後把它放在這？哦，天啊！你這小婊子，你與萊夫在這裡做愛，模擬外星飛船裡的高空俱樂部。」

勞拉說，「我永遠不會洩漏的。」

萊夫繼續說道，「這些類似於上外翼上有鯊魚鰭穩定器的水蝠（manta-ray），將配有二至六名的小型人員，似乎在偵察任務中操作執行。通常會由一名或兩名人員駕駛，並配備一個擴充型的駕駛員控制面板。外星飛行員會使用手指壓在控制面板上以引導水蝠。你可以看到一些面向外翼側邊的擴充螢幕，那是為了執行任務用。所有外星太空船上鼻環都有傳感器，有些傳感器艙內有光束武器。乘員艙的中間都有一個非常小的反應堆，更像是一個腳凳，上面覆蓋著比手錶還小的蓋子。」

「輻射從來都不會是問題。外星太空船底部由可激式的六邊形推力板組成，類似於我們在太陽能衛星上的太陽能電池。前板翼的電池較大，後尾板翼的電池相對較小。」

貝麗塔說：「別管那六角形推力屎。」

「勞拉，我敢打賭，你把你的丁字褲移到肚子上，讓你的丁字褲在空中飄動，當萊夫進來後，開始從後面搖動著小屁股，他比比爾還無法抗拒。」

萊夫忽略著並接著說：「整艘太空船都是由一種柔韌的複合材料所組成。另外兩艘拉起來很重，用來量升力、滾動及推力的裝備很有限，以致於很難弄清楚他們的形狀。能量激發出來時（加電下），整個底部的升降電池會發出橙光。」

萊夫總結道，「比爾，這取決於你；看你要怎麼作。」

「嗯，萊夫，很感謝你和員工進行所有廣泛的研究。的確，球是在我的主場上。你知道，萊夫，這僅是我授命的喜好之一，是之前道格拉斯不完整的海軍藍水深空計劃的延續。我將評估所有人實現的成果，而且我將設計一個包含所有這些和 Jackass Flats 外星人事物的計劃，以整合到美國海軍情報局和美國海軍研究辦公室外星人威脅和星際任務的需求中，主要使用了道格拉斯的戰鬥群航天器載體和 R 級戰鬥巡洋艦。」（幾年後，這全部在 TRW 完成。）

幫助 NAA 阿波羅 S-II 節的人，會嘗試利用 S-II 段用於未來美國 NASA 對太陽系行星或其衛星的任務，這是我的專長之一。這項技術對我來說相當簡單，因為我可以從道格拉斯智庫所有文件裡，找需要的文件。那時我們已經把智庫中的構思，裝滿在一個海軍太空任務的文件櫃，和另一個在

NASA 成立前六年，我們已討論過海軍太空船從太空船母艦到太空船運輸的技術。這些任務中有很多後來都成為 NASA（NAVY）未來三十年，穿透到太陽系行星和恆星的原型計畫。

在土星五號，北美 S-II 節的設計評估會議中，我陪同一個前空軍將軍和另外兩名 NAA 高層管理人員駕車前往亨廷頓海灘。再一次，我的凱迪拉克載著六名乘客，另外兩位是洛克達因工程的執行長。我們驅車前往北美系統整合檢測工廠，進行 S-II 段調查把這一節轉移到海軍的彈藥儲存庫去。他們的火箭就像道格拉斯 S-IVB，將裝載在海軍登陸碼頭的船上，此船海軍陸戰隊通常用來作登陸攻擊使用，然後將完成的火箭段運送到太平洋，通過巴拿馬運河，經大西洋到 NASA 的甘乃迪角發射中心。前空軍哈羅德馬茲斯將軍（Harold Mazes）喝醉了，然而，到亨廷頓海灘三分之一的路程相當於我到洛克達因的時程，將軍全身躺在我全新凱迪拉克的後座，我打電話回公司，派一輛豪華轎車送他回家，我們繼續進行兩天的運輸審查。這位將軍後來被解雇了，我接手了他的工作。

26.4 阿波羅 NAA S-II 段計劃：行星際、載人、火星、金星、水星和深太空主要太陽系行星及其適居的衛星發展任務

花了六週的時間，我們完成了此計劃。我們要執行德布斯博士的一項工作，我利用了沉重的海軍太空研究在大量海軍任務中構思阿波羅 NAA S-II 段計劃；其中包括行星際、載人、火星、金星、水星和深太空主要太陽系行星或其他適居衛星。這所有都是海軍基地，我設計，他們負責開發。

「在後 NOVA 太空載具的鼻錐上，開發二十二人的大型服務模組，將增加多元化的海軍任務。同樣，改良的 NOVA 卡車載具火箭進入海軍偵察船，將大大提高早期太陽系偵察、載人海軍行星月球、火星飛越和太空站任務的效能；這將提升海軍發展的火星基地的運作。草圖顯示了整個規劃的範疇，從一九七〇年之後，超出我們今天所能規劃的範疇，草圖為月球基地廣泛的細部規劃。」

「同理，改良的 NOVA 卡車載具火箭可用於海軍偵察船，將大大提高早期太陽系偵察、載人海軍行星月球、飛越火星和太空站任務的效率；這也將提升海軍火星基地的發展行動。如圖所示，先進的 NOVA 貨物和生活模組將落在火星表面。當表面可用的模塊數量增加，它們將相互連接以排除在模塊之間轉移時，海軍人員必須離開受控環境。第一階段海軍基地將在地面上提供地下二期基地的設備測量，由十個主要模塊組成，戰鬥信息控制（後來的 C4I）、基礎防禦系統、電力和通信、中央生活支援、生活區、垃圾中心、醫院和醫學研究實驗室、天文台、後勤保障中心、交通支援，

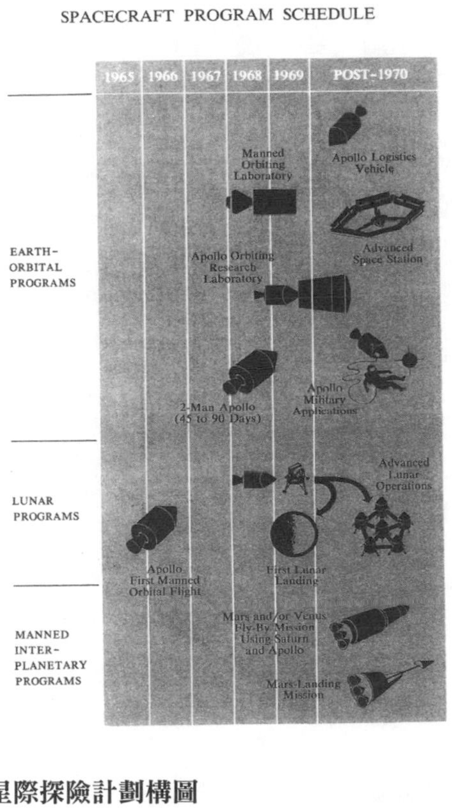

SPACECRAFT PROGRAM SCHEDULE

1965 | 1966 | 1967 | 1968 | 1969 | POST-1970

EARTH-ORBITAL PROGRAMS
Manned Orbiting Laboratory
Apollo Logistics Vehicle
Advanced Space Station
Apollo Orbiting Research Laboratory
2-Man Apollo (45 to 90 Days)
Apollo Military Applications

LUNAR PROGRAMS
Advanced Lunar Operations
Apollo First Manned Orbital Flight
First Lunar Landing

MANNED INTER-PLANETARY PROGRAMS
Mars and/or Venus Fly-By Mission Using Saturn and Apollo
Mars-Landing Mission

星際探險計劃構圖

基本上都與我在道格拉斯智庫的海軍月球基地配置相似。」

透過對數百項研究項目的廣泛評估，裡頭涉及到各種可能的概念非常規太空人口和十四種主要類型的海軍太空船，從戰鬥機到二點五公里長的星際戰鬥巡洋艦，一個未實現的系統開發計劃構思將來提交給美國海軍情報局和美國海軍研究辦公室，其中還包括無數的阿波羅／NOVA登月、行星和恆星任務專案。幾年後，我在TRW完成了那些任務。

26.5 行動中心全在 TRW

諾爾克萊特（Noel Crates），曾經是我在老道格拉斯 Delta-II 雷神 DM-18 導彈計劃的老闆，我被解僱後，他辭職離開了道格拉斯，接受了洛杉磯附近雷東多海灘的 TRW 太空智庫研究的職位。多年來，諾爾也在試驗一個推進概念，類似於克倫佩勒博士其中之一項電測法推進系統。諾爾使用我的系統工程概念，同意和我一起做研發，分別獨立於 TRW 和洛克達因。

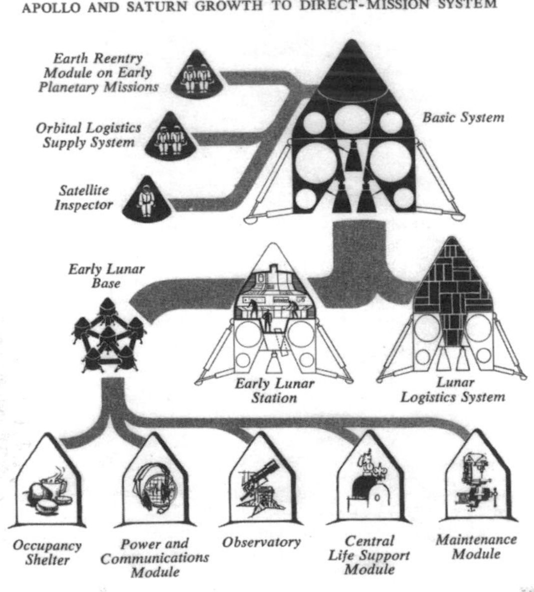

月球探險構思細目

多年來，諾爾不斷嘗試讓我在北美／洛克達因和TRW之間做轉換，他說：「比爾，這是銀河系的中心行動點，一切都發生在TRW。你必須在這裡上班，有很多他們不知道的部分，出於某種原因，你是了解的。確實從字面顯示，有數以百計的機密專案需要你的大圖評估。比爾，在許多不同的領域裡，你將迎向光明的歲月。」

「誰是諾爾克萊特？」蒂芙尼問，一個非常柔和性感的聲音問。「他昨天打來找你，顯得非常神秘。」

我們正完成萊夫埃里克森先進技術報告中的一個困難點。

在我答話之前貝麗塔說，「是的，比利，蓋茨這傢伙是誰？聲音真的很溫和，我上週告訴過你對吧？」

「退下女孩，你不需要了解過去我的每一件事情。」

我知道這會讓他們感興趣。報告到處飛揚，他們試圖跳上一半桌子來打我，我躲了起來。

「你每次都這樣取笑我們，」其中一人說著。事情冷卻後，蒂芙尼在停車場帶著既愚蠢又惡作劇的笑容抓著我。

「比利，他是誰？」我仍然沒有屈服於她。

「叫他回來；告訴他我將於週五晚上七點，在比佛利山莊酒店與他見面。週五，猜猜是誰在我凱迪拉克的引擎蓋上？答對了，蒂芙尼坐著迷你飛行器跳下來說，「你沒有我你是看不到諾爾的。」

諾爾是博士身分，我期待看他穿著無塵室的工作服；他的頭髮長得很飽滿，看起來很像狄恩・馬丁——非常銳利，他似乎變得更高更苗條，穿著棕色夾克和量身定做的休閒褲。

他走向我們，但不認識我，「你們都知道她看起來像什麼。」大廳裡的每個人都轉過身來，包括諾爾在內，他伸出雙臂擁抱著我。他說，「比爾，我們在這裡有什麼任務？她比傑西卡還美，從道格拉斯回來。蒂芙尼放開了我，接著擁抱諾爾。」

「他們在TRW的智庫對你做了什麼？」我問道。她親著蒂芙尼的手，都不理我，諾爾牽著她的手臂，護送她進入雞尾酒休息室，就像這間酒店是他剛買下來的一樣。她的鼻子朝上，一副她剛贏得加州選美比賽一樣，蒂芙坐在一個可以看到泳池的包廂裡，盯著神秘男人的眼睛。

諾爾說，「比爾，在我們計畫進行之前，陸軍在一九四三年開發和測試生物戰。他們在馬里蘭州首府附近德特里克營地（Camp Detrick）開發了前進和防守技術中心。我將我們的微生物實驗室結合起來，以研究細菌和一些致命病毒的有機體。」

第㉗章

一九六七年太浩湖假期後，傑西卡授以新任務

在巨大的月球任務中所累積的動能令人震驚，整個國家將近有三九九〇〇〇人投入；但我們有些人覺得奇怪的事情正在阿波羅計劃和先進的太空研究技術開發中心發生。不僅僅是NASA和數千名承包商的營運發生持續的延誤，更可怕的是甚至影響到洛克達因和核子學的核推進業務。幾乎所有的太空研究都面臨到難以克服的問題，雖沒有公開，但已遍及整個航太業。一種冰冷的氛圍正在形成，合約不斷被延遲或取消，因為事情一直沒有定論。

永無止境下修的時間表令人難以置信。當然，製造管理抱怨著工程無法預見概念設計的落實及延續，讓公司無法賺錢，洛克達因製造部門就跟道格拉斯的狀況一樣。

「這行不通，我們就用舊的東西。」

我這個人嗜好最多，就像研究外星人的事物一樣，不斷受到批評沒有把時間花在核能議題上。

舊的、可靠的軍用液體火箭引擎是最早可用的。我們被告知「我們，製造業」現在正在控制這部門，他們停止了「大部分這項無利可圖的研究。」一種不祥的預感，險惡、飄落到每個地方；是一股阻止瘋狂的推進到別人領土的壓力。我能感覺到一股巨大的力量，在推動著我們離開這個星球的計劃。就在我們即將登陸月球之前，大量的高級工程和研究人員被裁員拋棄，在街頭上游盪著。

甚至在阿波羅登月之前，計劃就停止了，數千人被解雇。一些航空航天工程師改變了他們的職業生涯；開始出售房地產，轉移到其他州。這確實不容易，因為他們畢竟不是銷售員，所以他們轉換較低薪水的工作；這對美國經濟造成巨大的衝擊。

但是，在登陸月球之前，核子學的動力將我趕出了大門。他們趕我的原因，是因為我對他們的營運無法賺錢，以及大家對我的反重力推進沒興趣。

我對當代藝術和建築一直很入迷，我曾經重新設計過好幾間房子後再出售。之後搬到一個更好的處所，遠離了洛杉磯的擁擠環境以養育三個孩子，這也讓我之後在加州中部開了一間建築設計公司。

我和家人幾乎每年夏天都在太浩湖度假——而且對於東部的人來說，這也是絕頂高級的享受。此外，紅杉國家森林——又更往南一些——有其優勢，更接近南加州。這裡是不少家庭購買土地自建房屋的地方，所以我們後來才搬到那裡，我設計了一幢非常具未來性的玻璃白色建築，懸掛在冰雪覆蓋的高山脊一側，近三六〇度的視野俯瞰著湖泊。當我們入住時，簡直無法相信，這真是一個美妙的居家處，三個孩子都喜歡。我們家在一大片地的最上面，我設計了一個繞道鋪設道路一直延續到家裡，大型巨石沿途而立以組成山丘。

一切進展順利，我們的家人在紅杉國家森林中很享受假期，而且我接到的商業和住宅設計的合約越來越多。我在當地整個地區被公認為是出色的當代建築設計師，我甚至也被說服當了伊莎貝拉湖市（Lake Isabella）的市長。

我們在不影響景觀和視野下種了一些松樹。土地地段和房子只花了十九萬美元；我們自己都無法相信，因為這看起來價值像五十萬美元，我之後加入了美國建築設計學院，獲得了認證並繼續設計六十個住宅和商業建築。這使得我必須有建立家居／建築物佈置的基礎、海拔高度、屋頂和結構的計劃。我知道這聽起來很愚蠢，但在當時，我們喜歡這一切。我們遇到很多很好的人；就像有些人覺得地球快完了要趕快飛出太空，他們試圖要擺脫太空崩潰的那種感覺。我們幾個鄰居還在位於沃克山口的海軍武器中心，坐落於東邊的中國湖兼任職務。兩位來自加州理工學院地球物理學的博士勒內恩格斯，是全球海軍構造／地震研究主任；以及 Pierre St. Amand 博士，多年後他成為陸海太空公司的負責人，而我擔任總裁。

在一個非常晴朗的夜晚，凌晨兩點，我站起來穿上沉重的長袍，走到外面西側的廂房地板上，越過銀河系向上看。那裡的星星絕對精彩，雖然我被捆綁得非常好，但我有一種奇怪的感覺，似乎有什麼東西把我推回太空——不只是進入太空而是進入整個銀河系。

「你到底在這裡赤裸裸地做什麼呢？」傑西卡尖叫對我說。「為了上帝，我只消失了五個月，你又被解雇了！比利，你不能保住工作嗎？我為了你不斷安排所有的一切，讓你獲得一個頂級的職位來管理北美，替德布斯博士經營洛克達因。關於核子學，你把它甩到垃圾桶裡，又搞砸了。威廉，在那裡你可以真正為你們必須做的事做出貢獻，他媽的離開你們的地球，也幫助我們離開你們的銀河系！」

「該死，威廉！你在聽我說話嗎？」她直視著我，還有旁邊那些大藍眼偷窺者，也對他們發火了。

「你半夜在外面幹什麼，還裸體？」

「我沒有裸體，我有這件長袍。」

「我看你在那裡一切都很好。」

「但你傑西卡，你怎麼能在這麼冷的天氣下，穿得這麼短，還穿無袖的迷你服？」

她緊抱住我說，「你幫我把暖爐打開，但不要改變設定；你在想什麼，當在樹林裡扮演建築師的時候，整個星球仍然在那些他媽的灰人和爬行動物的控制之下，他們要把地球推回黑暗時代？」

「好…」

「閉嘴，比利寶貝；我他媽的要一直跟你作愛。」

「但是傑西卡……」

「不要給我『但是』，你這隻小蝦。」

她接著說：「好。現在，我們將要做的就是這樣。我暗自作好安排，以便你可以在TRW的一個場外，設置阿波羅任務後門輔導操作實驗室。你仍然在最高機密之上，當你完成後，你將被分配一百七十九項，喔！不，是一百八十九項你喜歡的事。他們也會把你放在主要任務上；好嗎？比利？」

「聽起來很酷，傑西卡，我知道你會在那裡。」

「不是現在；也許是之後。」

幾天後電話響了，我收到一則通知，加州雷東多海灘上One Space Park的銀河智庫科學中心（TRW Space Systems）承包商接受我了。本週二上午十點將參加一個安全簡報會，我被分配到成為先進系統實驗室的一員，我的假期結束了。我賣掉了我們的白色夢想家，搬回到伍德蘭山聖費爾南多谷。

第㉘章

加州聖誕

阿波羅七號，第一個真任務

TRW 是位於銀河系西南臂頂上最神奇的太空智庫園區，這自一九六〇年以來一直在解決外星威脅的問題，以設計海軍太空戰鬥群和武器系統為主要任務。

我早早出門以躲過交通尖峰期。我從 Sepulveda Pass 上轉五號高速公路，穿過南加州聖費爾南多山谷美麗的橘園，再越過山丘進入比佛利山莊，經過洛杉磯國際機場到達海灘區。上週我才剛把我舊的凱迪換成一台閃亮的太空銀色轎車 Sedan De Ville，我一路很高興的開，一邊還聽著 Rimsky-Korsakov 環繞音響，這是我一個人開車最享受的時候。我喜歡如水晶般清澈的藍天，白色的浮雲和蔚藍的大海。進入園區總是有趣的。很令人振奮，我每天來到這裡，就像到未來一樣；這裡一切都很有活力，令人陶醉。這是這個星球上最先進的智庫。我被銀河系這支最優秀的博士團隊所包圍。

真是難以置信，這就是未來。

這個園區是加利福尼亞州雷東多海灘的太空公園區（One Space Park）。這絕對是一個值得投入的夢想園區；所有建築物和實驗室都是未來式的水晶白鋼和玻璃鍍鉻的現代設計，完全被卡羅來納州松樹覆蓋的景觀所環繞。四層高的玻璃入口和藍色池塘上的懸臂式鍍鉻星星，整個園區可以看到開闊的視野。哦，還有數千名穿著比基尼泳裝的漂亮女孩在海灘上嬉戲，此地／太空中心離那裡只有幾個巷口之遠。

應該看看我的辦公室，從地板到天花板的玻璃、牆上的壁毯、超現代家具、水晶玻璃看出去就面向中央公園，是一幢二十層樓高、閃閃發光的企業塔。加州現在是聖誕節，所有帥哥在炎熱的夏天都穿夏天制服、白襯衫和領帶或運動夾克配上領帶。有些人外面套了一件無塵式的罩衫。的確，夥伴們，數百個小美女們當天的制服是微型迷你裙或非常短款的雞尾酒禮服。還有附近好萊塢更多年輕想成為美國小姐的女孩，在這個園區裡徘徊，在這裡就像整年在過春假一樣。你能明白：TRW 太空系統是這星球上的頭號智庫。

當我打電話給蒂芙尼，告訴她關於海灘上這個銀河遊樂場的一切時，她透過電話用手指告訴我，因為——記得——我離開她已經是幾個月之前的事了，那時在洛克達因手裡提著一袋外星人的東西。她真的很生氣，她說她做的最後一件事就是再跳回太空，特別是不要再遇到像我這樣一無是處的混蛋。

然而，她同意那天晚上要在威爾希爾大道的貝弗利希爾頓酒店與我見面。蒂芙尼一身粉紅，穿著雞尾酒迷你裝，近透明下搭配丁字褲的來到。她那閃閃發光的藍眼睛是我從來沒有見過的，一見面就整個擁抱，幾乎要把我壓碎。

「你什麼時候從仙女座回來的？」我問道。

「我永遠不會跟你說的。但是，如果我再回到你 TRW 的辦公室，整個早上我可以一直就坐在你腿上。」

月球軌道飛行器二號和後來的月球軌道器三號發射已兩年，並陸續傳回許多月球上一些看得出已衰敗的人造城市照片。這些照片仍屬機密，因此，在即將執行的月球任務中，這仍是一大趣點。

蒂芙尼現在是我的頭號行政助理，我開車進入 TRW 園區將車停在我的停車位上。打開車尾的行李箱，取出隨身包，我直奔〇〇一四戰情室，大智囊團會議室。我一直工作到凌晨十二點，每天十四小時，每週幾乎七天的工作狀態，投入在「Q Level」的一二七七 Star Mission E7 計畫中。我也是 TRW 高級概念太空工作創始人兼主席、二九七八 JP Energy Systems 經理、太空系統副總裁、一二一二遠程觀察團隊高級成員、陸軍彈道導彈將軍蓋茨的特別計劃助理主席、主要簡報和概念規劃師、星球大戰戰略防禦計劃（SDI）指揮官，以及海軍 NAVSPACE 高級成員等等。

一九六八年，這裡是七號站會議室。蒂芙尼和我正在和弗蘭克康威爾博士（Dr. Frank Conwell）和其他幾位 TRW 實驗室專家談話，他們都是以後可能會執行五七四九恆星行星計劃任務的專家。我仍然試圖讓這些 TRW 的人員了解這些早期阿波羅海軍任務，在阿波羅土星 V 月球載具指揮艙，太空船上所安裝的 C4I 設備：命令、控制、通訊及情報和計算機的重要性。

我說，「正如各位所知，阿波羅七號是阿波羅宇宙飛船首次的載人飛行。這次月球軌道載人機組發射的任務需求之一，即是為了證明任務指揮、控制艙和指揮服務艙（CSM）彼此的協調功能。

「這是三個太空人的控制中心，位於比爾的道格拉斯舊式阿波羅 S-IVB 節頂部的錐形單元中，還用於示範指揮艙在太空會合的功能，只是這次任務沒有登月艙。」

我一九五四年在道格拉斯任務控制中，設計了一套 C3I／C4I 命令、控制、通信、計算機和智能情報四合一的指揮系統操作方法。

比爾為三十九號複合式射場所設計安裝後的控制中心

上圖即是我在三十九號複合式射場中，設計安裝後的控制中心的照片。其中一些概念最初是用於在耐克宙斯反導彈發射控制系統上，當時我還負責 TRW 的五七四九星球大戰計劃的起草工作，我之後都把 C4I 納入每個軍事武器系統中。

康威爾博士說：「阿波羅聽起來像是一種軍事戰鬥飛船，而非是我們月球和平探險的科學研究船。」

「好吧，康威爾博士，你們似乎仍然很難接受 NASA 是一個海軍軍事組織，而不是民間大學月岩獵取工具中心的概念。後續指揮服務艙的每一項工作，包括姿態控制推進器（除了激光武器之外，我們希望接下來的大型命令模組 Naval CSM 中均需要提供這項設備），這是攻擊任務中最起碼的設備。現在太空船上僅具有限的 C3I（後來的 C4I）能力，其延伸後可作海軍通信衛星支援之用，同時還能將提供重型 CSM 硬體，配合整體機密太空戰爭任務的控制功能延伸。」

蒂芙尼說，「就像地球或月球周圍的太空區域一樣，就目前返回任務的配置，我忘記了 CM 重返後，落在海上降落傘降落後也有救生艇，CM 指揮官現在是隊長。不是很可愛嗎？Cubic 博士？」

這又擊中我了。我對蒂芙尼說，「我們被黑帽外星人氣化了。」

「什麼樣的氣體？」

「好幾種氣體；一種是安撫我們，要我們不要問問題；另一種是繼續阻礙我們身體的組織、器官和骨骼。這是在人類體內進行的，以防止我們長壽。另一個是阻止我們在技術上進行擴張，並發展海軍太空戰鬥巡洋艦設計推進能力以對抗他們。」

「那是對的，但比利怎麼讓你知道那些的？我並沒有『告訴』過你這些。」

「這些一定是來自其他北歐的夥伴。」

蒂芬尼跺著腳說：「我不認識任何一個北歐人。我的直覺表明了壞人可以向個人以及一大群人直接發送信息，而要我們不能表達我們的意見，不讓我們把所有進展推向太空。並要我們做一些我們知道不應該做的事情。」

她又一次跺腳說：「現在就停止；停、停，別讓那些他媽的爬行動物左右你的想法讓你這麼想，即使那是真的。」

一九六八年十月十一日

阿波羅指揮官希拉向休斯頓報告說，我們現在處在一個穩定的月球軌道上。太空人唐埃斯利（Don Eisele）現正在啟動 C3I 第一期和第二期模擬計劃，而瓦爾特康尼翰（Walter Cunningham）則透過無線電向休斯頓控制中心廣播，「這裡有一個聖誕老人和老太太，先生。」聖誕老人是不明飛行物的代碼。

休斯頓說，「已經告訴過你不要討論這個問題。」

希拉指揮官說：「看看那些外星船的大小！他們在兩點鐘方向，快速衝向我們而來。」

康尼翰說：「不，他們會從我們面前經過。」

希拉說：「好吧！它會很接近我們，把 SIV-B 點燃甩掉它們。」

「辦不到，沒時間重啟程序。哇！那些外星混蛋從我們頭上呼嘯而過。」

康尼翰補充說：「我們的相機已設定為自動聚焦任何迎面而來的飛行體；他們將記錄這所有的一切。」

希拉說：「該死，按下重放鈕。」

「收到，先生。」

載人阿波羅八號航天器指揮／服務艙（CSM）正在發送即時電視信息，這是在船上拍的，顯示了內部操作和攝影機所看到的地球，在我們前面大型指揮中心的螢幕上呈現清澈多色。我們曾經看過太空人弗蘭克博爾曼、詹姆斯洛弗爾和比爾安德斯所看到這一切發生的經過。他們的月球指揮服務艙位於低月軌道上，因此攝影機略顯模糊。然而，當攝影機在月球軌道上移動時，我們可以在幾個區域看到成像的外星人和在月球表面幾個區上的幾何矩形結構。現在回想一下，我們在 TRW 知道外星人在月球上差不多一年後，可能是早在阿波羅十一號登月艙和指揮艙分離，當尼爾阿姆斯特朗和巴茲奧爾德林登陸月球，柯林斯在軌道上面運行的幾年前。

一九六八年十二月二十一日晚上八點半，蒂芙尼打斷了我將提案給海軍上將鮑勃謝爾頓（Bob Shelton）指揮官太空戰爭（NAVSPACE）任務計劃的初步大綱。他和助手戴夫凱利中尉，穿著便服；他穿藍色 polo 衫和灰色網球鞋，他的助手衣服也穿得很得體。

「對不起，謝爾頓將軍，」蒂芙尼說。「比爾，你必須接聽。」電話裡熟悉的聲音大喊著，「比爾，現在就把你的屁股移駕到這裡，你這混蛋小子；你是對的，那些混蛋在我們的月球上有基地。」

我小心翼翼地回答：「你是指海軍上將謝爾蓋戈巴契夫（Admiral Sergei Gorbashev）嗎？」（譯按：蘇俄未解體前的領導人）

「不，你他媽的混蛋，我是指外星人。」

「是的，先生。」我會帶謝爾頓將軍和凱莉一起來。

凱莉問我：「我們可以帶蒂芙尼嗎？」我們幾乎衝過每一道紅燈到Com三〇七實驗室，這是洛杉磯地區幾十個安全禁區之一；我們一路趕路通過安全檢查進入大樓。就像我對他們解釋的那樣，距離月球軌道飛行器II已經兩年了——後來，在一九六六年發射的月球軌道飛行器III，據報導，它們在月球上拍攝到許多衰敗人工城市的照片，我也告訴他們這些照片仍屬機密。

我的老闆約翰佩吉（John Page），副總裁兼TRW阿波羅計畫系統的Czar博士，打電話給我。

「他媽的外星人已經在我們月球上，」他說。

「比爾，我不相信。他們不是俄羅斯人，是來自另一個恆星的外星人，甚至是不同星系的。比爾，這一切變化，你是對的；他們不會讓我們在月球上建造我們的兩千人海軍基地。」

「好吧，如果是我，我不會這樣，」我說。

他接著說：「你們知道這真正意味著什麼嗎？整個阿波羅的製造計劃處於危險狀態。他們的目的是什麼？你看，現在他們的太空船就在我們的指揮艙旁邊。」

凱利說：「先生，那是我們的S-IVB。」

蒂芙尼回答說，「不對，凱利；S-IVB 位在我們以西一百公里處，和那個外星人太空船長度至少相距一點五公里。」

我們的情報專案經理泰德里（Ted Lee）說：「的確，蒂芙尼；你往上看中心窗戶。」

約翰指出，「他們正以一種威脅式的操控動作進入我們的軌道。目前，其中有三個。他們是否試圖影響，並盡可能阻止我們所有的月球探索計畫？未來的人類太空探索怎麼辦？」

「別急，吉姆。」我說。

「我的所有問題和假設，都能在我九月你已讀過的阿波羅行動報告中得到答案。」

吉姆補充道，「嗯，是的，比爾，但這可能會阻止一切計畫並破壞這個國家。」

「比爾，這些傢伙是灰人還是爬蟲人？抑或他們會不會是十二英尺的螳螂？我們究竟和誰打交道？這些人到底是誰？」（參考我的海軍客人。）

「哦，早上我看到他們在園區公園的長凳上睡著了，嘴巴還念著『帶杯咖啡來』」，換來謝爾頓海軍上將一陣暗笑。

「你是怎麼得到那些他媽的假徽章？你總是把酒鬼帶到我們的機密控制中心？」

介紹完後我說：「老闆，我一直關心你的心臟；你是讓外星人來找你。謝爾頓上將，你們都知道我們在 TRW 這裡做的一些事情，所以讓我試著解釋一下 Com 中心的實際情況。這些貓在這個星球上都是頂級智囊團，這你知道。你也知道我在開普敦的發射控制中心和 NASA 休斯頓的任務控制中心，設計了阿波羅三十九號複合射場。」

蒂芙尼說：「謝爾頓上將你別忘了，比爾在道格拉斯阿波羅計劃誕生之前，就已經在智庫中。」

佩奇博士補充道，「比爾是德布斯博士任務／發射行動／規劃委員會，為數不多的一位非NASA概念專家。」

蒂芙尼指出，「從本質上來看，我們正在重新設計三十年月球、太陽系行星和十二個近星行星任務生產計劃中的每一項元素。甚至更重要的是，海軍上將、德布斯博士手下擁有超過四十萬名NASA和承包商員工，正準備蓄勢待發衝進宇宙。」

我說：「我們正將這種概念任務推向十二顆太陽系外的鄰星行星任務；所以我們稍微領先於你的新海軍恆星探索任務計劃，謝爾頓上將。」

謝爾頓補充道，「我無法相信你們的人已經在計劃，甚至完成早期我們海軍在藍水太空必須執行的任務。」

我繼續說道，「這個模擬控制中心位於我們的中央控制實驗室，其中也包括另外兩個主要控制元素：(1)我的海軍型C4I中心（指揮控制通訊電腦與智能），以及(2)我們的遠程查看智庫中心。這配置提供我們即時自動接收任何事件，或行動視覺信息的能力，包括NASA太空人可能參與的事件或行動，以及這些所發生的確切時間。換句話說，就像現在，我們在NASA阿波羅指揮艙中，與他們一起繞著月球軌道運行，能夠看到他們所看到的一切並拍照下來。」

「這太棒了，」海軍上將謝爾頓說。

「等等，比爾，」泰德里說。「聽聽我們的太空人詹姆斯洛弗爾在說什麼。」

「任務控制中心，我們遇到了問題；請注意！有一個聖誕老人。他在遮擋我們，現在正接近我們，似乎要把我們趕出軌道一樣。」

「這是任務控制中心，已經告訴你不要提聖誕老人。我們將在你降落後進行審核。」

蒂芙尼說：「這將會記錄在我們的飛行記錄儀上，而且現在這輛外星太空船已經安全遠離，也無需啟動偏航推進器即可返回我們的軌道。」

「這很接近，」謝爾頓海軍上將說。

我繼續說，「在雙子座七號任務之後，他們的太空人弗蘭克博爾曼，從無線電中聽到有東西編隊跟蹤他，我們把 Palomar 天文台的人也納入，以協助我們監測月球附近軌道上的外星活動。他們的活動一直是零星的，但在過去三個月裡活動急劇增加。」

我補充道，「我們將 Palomar 的資料輸入到中央計算網絡，並請求提供幾個任務場景和至少兩個單獨的權衡研究，也提出許多可疑的意圖。所以，當我們製作第一個阿波羅月球漫遊艙（LEM）登陸月球時，明年我們可能就得面臨大敵當前。」

「好吧，」我說，「將軍，簡而言之，這就是我們的 TRW 聲明。」

一九六九年七月二十日

幾乎所有的人都出席了，TRW 一半的人也出席了。當阿波羅11 LEM 準備降落在月球上，機組人員將此信息傳遞給阿波羅任務控制中心，「哦，我的天啊！你不會相信。這裡的嬰兒很大，先生，巨大。我告訴你那裡還有其他的太空船，排列在遠處火山口的邊緣。他們在月球上看著我們。」

全世界有六億人在電視上看過這幕。他們降落後，尼爾阿姆斯壯爬下 LEM 階梯，說出那句經典名言，「我的一小步是人類的一大步。當我們在月球上行走時，不明飛行物正注視著我們。」

而且，當阿姆斯壯拍攝巴茲奧德林的太空頭盔時，我們在 TRW 可以看到月球表面上的一個古文明遺址，反射在他的頭盔上。外星人的聲音非常清楚。

「完成你六次的阿波羅任務後；拍些照片，撿一些石頭，就回家，並且不要再回來。」

接著出現「不得擅自闖入」（「NO TRESPASSING」）的標誌。計劃結束後，每個人回家，近乎所有四十萬名 NASA 員工和承包商都被解雇。

28.1　一切計劃將蓄勢待發

阿波羅月球火星計劃的崩塌，對這裡的博士們幾乎毫無影響，這就好像整個阿波羅月球計劃，從一開始就失敗一樣。就像有人說，氣球中的一根針，將再次阻止我們進入星系中某個領地的任何小小嘗試。是的，情節越來越清楚。自一九五二年以來，在道格拉斯的舊智庫裡，他們瘋狂地試圖設想一切可能的方法，以抵禦外來威脅。在早期的一些關鍵時刻，我們建立了我們認為勢在必行的發展衛星防禦系統、開發設想，並設計海軍航天器載體和後勤所需的所有必要支援戰鬥群。

首先，我們必須開發地球軌道上的小型通信海軍衛星站，然後才是太陽系中的有人站點。接著，登陸月球和火星。之後，在我們銀河系的手臂中建立大型指揮站。最後，海軍站將位於銀河星系的遠端。

基本上我們沒有限制研究方向或開放任務的資金限制，我不斷提醒在銀河系中運作所需的目標（海軍術語）：「輕聲說話，但要隨身攜帶一根大棒。」

是的，TRW 的許多任務都是由具體的、受控的軍事合約資金所資助的。但是，由於一些不成文的原因，我被選中來幫助構思我們深入銀河系的計畫。的確，我也獲得一位美麗的金髮女郎來幫助我完成這一點。TRW 成千上萬幾乎所有各項技術領域的高級專家、項目和計劃均納在我的提案中。

我的任務之一是為各種地球軌道創建海軍通信衛星，推動一個可行的方向，下面有三十七個子目標。這些包括許多不同的配置、特定任務和整個地球軌道站、極大的太陽系海軍太空站和用來建造太空站的太空卡車。

其中一個任務——我後來參與的，特別是在一九六九年——實施訂名為五二〇八，DSCS II 國防衛星通信系統。TRW 構建、測試、發射和部署兩個 DSCS II 衛星站進入地球軌道。一個覆蓋整個印度和東太平洋海域，另一個覆蓋大西洋其他地區。兩個站都部署在地球軌道上，這些衛星的初步要求是我們海軍太陽系任務研究的主要內容。這些並不是來自海軍在 Point Loma 太空戰爭行動的 RFP。

在我的協助下，TRW 繼續實施道格拉斯大部分的智庫計劃，包括他們的文檔利用。他們將這些計劃分散開來，將園區納入已經在研究類似任務的子系統實驗室。很多數據是不能用的，而我個人在道格拉斯一直在執行這些武器系統，我將其完全重新配置並將其程式轉換為海軍、空軍或 NASA 主動出價的籌碼。

其中有些任務跨越鮮為人知的任務行動，如此有必要定義海軍衛星或新的太空飛行器分類所屬。從地球表面和深太空特定威脅定義的列表，也已進行開發和實施。這些類型從固定站分類到聯胺系單推進劑推進系統，分別應用在阿波羅姿態控制和太空站、保持實作性，擴展的地球軌道載人戰鬥機／攻擊太空飛船。接受可能性敵對摧毀我們衛星的交戰國家，或外星戰鬥群，將開展廣泛眾多技術領域的研究。為了解決這個問題，我們（I）設想了海軍太空戰鬥機、深太空巡邏艇和太空通訊站。難以數計的機載光線防禦和進攻武器系統配置將採用，有必要甚至透過使用火箭移動攜式裝置推進器。我知道這很難想像。

28.2 一九六九年寧靜海月面登陸：阿姆斯壯登陸月球的畫面實景

正如一九六六年末所報導的那樣，美國無人太空探測器 Orbiter 2 在地面以上三十英里處通過月球為 NASA 太空船及組員降落找最佳的位置。該機載相機拍攝到六個金字塔結構，這些結構在一片寧靜海中的一個特定區域裡，以幾何圖案排列。這些物體的安排與埃及人的金字塔和獵戶座的三顆星相似，最有趣的是 NASA 選擇這裡當作我們首次的登陸位置。有趣的是，NASA 沒有就此異常公開發布任何公告。

我們的太空人登陸月球時受驚嚇了，第一次阿波羅登陸月球，即對太空人造成了重大衝擊。登月小艇（LEM）實際上影響了寧靜海面上的月球表面，有巨大的車輛停放在部分火山坑周圍的邊緣。當太空人尼爾阿姆斯壯在月球上為人類踏出第一步時，他抬頭看著火山口的邊緣，對任務控制中心說，「這裡有其他

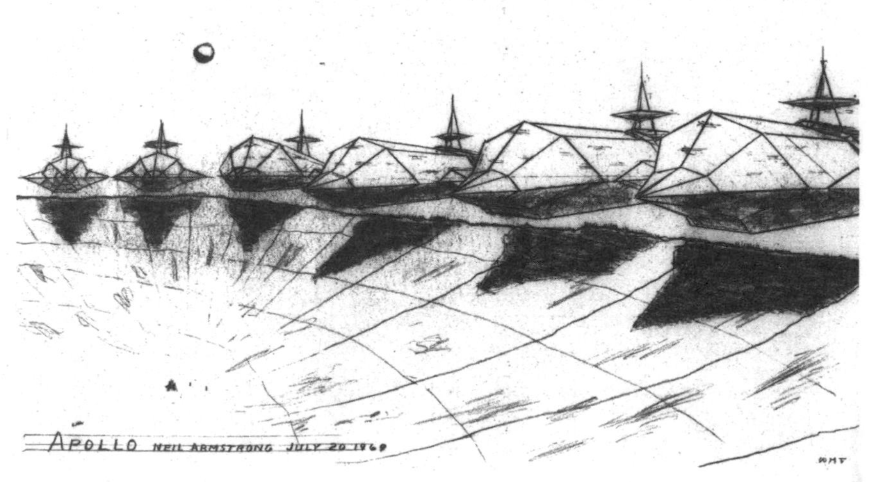

當阿姆斯壯登陸月球時，此為比爾同步在電視上所看到的景象

船隻，而且都很巨大。」我將從電視畫面上看到的情景草圖畫下（如圖所示）。一般大眾是無法聽到這種說法，或看到這大規模的外星飛船。阿姆斯壯用他的相機在火山口周圍，以三六〇度的姿勢拍攝了全景，然後中央情報局將此訊息分類為最高機密。

外星人拿出「不得擅自闖入」（NO TRESPASSING）的標誌，但允許我們做幾次的阿波羅登陸，撿幾塊石頭，在沙上玩玩。

外星人停止了我們在月球上建造載人海軍基地的計劃。一切都停了，包括我們對火星的相似計劃；我們擊敗了俄羅斯人，但這不是我們去月球的原因——這也是一項長期的科學研究和發展計劃。但是，沒錯，一切都停止了。幾乎所有的四十萬航空航天承包商都被解雇了——不只在道格拉斯，連波音、格魯曼、北美、ITT、加州理工學院、噴射推進實驗室等其他公司都如此，還波及到其它國家。

你明白這一切是什麼意思嗎？所有這四十萬阿波羅人都是致力於該計劃，卻僅只使用了三十九號複合射場。（就正常生活來看七個商人平均養一個人）因此，總人數為二八〇萬。此外，有許多計劃是複合式射場數量的六倍，如三個 NOVA 卡車綜合體計劃；因而，參與 NASA 計畫的總人數約為二五〇〇萬人。不只是月球，還有很多開發大規模海軍載具飛出銀河星系中的一切必要任務的執行，另外在太陽系適居行星上所建立的海軍基地站等。而且各位，這還是五十年前的事。

發生了什麼事在數月內每件事都要停止？？？？？

再說一次，一切都太神奇了。回顧過去，我們創建海軍任務，並設計、建造和測試每一個在銀河星系中所運行的大規模美國海軍太空戰鬥群所需要的元素。一夕之間，一切都停止了？我們所有的大腦都停止工作了嗎？我們為什麼停擺？真他媽的到底發生了什麼？

28.3 新的探索精神：新星座月球火箭原訂於二〇一五年回到一九七〇年的月球

一九六九年，美國的阿波羅太空船贏得了月球競賽。假如，我們的太空人拍了月球坑的照片，撿了一些石頭，然後回家，如果就是這樣的話。有比整個美國政府還大的力量停止了我們宏偉的計劃。但三十五年後，喬治布希總統發布了一個新的、大膽的願景，稱之為更新的探索精神，這將使我們使用新的星座月球火箭在二〇一五年回到月球，二〇二〇年到達太陽系其他行星，之後再前進到離我們最近的恆星上的行星。是誰鼓動布希總統進入太空，前往沒有人去過的地方？為什麼，在二〇一〇年二月，巴拉克侯賽因奧巴馬（Barack Hussein Obama）當選總統後，取消了布希總統完成的星座火箭計劃？那些飛行實驗在計畫前五年就已經準備好了。

第㉙章 職務及隸屬關係

29.1 職業生涯中的各個階段（按時間順序安排）

海軍上將幕僚和空軍飛行員，美國海軍航空站工作人員

美國海軍航空站高級研究員海軍上將和傳播人員幕僚

道格拉斯飛機公司工程組長

TRW 先進太空系統主席

Rocketdyne（北美航空公司）設施計劃代表，

陸地海洋系統公司總裁

美國噴氣公司試飛員

Teledyne-Ryan 公司提案準備員

通用動力公司先進潛艦作戰紅隊（Red Team，Advanced Submarine Warfare，General Dynamics Corporation）

加州商會 Wofford Heights 總裁

俄勒岡州海軍聯盟副州長

南俄勒岡州理事會創始人兼總裁

29.2 顧問（雇主請益或直接向湯普金斯提問）

洛杉磯，加利福尼亞州，迪士尼世界規劃，

俄勒岡州，加利福尼亞州緊急事務管理司，

星際迷航和星球大戰，二〇〇一年的電影製片人，

聖地亞哥警察局

美國 SPA 戰爭海軍指揮和控制系統

水晶城，弗吉尼亞州美國海軍海上司令部，反潛戰，聖加利福尼亞州迭戈

美國國防部刑事調查服務辦公室國防部長，

美國海軍部，海軍作戰部長五角大樓，華盛頓特區。

美國國防部聖地牙哥國防調查服務現場辦公室聖地亞哥

美國海軍陸戰隊彭德爾頓，加利福尼亞州總司令第一海軍陸戰隊遠征營隊

美國海軍學院，安納波利斯，MD

美國海軍航空管理計劃

美國海軍航空系統，水晶城

美國海軍海軍陸戰隊軍團，華盛頓，俄勒岡州，聖地亞哥

美國海軍航天系統司令部，加利福尼亞州聖地亞哥

美國海軍戰爭學院，馬里蘭州巴爾的摩

美國海軍司令區西南地區，聖地亞哥，加利福尼亞州

美國海軍信息系統辦公室，五角大樓華盛頓特區和加利福尼亞州聖地亞哥

美國海軍信息辦公室，五角大樓，華盛頓特區。

美國海軍計劃評估辦公室

29.3 會員和專業會議

武裝部隊通信與電子協會和美國海軍西部聯盟和博覽會，二〇〇一～二〇一五

美國航空太空學會（AIAA）

美國加州建築設計研究院

專業工程協會

飛機電子協會

電氣和電子工程師協會計算機學會

海洋技術學會

美國不明飛行物互聯網（MUFO）

美國管理協會

國家管理協會

克恩縣貿易委員會

29.4 演講（從一九四二年到二〇一七年）

汽車控制系統的行為／人因工程學

貿易委員會，加利福尼亞州，洛杉磯，薩克拉門托，加利福尼亞州

加利福尼亞理工學院，加利福尼亞州帕薩迪納市

主席發明家研討會，舊金山，加利福尼亞州

商會，帕薩迪納，聖地亞哥，加利福尼亞州

沿海研究信息系統，聖地亞哥，加利福尼亞州

麋鹿俱樂部，洛杉磯，舊金山，加利福尼亞州

美聯儲。航空管理局，洛杉磯，華盛頓特區

Living Sea Corporation 總裁 Jean Michel Cousteau

噴氣推進實驗室，帕薩迪納，加利福尼亞州

喬馬丁基金會，加利福尼亞州聖地亞哥第十一海軍區

喬納森俱樂部，洛杉磯，加利福尼亞州

Kiwanis 俱樂部，長灘，聖地亞哥，洛杉磯，加利福尼亞州

洛克希德公司，伯班克，加利福尼亞州

海洋技術學會，華盛頓特區，洛杉磯，加利福尼亞州

美國不明飛行物互聯網，橙郡，加州

N.A.S.A. 阿波羅發射行動委員會，佛羅里達州

國家地理學會，華盛頓特區

國家科學基金會

美國國家科學基金會，華盛頓特區

海軍醫學研究所

Northrop Corporation，Hawthorne，CA

華盛頓特區海軍研究辦公室

佩珀代因大學（Pepperdine），洛杉磯，加利福尼亞州

扶輪社，帕薩迪納，洛杉磯，聖莫尼卡，聖地亞哥，加利福尼亞州

波音公司

美國空軍戰略空軍司令部地下中心

美國空軍系統司令部，華盛頓特區，洛杉磯，加利福尼亞州

美國陸軍大陸防禦，華盛頓特區，洛杉磯，加利福尼亞州

美國華盛頓特區美國內政部

美國華盛頓特區交通運輸部

美國聯邦通信委員會諮詢小組

美國海軍開發中心，賓夕法尼亞州沃明斯特

美國海軍海洋學辦公室，華盛頓特區

美國海軍潛艇部隊，太平洋艦隊

美國海軍地下中國湖泊開發中心

美國海軍，空軍，太平洋艦隊，聖地亞哥，加利福尼亞州

美國海軍，Surface Force Pacific Fleet，San Diego，CA

美國海上補助辦公室，華盛頓特區，聖地亞哥，加利福尼亞州

加利福尼亞大學洛杉磯分校

加州大學聖地亞哥分校

29.5 執照

美國聯邦航空管理局飛行員駕駛執照（單引擎和多引擎，執照編號：1193678 含儀器）

美國聯邦通信委員會飛機無線電話執照（執照編號：208335）

索引

C

D

G

H

K

L

M

O

P

T

U

V

國家圖書館出版品預行編目（CIP）資料

外星人選中的科學家. 2, 外星女跨界神奇指導 / 威廉.米爾斯.湯普金斯(William Mills Tompkins)著 ; 傅鶴齡譯.
-- 初版. -- 新北市：大喜文化有限公司, 2021.12
面；　公分. -- (星際傳訊 ; 2)
譯自 : Selected by extraterrestrials : my life in the top-secret world of UFOs,think tanks,and nordic secretaries.
ISBN 978-626-95202-2-0(平裝)

1.湯普金斯(Tompkins, William Mills) 2.不明飛行體 3.回憶錄 4.美國

785.28

星際傳訊 2

外星人選中的科學家②
外星女跨界神奇指導
Selected by Extraterrestrials: My life in the top-secret world of UFOs, Think Tanks, and Nordic secretaries

---

作　　者：威廉・米爾斯・湯普金斯（William Mills Tompkins）
譯　　者：傅鶴齡
發 行 人：梁崇明
出 版 者：大喜文化有限公司
封面設計：大千出版社
登 記 證：行政院新聞局局版台省業字第 244 號
P.O.BOX ：中和市郵政第 2-193 號信箱
發 行 處：23556 新北市中和區板南路 498 號 7 樓之 2
電　　話：02-2223-1391
傳　　真：02-2223-1077
E-Mail：joy131499@gmail.com
銀行匯款：銀行代號：050　帳號：002-120-348-27
　　　　　臺灣企銀　帳戶：大喜文化有限公司
劃撥帳號：5023-2915，帳戶：大喜文化有限公司
總經銷商：聯合發行股份有限公司
地　　址：231 新北市新店區寶橋路 235 巷 6 弄 6 號 2 樓
電　　話：02-2917-8022
傳　　真：02-2915-7212
出版日期：2021 年 12 月
流 通 費：新台幣 450 元
網　　址：www.facebook.com/joy131499
I S B N：978-626-95202-2-0